华文教育专业建设成果汇编编辑委员会

总主编：周　静　蔡　丽

成　员（以姓氏拼音排序）：

蔡　丽　李小凤　刘文辉　马绍琅　苏　政　王　玺

许文果　张耀文　周　静　祝晓宏　宗世海

分册主编：

《华文教育专业论文集》	主编：周　静　副主编：张耀文
《华文教育专业学生优秀毕业论文集》	主编：蔡　丽　副主编：王　玺　苏　政
《华文教育专业学生优秀微型教案集》	主编：许文果　副主编：李小凤
《华文教育专业学生优秀作文选》	主编：宗世海　副主编：刘文辉　祝晓宏

华文教育专业建设成果汇编

总主编 周 静 蔡 丽

华文教育专业学生
优秀作文选

主 编 宗世海 副主编 刘文辉 祝晓宏

Selection of Excellent Compositions for Students Majoring in Chinese Education

暨南大学出版社
JINAN UNIVERSITY PRESS

中国·广州

图书在版编目（CIP）数据

华文教育专业学生优秀作文选/宗世海主编；刘文辉，祝晓宏副主编. —广州：暨南大学出版社，2019. 5
（华文教育专业建设成果汇编）
ISBN 978 -7 -5668 -2617 -6

Ⅰ. ①华… Ⅱ. ①宗…②刘…③祝… Ⅲ. ①汉语—写作—对外汉语教学—教材 Ⅳ. ①H195. 4

中国版本图书馆 CIP 数据核字（2019）第 074153 号

华文教育专业学生优秀作文选
HUAWEN JIAOYU ZHUANYE XUESHENG YOUXIU ZUOWENXUAN
主　编：宗世海　副主编：刘文辉　祝晓宏

出 版 人：徐义雄
策划编辑：杜小陆
责任编辑：黄志波　黄少君　柳　煦
责任校对：叶佩欣
责任印制：汤慧君　周一丹

出版发行：暨南大学出版社（510630）
电　　话：总编室（8620）85221601
　　　　　营销部（8620）85225284　85228291　85228292（邮购）
传　　真：（8620）85221583（办公室）　85223774（营销部）
网　　址：http：//www. jnupress. com
排　　版：广州良弓广告有限公司
印　　刷：佛山市浩文彩色印刷有限公司
开　　本：787mm×960mm　1/16
印　　张：18. 375
字　　数：390 千
版　　次：2019 年 5 月第 1 版
印　　次：2019 年 5 月第 1 次
定　　价：68. 00 元

编选说明

一、本作文选为暨南大学华文学院华文教育系历届留学生的优秀习作选，共收录作文128篇。这些习作全部是我系写作教学团队运用“写长法”“读写一体”教学法进行基础写作教学实验的成果。

二、本作文选中的作文有36篇为本系头三届（2013年、2014年、2015年）作文大赛的获奖习作，其中一等奖、二等奖作品全部入选。三届大赛均采用命题作文的形式（其中第二届、第三届限时），体裁为散文。这几次大赛得到系领导、学生工作办公室和几位学生会学习部学生助手的大力支持，评分实行严格评审制，每篇作文经过加密处理后由两位写作教师双盲评审，两位教师评分差异达到或超过10分的再引入第三评审；分数分别在A、B、C三个档次中排序，每个档次的四个年级另做加权处理，评分的标准化方案由黄海峰博士负责。这三届作文大赛学生参与率很高，评出了很多优秀习作，不管是华裔学生还是非华裔学生，也不管是A班还是B班、C班。

三、其余优秀习作为平时习作。平时习作中的不少作品已经提交中国华文教育基金会“学生习作”专栏刊用（详见中国华文教育网：http：//www. hwjyw. com/jxyd/xzdp/index_6. shtml），或者在中国或留学生所在国相关华文期刊、华文报纸上发表。据不完全统计，已经公开发表的优秀习作超过260篇。这些优秀习作中还有两篇是非华裔学生参加《羊城晚报》2008年“全民写中国高考作文”征文活动的同题应征议论文，题目是“不要轻易说‘不’”。对于曾经发表过的习作，我们都在文章末尾做了说明。此外，有些优秀习作被本课题组收入“广东省精品视频公开课”（http：//jpkc. jnu. edu. cn/xjjpkc/2005/dmlxz/index. html）范文。

四、其实我系学生所写的优秀习作还有很多，此次选编并没有全部选入；其中越是到后面几届学生的习作，选入得越少。此外，同学们还写了大量日记，其中很多都写得非常好，但限于篇幅，此次未能选入。本次优秀作文选也没有收入优秀的应用文，原因是不少应用文写作都是模拟性的；加之篇幅有限，只能留待以后整理。

五、收入本作文选中的作文，有不少作品经过修改，有的由学生自己完成，有的由主编修订，研究生郑思敏、柴琳琳和本科生袁建成参与了修订工作。为了对读者有更大助益，我们对部分习作做了点评。参加点评的除了三位主编外，还有常芳清、王晶、李玉军、喻江等华文学院教师，点评人姓名随文列出。

六、本作文选先排列作文大赛获奖作品，然后是平时习作。作文大赛一、二等奖获奖文章的排列原则如下：前3篇是一等奖，其余9篇是二等奖；各等级内按A、B、C组排列。平时习作大体按照从记叙文到散文、说明文，再到议论文的顺序排列，相同体裁作文的再酌情根据内容以及学生年级的高低进一步排序。

七、暨南大学华文学院华文教育专业的学生毕业后通常回所在国从事华文教学工作，当然也包括华文写作教学，所以我们对留学生的写作能力培养非常重视。这些学生的习作，无论是华裔学生写的还是非华裔学生写的，无论学生来华时被编进了A班还是B班、C班，都有相当高的水准；有的学生的进步是非常明显的。围绕教学我们还编写了《华文写作训练》（中级上、下）、《华文应用文写作教程》（上、下），以及《华文写作教学法》，都会陆续出版。围绕写作教学我们也发表了一些论文，其中影响比较大的是《“写长法”及其在汉语二语写作教学中的应用》（宗世海、祝晓宏、刘文辉，《世界汉语教学》2012年第2期）。我们深信“写长法”“读写一体法”是提升国际汉语教学的有效方法，通过这本文选，读者也能窥见“写长法”的部分成效，希望这些实践经验能够对国际汉语教学，对我们所有毕业后已经从事和将要从事华文教学工作的学生起到很好的参考作用。

编　者

2019年1月

目　录

编选说明 ………………………………………………………………………………（1）

华文教育系作文大赛获奖作文

第一届

在留学中国的日子里 ……………………………［马来西亚］杨紫虹（2）
在去年的日记里 ……………………………………［印尼］张小青（4）
在留学中国的日子里 ………………………………［印尼］胡淑琴（8）
在留学中国的日子里 ……………………………［马来西亚］罗沁仪（11）
在留学中国的日子里 ………………………………［巴西］林梦婷（15）
在留学中国的日子里 ………………………………［缅甸］李梅敏（17）
在留学中国的日子里 ………………………………［越南］刘晓燕（19）
在留学中国的日子里 ………………………………［泰国］王燕萍（22）
中国留学的生活 ……………………………………［印尼］刘世君（24）
留学中国的光阴 ……………………………………［印尼］张子扬（26）
杯中影 ………………………………………………［印尼］曾小丽（30）
在留学中国的日子里 ………………………………［印尼］艾　飞（33）

第二届

广州，她的一天 ………………………………［马来西亚］黄蕴旖（35）
也许在毕业那天 ……………………………………［印尼］张小青（37）
广州，我来了！ ……………………………………［印尼］蔡旭红（39）
广州印象 ……………………………………………［马来西亚］罗沁仪（41）
我所认识的广州 ……………………………………［缅甸］陈盈盈（43）

广州印象之梦在广州 ……………………………［印尼］杨丽欢（45）
广州，我读不完你 ……………………………［泰国］张思濛（47）
广州爱情故事 ……………………………［印尼］孙莉霞（48）
我亲爱的广州 ……………………………［泰国］蔡彩虹（49）
广州的美 ……………………………［印尼］胡淑琴（51）
这就是广州 ……………………………［印尼］胡秀菊（53）
广州，我会想念你 ……………………………［印尼］吴慧明（55）

第三届

游子的梦想 ……………………………［印尼］杨丽欢（58）
我和华文 ……………………………［泰国］刘硕丰（60）
我和华文 ……………………………［泰国］蔡　可（61）
我和华文 ……………………………［马来西亚］蒙慧贤（63）
我和华文 ……………………………［马来西亚］罗沁仪（65）
我和华文 ……………………………［印尼］蔡武来（67）
我和华文 ……………………………［菲律宾］蔡金智（69）
我和华文 ……………………………［柬埔寨］江裕源（71）
我和华文 ……………………………［印尼］廖慧芳（73）
我和华文 ……………………………［印尼］胡秀菊（75）
我和华文 ……………………………［老挝］李福弟（77）
我和华文 ……………………………［印尼］蔡旭红（79）

记叙文（I）：写人

我的母亲 ……………………………［印尼］张晓丽（82）
妈妈脸上的疤痕 ……………………………［缅甸］洪华英（85）
我的母亲 ……………………………［马达加斯加］陈秀青（87）
母　亲 ……………………………［印尼］黄碧音（89）
我的天使 ……………………………［菲律宾］吴江明（91）

我的母亲 ……………………………………………… ［印尼］史蒂安（93）
可爱美丽的妈妈 ………………………………………… ［英国］涂艳尔（95）
一碗汤的思念 ……………………………………… ［马来西亚］杨紫虹（98）
我的养父 ……………………………………………… ［泰国］方美玲（100）
我的奶奶 ……………………………………………… ［缅甸］程美香（102）
风趣的吕老师 ………………………………………… ［印尼］陈娜丽（104）
困难中的微笑 ……………………………………… ［蒙古］白·白格勒玛（106）
别放开我的手 ………………………………………… ［印尼］吴志颖（108）
我心目中的他 ………………………………………… ［印尼］谢小梅（110）
有缘无分 ……………………………………………… ［老挝］李晓梅（112）

记叙文（Ⅱ）：记事

我在中国的学习与生活 ………………………………… ［印尼］陈 瀚（116）
学习汉语二三事 ……………………………………… ［老挝］陈妮拉旺（118）
我的留学生活 ………………………………………… ［印尼］何利冰（119）
寒假见闻 ……………………………………………… ［缅甸］洪华英（121）
愉快的假期 …………………………………………… ［泰国］吕立梅（124）
温暖的寒假 …………………………………………… ［泰国］张思濛（126）
寒假见闻 ……………………………………………… ［印尼］杨丽欢（129）
精彩的篮球比赛 …………………………………… ［马达加斯加］陈秀青（131）
最难忘的一件往事 …………………………………… ［柬埔寨］陈家宝（133）
一次美食制作经历 ………………………………… ［马来西亚］刘珮雯（135）
与众不同的冒险 ……………………………………… ［印尼］戴思嘉（136）
养金鱼 ………………………………………………… ［印尼］谢小梅（138）
心底的歌声 …………………………………………… ［泰国］梁兰彩（140）
水 金 ………………………………………………… ［印尼］陈爱珠（143）
悲惨的爱情 …………………………………………… ［蒙古］江宇静（145）
接 受 ………………………………………………… ［印尼］邓舜心（147）

猫咪恋 ……………………………………………… ［柬埔寨］谢巧美（150）
上帝的谈话 ………………………………………… ［缅甸］林敏玉（153）
看到什么就梦到什么 ……………………………… ［柬埔寨］王康俊（155）
流浪歌 ……………………………………………… ［泰国］许玖宝（157）
永强家的故事 ……………………………………… ［印尼］陈爱珠（160）
一只舞鞋 …………………………………………… ［印尼］秦仙霞（163）
意难忘 ……………………………………………… ［泰国］马晓铃（166）
雨中的情人 ………………………………………… ［印尼］黄碧音（170）
听见你的声音 ……………………………………… ［印尼］林思意（173）
“金黄瓜”的故事 ………………………………… ［印尼］杨玉英（176）
男女山的美丽传说 ………………………………… ［柬埔寨］黄明忠（178）
雪中的悲剧（改写） ……………………… ［蒙古］白·白格勒玛（180）

游　记

中国西安六日游 …………………………………… ［印尼］邓舜心（184）
我登上了华山 ……………………………………… ［印尼］萧金珠（187）
华东之旅 …………………………………………… ［印尼］黄小铦（188）
一次难忘的旅行 …………………………………… ［印尼］郑惠友（194）
游巴厘岛 …………………………………………… ［印尼］秦仙霞（197）
拥抱大自然——中山、开平文化考察记 ………… ［印尼］杨丽欢（199）
肇庆两日游 ………………………………………… ［印尼］杨丽欢（202）
厦门五日游 ………………………………………… ［泰国］陈美心（204）
游桂林山水 ………………………………………… ［老挝］阿碧赛（206）

散　文

街　头 ……………………………………………… ［柬埔寨］谢巧美（208）
秋　景 ……………………………………………… ［柬埔寨］王康俊（210）

香蕉树 …………………………………………………………［印尼］张晓丽（212）
纯洁的鸡蛋花 …………………………………………………［老挝］曾佩莹（214）
梅　花 …………………………………………………………［蒙古］江宇静（216）
思念苹果树 …………………………………………………［柬埔寨］陈家宝（218）
我的 Kody ……………………………………………………［印尼］陈爱珠（219）
请别忘记田地里的它 …………………………………………［泰国］张思濛（222）
惜 ………………………………………………………………［巴西］林梦婷（224）
在中国学习华文教育的感受 ……………………………………［印尼］杨丽欢（226）
在华文遇见你 …………………………………………………［印尼］杨丽欢（228）
2040 年再团聚 …………………………………………………［印尼］黄嘉玉（231）
茉莉花香・木棉花香 ……………………………………［马来西亚］黄蕴旖（234）

诗　歌

一场夏天的雨，把她烫伤 ………………………………［马来西亚］谢嘉莹（238）
你是我心目中无可取代的一本书 …………………………［马来西亚］谢嘉莹（239）

说明文

自我介绍 …………………………………………………［蒙古］白・白格勒玛（242）
自我介绍 ……………………………………………………………［印尼］李小薇（244）
自我介绍 ……………………………………………………［马来西亚］罗沁仪（246）
自我介绍 ……………………………………………………………［蒙古］江雪妮（248）
美丽之国——蒙古 …………………………………………［蒙古］白・白格勒玛（250）
东方奇迹吴哥窟 …………………………………………………［柬埔寨］杨宝丽（252）
我的母校南隆中学 ……………………………………………［泰国］蔡　可（254）
我的家 ………………………………………………………………［印尼］陈英俊（256）
泰国冬阴功汤的制作 …………………………………………［泰国］梁兰彩（258）
马达加斯加烩菜 ……………………………………………［马达加斯加］陈秀青（260）

议论文

《该怎么办》读后感 ……………………………………………［印尼］何阳光（262）
《小孩不笨》观后感 ……………………………………………［印尼］陈维正（263）
我读《也许》 ………………………………………………［马来西亚］叶彦君（265）
《当幸福来敲门》观后感 ………………………………………［印尼］孔佛妮（267）
《分手信》观后感 ……………………………………………［菲律宾］郭心慧（268）
读《蜗牛》有感 ………………………………………………［印尼］许和平（270）
不要轻易说“不” ……………………………………………［印尼］玛莉亚（272）
不要轻易说“不” ……………………………………………［菲律宾］施天成（273）
从一次性餐具谈起 …………………………………………［马来西亚］刘芸杞（275）
学习的苦与乐 …………………………………………………［印尼］陈恩慧（277）
网络的好处和坏处 ……………………………………………［印尼］徐运来（278）
应该找怎样的男朋友 …………………………………………［老挝］李晓梅（280）
做一个自立的女孩 ……………………………………………［缅甸］温桂香（282）
亲情、友情和爱情 ……………………………………………［柬埔寨］谢巧美（284）
出身贫寒是羞耻的吗 …………………………………………［泰国］马晓铃（286）

华文教育系作文大赛获奖作文

第一届

在留学中国的日子里

[马来西亚] 杨紫虹　2012 级 A 班

我在中国暨南大学华文学院学习已有六个月了。虽然时间不是很长，但是这几个月的生活是我人生中最丰富，也最难忘的生活。回想起这几个月的生活，可以说是多姿多彩，当然有时候会坎坷不平，就好像一道菜一样，有酸，有甜，有苦，有辣，各种不同味道交集在一起才有滋有味。以前我从来没想过有一天能出国留学，所以我很庆幸在机缘巧合之下顺利出国留学。在中国，除了学习到新的知识之外，我觉得更重要的是能体验在中国大学的生活。

至今我还记得第一次来中国的情景。那是 2012 年 9 月 7 日的中午，不知道折腾了多久，我乘坐的飞机终于抵达了广州白云国际机场。我终于近距离接触到了这拥有悠久历史却仍然熠熠生辉的明珠——中国。刚下飞机时真是百感交集啊！有远离家乡、远离家人的心痛，有对大学生活的期待，有对课业的担心，有对认识新朋友的热情，有对陌生环境的恐惧……首先迎接我的是悬在透蓝天空的大太阳，它毫不吝啬地展现光芒，像是对我表示欢迎，也让我对中国大学的生活充满了希望！从机场去学校的路途中，我看见了中国的繁荣昌盛、荟萃人文景观及优美风光。啊！我不禁感叹我是一个没见过世面的小孩。

毫无疑问，在中国的头几个月我对许多事情都很陌生，不太适应。其中让我感触最深的是广州的食物。俗话说：“民以食为天。”广州是全国乃至全世界独一无二的美食天堂。像我这种吃货，对于食物有一种难以割舍的情怀。我来中国要做的第一件事就是品尝这里的美食。首先是品尝饭店里的自助餐。虽然它们的卖相不错，但是味道和卖相是有差别的。这个味道我也说不上来，总之不是好吃也不是难吃，勉强可以咽下去。后来品尝的食物都令我失望，它们不合我的口味，可能是因为不适应的关系。我发现这里的食物都非常油腻。还有，也许是因为住在南方，南方菜的口味相对淡一些，不够咸，所以每次吃的时候我都要放许多调料。最让人费解的是广州人除了地上四条腿的桌子、天上飞的飞机不吃之外，其他什么都敢吃，如蛇、狗等。对于他们的胆识我佩服得五体投地，可这些食物我是绝对不敢恭维的。

此外，我在这里结交了很多来自不同国家的新朋友，他们来自印尼、缅甸、菲律宾、越南、泰国、中国等国家。他们有些比我大几岁，有些比我小几岁，但我们就像同龄人一样毫无拘束地相处。和他们相处，可以了解他们国家的文化和风俗习惯，还可以学习他们国家的语言，我觉得这是出国的好处。我和室友的关系也不错，我在她们身上学习到了一些我不知道的知识，和她们在一起我很轻松，很自在，我很喜欢这种感觉！班上的老师以及同学们都在我遇到困难的时候给予了我极大的鼓励和无微不至的爱，使一个出国在外的“浪子”感觉到了家的温暖。我觉得出国在外靠的是朋友，所以能找到知心的朋友此生无憾了，哪怕只有一个。

俗话说：“读万卷书不如行万里路。”在中国学习就有机会到处去开阔视野。短短的几个月时间，我去了许多地方，如越秀公园、广州博物馆、石室圣心大教堂、白云山、白水寨、莲花山、孙中山纪念馆、开平碉楼等。除了大开眼界之外，我还学习到了书本上从未学习过的知识，也感受到了中华五千多年文化的精髓。中国那么大，旅游景点当然也非常多，还有许多美丽的地方等着我慢慢去感受，我是不会放弃每一个开阔视野的机会的。我很荣幸自己能在中国留学，因为我觉得我真的看到了许多，也学习到了许多，这对我帮助很大。我从来没想过我能来到中国，感受她的魅力。在中国留学的这几个月我真的受益匪浅！

出国留学是我人生中最宝贵的经历，它给我的人生观、世界观带来一定的影响。我来中国已经六个月了，我每天都过得很开心，很充实。在未来的几年，我很想对自己说：不要放弃学习，也不要放弃任何可以开阔视野的机会。希望未来的几年我的青春不会留白！我觉得人生最重要的不是结果，而是过程，我也会永远珍惜这一段宝贵的留学时光。出国其实没有什么了不起，但是经历过的人都知道，雨后的晴天才更美丽！

（本文获得华文教育系第一届作文大赛一等奖）

在去年的日记里

［印尼］张小青　2011 级 B 班

我打开窗户，双脚踏在房间外的阳台上，把眼睛闭上，把双手慢慢地伸出去，深深地呼吸。我能感受到微风轻轻地掠过我的头发，感受到新鲜的空气慢慢地进入我的身体，感受到大地也在深呼吸。

我慢慢地睁开眼睛，看到这个星期天的太阳还是那么的灿烂，仿佛在跟我说："早安！"新的一天又开始了，我告诉我自己："今天的我一定要比昨天更勇敢！"

在天气这么好的星期天，我发现我起得太早了。左看右看，上看下看，同屋们都还在梦里呢。我要干什么呢？看电影？不，不可以再看了，我一看电影就会看到昏天黑地的，一整天盯着电脑不动。做运动？不，不，不，我最怕的就是运动了。做作业？作业我已经做好了。我要干什么好呢？

左顾右盼，唉，我的柜子里不是有一大堆书吗？前几天还在抱怨自己太忙，没有时间看书，现在不就有时间了吗？

我仔仔细细地看柜子里每本书的标题，《心灵鸡汤全集》《态度改变人生》《中国古代笑话故事》《成长心灵鸡汤》《想念》。好吧，今天就读张小娴的《想念》吧。当我要把《想念》拿出来时，我发现《想念》和《成长心灵鸡汤》中间隔着一本书，一本没有标题的书。因为好奇，我把它拿了出来。

一个普通的单行本子，表面有点破旧，因为放得太久。本子封面上有个可爱的小熊。好熟悉的一个本子哦！这不就是我一年级的日记吗？那时候我们的写作老师祝晓宏，要我们天天写日记，把每天的情绪或者发生的事情写在日记本上，老师要检查。还记得我是不喜欢写日记的，若老师当时不说要检查，我是绝对不会写的。

我曾以为这一本日记已经丢了，原来它一直在这里。想起这是去年的日记，突然觉得很好奇，当时的我到底是什么样子的呢，脑袋里想着什么呢？我的手翻开了日记。

2011 年 9 月 10 日

真没想到这一天终于来了，就是离开家的那一天。我到中国了，到中国来实现我的梦想：好好学习，当一个优秀的汉语教师。得到奖学金的时候，我真的很开心，希望赶快到中国。可是当我真的到了中国，我又舍不得了。我舍不得离开家，舍不得离开印尼，舍不得离开坤甸。

2011 年 9 月 30 日

人们说得对，没有出国就不会懂得爱国。来到中国我才懂得爱国，一直很想家，想爸爸，想妈妈，想弟弟们，想朋友们，也想我亲爱的印尼，亲爱的坤甸。第一次睡在宿舍的床上，我哭了，这是我最想家的时刻。

我跟同屋还不是很熟。这一刻感到非常非常孤单，非常想家，非常想要回国。我哭了，哭到自己都睡着了。

2011 年 10 月 4 日

今天写作老师给我们留了个作业：写一封给父母的信。虽然不用寄回去，但我把这个当作是真的要给父母写的一封信。我跟妈妈比较亲，所以真的不知道要跟爸爸说些什么，而且我跟爸爸的关系也不是很好，常常有矛盾。只记得，妈妈曾经说过，小时候是爸爸最疼我的，他去哪里都带着我，抱我，喂我吃饭，陪我玩儿。还记得我要去中国的那一天，爸爸摸摸我的头说："到了中国以后，一定要好好的。"那时候我才发现，其实爸爸对我的爱从来都没有变过。现在回忆起来，其实以前常常是爸爸叫我做功课的。小时候，我的算术课成绩一直不好，每次都是爸爸耐心地教我。他常常带我去游乐园玩儿。当工作很累时，爸爸喜欢叫我帮他按摩。现在我们距离远了，我才发现其实我是很爱他的。爸，我真的很想你，你也会想我吗?

我跟妈妈的关系从来都不像母女，我们就像好朋友。还记得以前妈妈常常陪我看偶像剧。我们什么都谈得来，就像好朋友一样。但我知道，妈妈对我的爱永远都是母爱，是母亲对女儿的爱，从来都没有变过。临近去中国的那些日子，是妈妈每天忙着帮我准备行李的。我要去中国的那一天她还给我做饭，怕我在路上会觉得饿。一顿简简单单的饭，但每一口，我都能感觉到她对我的爱。

这次离家让我发现他们的存在对我来说是很重要的。我很想念他们，很想很想……

此刻，我的眼泪流下来了。想起当时我是怎么舍不得家的，是怎么想家的，怎么想念爸爸妈妈的。我马上擦干眼泪，继续翻开下一页……

2011 年 10 月 24 日

我发现，到了中国以后，自己跟以前不太一样了。是我变了，他变了，还是世界在变了呢？突然觉得好寂寞，好孤独。但我知道，我必须往前走。路还漫长，该做的事还很多。毕竟不是小孩子了，我不能什么事都靠别人。每个人都有自己的事，自己的生活。不能总是希望别人会帮我们。最可靠的，最不会离开我们的就是我们自己。我一定要坚强，要独立，要靠自己！

2011 年 11 月 7 日

不知不觉我在中国已经两个月了，已慢慢地习惯了这里的生活。虽然有时候还会很想家，还会忍不住掉眼泪，但我已慢慢地适应了。虽然父母不在身边，但我周围有很多朋友。他们跟我一样，也没有父母陪。大家是从世界各地过来的，能够相遇是种难得的缘分。有朋友们的陪伴，我不觉得孤单了。

2012 年 1 月 13 日

我们的第一学期终于结束了，长长的假期在等着我们呢。大家都开开心心地迎接假期。同屋们都在收拾行李准备回国。我能看到因可以回国而兴奋的那一张张脸，期待着和家人团圆的那种感受，是不能用语言表达出来的。

这是第一次我不在家里过新年，说我不想家当然是骗人的。那天晚上，在茫茫的灯光下，我看见一个同屋小心翼翼地收拾着行李，以免吵醒其他同屋。我醒了过来，并不是因为她吵到了我，而是因为我的心吵到了我，我对家的思念吵到了我，我对家乡的思念吵到了我……

这就是去年我第一次不在家里过新年的情形，我相信第一次离家的人总会有像我这样的感受。今年的寒假我又不在家里过新年，但今年的我没有跟去年一样，像孩子一般无理取闹地大哭着想回家。或许，这就是成长吧，而我相信现在的我已经长大了。

2012 年 2 月 23 日

今天是 23 号，27 号就要开学了。我的寒假工也在这一天结束了。回想起来，我打工的这一个月，让我认识了许多好心的顾客。还记得他们是怎么关心每天必须站在门口 8 个小时的我：问我冷不冷，提醒我要多穿点儿，多喝温水，还叫我要加油呢。一想起来，心里总是会暖暖的。虽然我不在家，没有父母的关心，但他们的爱，让我感受到了一种“家”的滋味。我说不出名字的阿姨和叔叔们，谢谢你们的关心，谢谢你们的爱让我感觉到了“家”的温暖。

超市里的同事们也很好，都像好朋友一样对待我。还记得刚来时，我笨手笨脚的，但大家都很耐心地教我，体谅我。叔叔和阿姨们都很好，很体贴，很关心我。让我感觉到“创盈超市”也是一个家，一个温暖的家……

看到这一页，我的脸上挂起了笑容，心里暖暖的，是他们曾给我的爱让我的心暖起来的。

2012年5月30日

七彩华文终于结束了，我们班的“包青天”得了二等奖。大家这几个星期的劳动没有白费。一开始，大家对这个节目没有信心，后来经过大家的努力，还是成功了，今天是很棒的一天。我很开心看到班里的人这么团结，这么有默契，大家都互相学习。希望能够继续这样下去，一天比一天更好，一天比一天进步。2011B班，加油！

我把日记收起来，脑袋里播放着去年的每个回忆的片段，所有喜怒哀乐都写在这日记里面，每一页都是经典，所有的故事都值得纪念。心里面同时觉得感动、暖和，有点伤感，但充满着勇气，说不出来的滋味，不知道该用什么词来形容我心里现在的滋味。已停笔一年的这本日记，我想继续把它写下去，继续把每一天记在日记本上，记在脑海里，记在心里面……

（本文获得华文教育系第一届作文大赛一等奖）

在留学中国的日子里

［印尼］胡淑琴　2011 级 B 班

来中国读本科之前，我在印尼已经读过本科了。我是在一所叫 MDP UNIVERSITY 的大学读本科的，我的专业是会计信息系统，专门做财务软件的。毕业后，我好像做梦一样，我在一个第三世界国家、历史上富有传统的国家——中国拿到读本科的机会了，更何况我真正想要学的就是汉语，我没有多考虑就下了决心接受这个机会，来到中国读书！从我下了决心之后，我知道我的人生会就此不同。

来到广州之后，我想，这个陌生城市，完全不同的、寂寞的生活会让我学到很多新的东西，也会让我进一步理解中国文化。开学的时候，我觉得在这新的环境下，我不会缺少朋友。中国人都说："在家靠父母，出门靠朋友。"我发现在这个城市里，在没有家人帮助的情况下，我需要有人可以靠，可是我知道我还得靠自己，因为一遇到困难，是要我自己去面对的，所以我让自己不要每一次遇到一点儿小挫折就唉声叹气，埋怨自己的运气不好，也不能给父母打电话，因为这样会让父母更加担心。不知不觉中，我逼自己变得更坚强，特别是在中国，在广州，在暨南大学华文学院，我一定要改变这一切，也从这一刻起，我新的人生开始了。

时间慢慢地流走，不知不觉我已经读了两年的汉语。这个时候我发现，我以前上的大学跟暨南大学华文学院读书相比，有很多地方不相同。比如说在暨南大学读书的学生，特别是拿到奖学金的学生，学校不允许在外面打工。而在我以前的大学，我可以一边上学一边打工，只要我能保证我的成绩不会下降，我就可以继续打工。

从学习方面来看，也有很多地方不相同。比如从上课时间来看，在我的国家就分成两种：早上的课，就是从 7：30 开始，下午最迟到 15：00；然后是晚上的课，从 17：00到凌晨 00：00 左右。而在中国没有这样的分类。在中国，有时候我晚上有课要上，有时候早上的课只上到 10：00。给我印象最深的就是每一次放假时，不管是国庆节、劳动节等，我的学校都会安排补课，平时的补课会在周末时间进行。可是我以前的大学不一样，假期就是假期，没有补课。我到中国留学才发现，学习是第一位的，不管怎样，一定要把学习放在首位。

从另外的方面来看，比如课程安排，在暨南大学，一般来说课堂是学校安排好了的，学生只要按照学校安排的课程上课就可以了，特别是如果我要拿到 25 个学分，20 个学分就是按照学校安排的课上，剩下的可以自己决定要选哪一门课。可在我以前的大学，学生完全有权自己安排课程，想上哪一门课都可以，只要我在 3 ~ 4 年的时间内完成 160 个学分，我就可以毕业。其实毕业也不只是靠学分，也要看我的论文、答辩等。

从生活方面来看，我就觉得在中国留学跟在自己的国家读书真的很不一样。在自己的国家，我是跟父母一起生活的，我根本不需要烦恼生活中大大小小的事情，比如吃的、喝的、穿的，所有我平时需要的东西都由我父母来准备。而在中国就不一样，我住在学校的宿舍，房里还有三个不同国家的同屋，跟不一样的人生活在一起，大家背景不一样，习惯、性格等也都不同。我觉得我们今后肯定会遇到很多问题，比如我有个同屋，她是从马达加斯加来的，她是一个思想比较西方化的人，而我很看重传统习俗，所以有时候我跟她会发生一些矛盾，因为同一件事她从她的想法去理解，我也从我自己的角度去看。这样的生活，真有意思。我思考得更多，也从她身上学到了不少东西。

还有从最基本的事情——吃饭来看，我是吃素的，如果在我的国家，我会很容易找到素食馆，可在中国却不会那么容易找到。所以我来到中国的时候觉得挺难过的，跟我一样吃素的朋友不多。我想找地方吃素食，但找不到；想自己煮，又没有厨房，只能偷偷地在房间煮简单的菜当餐。这个时候，我的同屋都会理解我的困扰，她们都能接受我在房间里煮菜，而且每一次我们要聚餐时，她们都会找一些有素食的饭店去吃，这真诚的爱让我很感动。

在中国留学，我觉得我完全要靠自己，不只是我，所有的同学、同屋、朋友，都是这样的。我想独立的生活应该就是这个样子的吧。回去一想，我以前的朋友都可以不顾我的情况就依赖我，我开心的时候一定会有人跟我一起开心，困难时，朋友都不在身边，原因是她们都力不从心。可在中国留学完全不一样，因为我要照顾自己，别人也一样。在这种情况下，还有朋友能在我困难时帮助我，我知道这是真正的朋友。

来到中国快半年时，我要买一台二手的佳能照相机，当时是在 51 网上找的。我用 QQ 和卖家联络，说好了价格等，没动脑筋就付了钱。那时候谈的价钱是 2000 块钱，我觉得这台相机是二手的，所以这个价钱还算合理。付了钱后，卖家叫我在一家快递公司的网站上查询我的货物已发到哪里了，我在查的时候看到订单号是正确的。可是第二天，我觉得有点儿不对劲。我在百度网站上查这个快递公司的消息，发现这家快递公司的网站地址跟在百度上查到的网站地址不相同。我觉得很好奇，就上 QQ 找那个卖家，可是她一直都没上线。我更觉得我已经被卖家骗了。我心里很急，决定去香港查这家公司是否存在。那个时候，因为免得在那边遇到危险没人知道我的消息，我就约我的学长陪我去。可倒霉的是，我的学长说他暂时不能陪我去。如果我可以先帮他做完他的作业，他就能陪我去，因为他最近很忙，脱不开身。还有另外一个条件就是路费、住宿费等，要我全包。这时候，我真的觉得很伤心，他明明知道，我已经被人骗了，我哪儿来那么多钱去付他所有的费用呢？路费我可以全付，因为只需要一天时间去找，不需要入住酒店。这个时候他又说，这个星期不能去，因为他跟朋友和老师有约。我觉得我不能靠这个学长，我想到了另外一个人，可能能陪我找这家快递公司。她是我的同班同学艾飞，我大概下午 6 点去找她，她刚刚做完礼拜。我跟她说了我的事情，她想都没有想就同意了陪我去，我说可能在那边会遇到危险，因为我根本不清楚地方是在哪里，但她拉着我就走，还跟我说："不管在那里遇到什么危险，我们一起去，也会一起回来的，我不会丢下你一个人的。"听了之后，我就说不出话来了。我心里一下子就平静了许多。然后我就跟她去了香港，只按照自己在百度查过的地址，我们就到了我们想找的地方，可是这家快递公司怎么找也找不着，我真的很急，就随便问一个刚路过的人这家快递公司的地址。那个路过的人看到我们觉得很可怜，两个女生大半夜还在找地方，他就陪我们去找，到了那个地方，问了很多人，都没人知道在这个地方有这家快递公司。这时候，我好像真的醒过来了，我再也不会找到这个卖家、这家快递公司，而且我的钱也不可能再回来了。可是我从这里面，学到了很多。我今后不会轻易相信陌生人，要先思考再做决定，不管事情有多大或多小。更重要的是我发现，我身边原来有这样的她，一个可以为我付出的朋友。我想她这个朋友真的值得珍惜，我不会错过她这样的朋友。我们都有自己的事情、自己的生活，但不影响我们把身边的人也当作自己的家人一样去爱，去关心，这就是真正的爱吧。

在中国留学跟在自己的国家读书真的有很大的差别，从各方面都能看得出来。在留学中国的日子里，我会看到我的成长，可在自己的国家反而觉得自己是一个长不大的小孩。真觉得我现在的生活很充实，是属于我自己的生活。我是第一个从巨港拿到奖学金在广州留学的人，身为一个学姐，我要以身作则，才能让巨港的学弟学妹们为我感到骄傲。不管有多少人说我太不自量力，我都相信只要努力，一定会成功，努力不会白费的！我会一直努力去追我的梦想。为了让我父母感到骄傲，我会继续努力的。

（本文获得华文教育系第一届作文大赛一等奖）

在留学中国的日子里

［马来西亚］罗沁仪　2011 级 A 班

为了圆留学梦，一年半前，我来到了中国广州。

在我的姐妹淘之中，有人去了中国台湾台北，有人去了日本东京，有人去了韩国首尔，也有人去了英国伦敦，而我是镇上唯一一个来到了中国广州的游子。在我们国人眼中，中国的形象处于两个极端：老一辈的华侨华人都视中国为祖国，觉得海外华人和中国人同为华夏子孙，都是龙的传人；新生代提到中国却并不那么亲近，脑海中甚至有不少关于中国负面的传闻：中国货是劣质产品；中国人爱随地吐痰；中国骗子不少；中国的厕所没有门……

或许，对于我们大马人而言，广州的国际名声不及中国台北市、东京、首尔和伦敦，或许中国大陆对他们的吸引也不及中国台湾、日本、韩国和英国，但，对于我到中国广州留学的这一个决定，我不曾后悔。尽管发生在中国这片土地上不可思议的事数不胜数，造假、欺诈事件更是常常荒诞得令人瞠目结舌，但当时初到广州时学姐与我们分享的一句话迄今言犹在耳："只要你们能够在中国过完这四年，往后不论你到世界上任何一个国家去，生活都将不成问题。"这句话或许有些许夸大，但总算有效地提醒了我们在这座城市生活务必万事小心，随时提高警惕。无论如何，我总算平平安安地过了这一年半，除了偶尔接到的一些诈骗电话或短信，也并无大碍。反之，在这招有九十多个国家的留学生的暨南大学华文学院，我得以见识到各国文化相互冲击、相互融合；在弥漫着不同国家文化气息的课堂上，我得以深入地了解各国文化对各国孩子的思维模式的影响有何不同。我确实十分热爱留学广州的日子，而或许在这一切留学广州所获得的成长因素背后，让我如此无悔的原因，来自于与我一起生活了一年半的三位可爱的室友——淑琴、丽婷和安玲。

比我年长一岁的淑琴来自印度尼西亚，兼具大哥气魄和大姐心态，对我们另外三位妹妹照顾有加；与我同龄的来自马达加斯加的丽婷，深受法国文化熏陶，性格开朗，思想开放；年龄最小的菲律宾女孩安玲外貌甜美可人，性格活泼，灵气十足的大眼睛十分讨人喜欢；我时而傻里傻气，时而精明能干，极讲原则的脾气下又藏着个潇洒不拘的灵魂。我们四人性格各异，价值观偶有出入，但我们的友好关系一直被系里同学传为佳话。冷眼相对或争执不断不是我们的作风，我们不曾达成协议，却极有默契地共同选择了最柔和、最真诚的方式去沟通、交流，去化解文化背景各异的我们在生活中出现的摩擦和矛盾。

淑琴是个奉献精神极强的女生，身上甚至散发着新生代男生少有的阳刚之气。房里的重活总是由她一手包办，我们谁都插手不得。出门在外，她常给我们带回好吃的，偶尔发现我们缺了什么日常用品还没来得及买，她都会默默地替我们把东西买回来。她总会习惯性地去对身边的人好，却常常忘了好好地对待自己，受委屈时只会选择生闷气，奈何她那无法掩饰的黑炭般的脸压根儿瞒不过我们犀利的双目，而我们却什么都做不了，只能互递眼色，相互提醒尽可能地不要打扰她，让她自个儿静一静。她不喜欢被我们这三位妹妹照顾的感觉，不愿意让我们为她分忧，甚至常常拒绝接受我们送给她的食物或小东西。为此，我们下了很大的努力，在半哀求半强硬的态度下，她才愿意“勉强”接受我们的好意。她看似坚强无比，但刚强的外表下，却藏着一颗极其敏感的心，常常纠结于他人是否真心喜欢她的问题，更常常爱问我们一个很可怕的问题：“如果我不是你们的室友，你们会不会喜欢我这个朋友?”类似的问题总让我措手不及、无言以对，但为了安抚她那忧郁的情绪，我只好长篇大论地与她分享了一堆又一堆的人生哲理，偶尔还搬出自己活生生、血淋淋的惨痛经历作为激励她的例证。

丽婷善于观察和模仿，古灵精怪，幽默感十足，是我们房里的“笑弹”制造家。班上男生的是非是她最爱聊的话题，间中更会模仿他们的走路或说话神态，惟妙惟肖，娱乐性十足。她说得一口流利的法语，在房里却苦于无用武之地，只得使用她那发音常被安玲取笑的英语和总把音调搞混的汉语与我们沟通。我忘了相识初期，我们之间是否存在着语言沟通障碍，但或许是丽婷她那说话时生动的表情和肢体语言总能令我明白她想表达的意思。我们这非常国际化的四人组合，日常交谈从最初的国际语言——英语，至今天的英汉参半，不曾出过乱子，反倒是常常闹出笑话。安玲的英语最好，因此每当我们三人的发音不标准的时候，准会被她笑上老半天。淑琴的印尼语和我的马来语有相通之处，只是腔调有所不同。我偶尔会跟淑琴说上数句马来语，她却爱取笑我的腔调，令我纳闷不已。尽管我说的英语和马来语都不够标准，但幸亏一口流利的汉语让我扳回了些许颜面。我是房里的汉语小老师，她们三人写作业时若遇到难题，就是我出手相“教”的时候了，这也让我有机会学习如何用我现有的知识去试着当一位母语非汉语的汉语学习者的老师。

安玲是我们房里的小公主。她天真烂漫，甜美可爱，但没有刁钻任性的公主脾气。她有一双巧手，审美极佳，是宿舍里的发型师。每当我需要出席较为正式的场合时，她总能帮我把一头平时疏于打理的乱发变成适合我装扮的发型。可能是由于年龄差距较明显的原因，我不自觉地把她当亲妹妹般疼爱，而她也总爱对我撒娇。她非常爱吃巧克力，一小块巧克力就能让她开心大半天，因此我柜子里的巧克力常常成为逗她开心的灵药。

心情不好的时候，我们都爱听音乐，但在曲风的选择上，我们四人主要分成两大派：我和淑琴较爱抒情乐；安玲和丽婷最爱动感乐。她俩身上隐隐透着西方奔放的艺术气息，最爱随着强劲的音乐节奏热烈地扭动身躯跳起舞来。淑琴的价值观较为传统，因此对于性感的热舞只能表示不懂欣赏，而那动感二人组却更喜欢在淑琴面前“搔首弄姿”，总要把淑琴逗得无言以对方愿罢休。

我们四人的关系很奇妙。若淑琴和她们俩拌嘴，我一定会帮着她们气淑琴，而其实跟淑琴感情最深的是我。这时候的我们就像三个顽皮的孩子在顶撞着一位对我们无计可施的母亲。淑琴常逗安玲玩儿，每当把她逗急了，安玲总会向我求救，而一旦我出了声，淑琴总会一边怪我偏心，一边乖乖地收手。这时候，丽婷就会在一旁装出一副成熟之态，鄙视我们这幼稚的三人。其实我们四人都有着胡闹的基因，就看当时是谁诱发了其余三人胡闹的欲望，而不管胡闹的组合是哪三人，剩下的那一人往往结局悲惨。四人当中，我看似处事待人成熟干练，偏偏在生活上非常散漫不羁，常常忙到很晚才洗澡，很晚才睡觉。每当这种情形出现，淑琴和丽婷就会担当我老妈的角色，对我展开唠叨攻势，规定我必须在几点前洗澡、睡觉，若不依规定就把我的笔记本电脑锁起来。身在异国他乡，我竟然还能体会到慈母般的叮咛和唠叨，这该是一件多么幸福的事啊！

宿舍是我身在异乡唯一愿意露出软弱之态的城堡，唯有在这属于我们四人的城堡里，我才会任由我在外所受的委屈化成泪水尽情地奔流；也只有在这被我视为家的暖窝里，我才会肆无忌惮地随性大喊大笑大闹。同在一屋檐下已快迈入第三个年头了，对于彼此的生活作息，我们已经非常熟悉，谁半夜里会打呼，谁半夜里会说梦话，我们都知道得一清二楚，也已习惯彼此在床上的身影及鼻鼾声。若在某个晚上有谁外宿了，剩下的人总会觉得心里不踏实，喃喃自语地不停重复念叨：“今天××外宿哦！”每逢我们之中谁的生日，或碰上了普天同庆的节日，我们一定会挪出时间一起出外吃饭。尽管淑琴常年茹素，我们能够选择一起进餐的餐厅不多，但却丝毫不减我们开开心心聚餐的兴致。

四人当中，我是最忙碌的那位，日日忙着系里活动的事儿，把自己搞得疲惫不堪之余，还常常要面对活动上或人事上的压力和纠纷。我的三位室友就像是我的避风港，虽然我并不会向她们全盘倾诉所遇到的问题，但她们总是替我加油的笑脸，以及心疼我的神情，总能给我应付难题的勇气和力量。在我决定只身离家来到广州留学的那个时候，我压根儿没想过我能如此有幸拥有三位对我如此重要的室友。我们各自都拥有更要好的朋友，但不曾影响我们彼此间犹如家人般的感情。或许我们不会把一整天下来遇到的琐碎事都分享一遍，但我们总能从彼此的眼神和脸色中感觉到彼此的心情，并及时在各自需要的时候，二话不说地，准备好为她守候。

到中国留学的这段日子里，从一年级的懵懵懂懂，到今日的“半老油条”状态，我的视野在课堂上老师的引导下，以及课堂外的生活经历中扩展了不少。伴随着对中国现今社会了解的加深，我对中国的印象从最初的无法理解到如今的理解，虽然免不了仍有些无奈和感慨，庆幸的是我们四人仍能够相互做伴，共同经历了不少风雨：一起见识了中国骗子的高超手段；一起鄙视地铁里不让座给孕妇的年轻乘客；一起努力融入中国本土文化；一起在考试周熬夜复习；一起在查房前夕进行大扫除；一起被宿管阿姨训斥在三更半夜时分制造噪音。在中国留学的日子里，我获得了各种感受和经历，但对我而言最为重要的，是我的三位室友的相伴。

她们，让我在中国留学的日子变得更有意义。我真切地盼望着在接下来的两年里，我们的情谊能够再上一层楼，为彼此留学中国的回忆画下色彩缤纷的一页。

（本文获得华文教育系第一届作文大赛二等奖）

在留学中国的日子里

［巴西］林梦婷　2012 级 A 班

一阵清风吹过，我抬头仰望天空，仿佛我到这个学校的时候还是昨天。每一个季节随着一年又一年的过去而循环着，每个季节里的每一天都在喋喋不休地说着自己的许多小故事。广州，这座城市总是带给我小神秘，丰富了我在中国留学的生活。

夏天，这个炎热的季节最初带给我的是陌生感。因为我刚刚来到广州。我深刻地记得那一天是 9 月 1 日，我带着沉重的行李箱从机场里走出来，迎面而来的是一个大红色的迎接牌，我跟随着师哥师姐们坐上了去学校的校车。在路上，来不及看的风景在校车快速的前进里一闪而过。习惯了巴西常年恒温凉爽的温度，到了这里，我连呼吸都觉得十分困难，炽热的太阳直射没有任何防备的我们。来到暨南大学华文学院，下了车，看到了陌生的建筑，看到了陌生的人。从我身边飘过的话语都是来自不同的国家，让我感觉到他们的一丝浪漫气息，还有一种来自不同国家的文化气息，但是，或许是入乡随俗的缘故，我发现了他们身上微妙的和谐。

秋天，这个短暂的季节带给我的是温馨。因为四人间的房间只有两个人住，一个是我，一个是同样来自巴西的女孩——芳芳。一个有着真诚的笑脸，全身充满着爱的气息的女孩。在这么小的空间里，只有我和她两个人，所以彼此格外地珍惜。或许是因为同样有着好动的性格，我们总是不停地去发掘广州的乐趣。刚开始，由于我们的汉语程度不同，有时候并不能表达清楚，但我们依旧不管不顾地一起去接触广州的新生活，一起学习汉语，这样的温馨让我暂时忘记了想家。

冬天，这个寒冷的季节带给我的是喜悦。因为浓厚的过年气息，令要在中国过年的我无比欣喜。我的祖籍是福建，在那出生的我也领略过过年的欢喜、过年的风俗。但这寒风刺骨带着点湿气的广州，让我无比想念巴西的天气。这一年的春节我并没有回巴西，因为路途的遥远和机票的昂贵让我放弃了回国。我选择回福建过年，那里还有一个家。虽然没有爸爸妈妈陪伴有些落寞，但如今已经长大的我渐渐独立起来。在家里，我有模有样地学起了贴对联，贴在正门、侧门等地方，上联从右边开始贴起。新年如约而至，在阳台听着十二点的钟声敲响，满城的烟火统一地一起放，绽放在天空的每一个角落，一旁的大人说着过年的新鲜趣事，小孩们等着十二点钟声的敲响，然后他们的守岁正式结束，开心地入睡。

春天，这个万物复苏的季节带给我的是回忆。因为时间不停地奔跑，我来到这已经一年了，在巴西这个时候特别忙碌，来到中国让我渐渐变得慵懒起来。在这里，因为我爱好唱歌跳舞，所以结识了许多中国朋友，他们来自不同的城市。这半年多的日子里少不了的是他们的陪伴，饮食上的照料，生活上的启迪。每一个回忆都离不开他们的欢声笑语。

岁月以它飘逸的姿态轻松地迈着前进的步伐，不知不觉中走过了一个又一个的季节。在留学中国的日子里，我已渐渐习惯这里的一切，风景、人、事。在这里我带着激情去学习，带着平平淡淡的心态去对待生活，正所谓“平平淡淡才是真”。

（本文获得华文教育系第一届作文大赛二等奖）

在留学中国的日子里

［缅甸］李梅敏　2011 级 A 班

清晨七点半，我走过宿舍楼大厅前台，向宿舍阿姨打个招呼后走出了宿舍门。一出门眼前便是一片绿色的景象。从宿舍到教学楼要走一段路，路两旁是高大的常绿树，它们的叶子又大又绿，一年四季都是深绿的颜色，看起来很有生命力。当我经过它们时，它们那高大挺拔的身躯仿佛显示出庄严雄伟的气势。

我喜欢每天早晨通往教学楼的这段路。早晨清新的空气，加上鸟儿叽叽喳喳的鸣叫声，还有校园里生机盎然的花草树木，让我感到每一天都是新的一天、新的开始，它总能让我带着愉悦的心情开始每一天的学习生活。

早上八点，班里开始早读，时间为二十分钟，早读时朗朗的读书声真是无比悦耳。我很珍惜这早读的时间，因为这是学生时期难有的机会，我觉得它意义非凡。早读的内容大多为励志或是充满人生哲理的短文，我们都读得津津有味。我觉得早读不仅能够训练我们的口语，增强我们的语感，提升我们的阅读理解能力，而且能增加同学之间的互动与增进感情，营造出班级的融洽气氛和培养合作精神。

有时候我们的早读内容可能是当天老师所要测试的内容，大部分同学包括我在内都很少提前复习，我们会充分利用早读时间一起来复习。因为是临时抱佛脚，难免会有一点紧张，也很像马上要出征的军队，大家都往共同的目标冲过去，这时班里的气氛协调，也许这是全班最团结最合作的一个时刻。

我们班上有 19 位同学，分别来自印度尼西亚、马来西亚、文莱、蒙古、缅甸、菲律宾等国家。虽然来自不同的国家，但我惊奇地发现，很多方面大家都有共鸣。最有趣的还是班级课后讨论，这个环节能帮助我们养成从不同角度看问题和思考问题的好习惯，同时也是一个能发现和学习他人优点的好机会。我认为这是非常科学、非常有价值的一个环节。

现在是我们一起学习的第四个学期，我们之间仍然保持着良好的关系，班里还会洋溢着青春的快乐气息，能与他们同窗，我感到非常荣幸。其实同学之间很少发生冲突或是矛盾，不是因为我们的意见或是想法没有分歧，而是因为我们对彼此都给予了尊重的态度，这使班里的各项活动都能顺利完成。也可能是因为华裔本身就有着“万事和为贵”的传统观念，使得大家更能和睦相处。

在这里我不仅遇到了好同窗，也遇到了好老师！教导我们的老师多年来一直从事着华文教育的研究工作，对世界上很多国家的华文教育有很深的了解。四个学期以来，我接触了很多老师，他们的教学方法各有特色，透彻的讲解使教学活动更加生动有趣，即使所要学习的内容很多，也不会觉得枯燥无味。

老师们认真负责的态度，对教育工作的热忱，对学生的关心，以及高尚的品德修养都是我们学习的好榜样，也是我们未来从事华文教育工作时的向导。

除了学习以外，大学的生活当然也不能缺少体育运动，在学校里我们有足够的时间来进行锻炼。每天下午，最热闹的地方就是足球场、篮球场、游泳池等运动场地，通过运动我们还能拓展交友范围。有时候我会和几个缅甸同学一起打羽毛球，我们很喜欢用缅语交流，边打球边大声聊天，觉得很有趣。我也喜欢在足球场散步，散完步打打太极拳，感觉一天下来所消耗的能量就在此时此刻得到了补充。

大学的生活真是丰富多彩，有很多课外活动，如作文比赛、书法比赛、朗诵比赛、歌唱比赛、中华才艺大赛、微型教学比赛等都是展现才能的最好机会和平台。除此之外还有电影分享会、国际舞蹈交流会、趣味运动会、文化考察之旅等，更加丰富了我们的大学生活。

当然也难免会遇到不愉快的事情，但是良好的环境总能让那些负面的情绪很快就能得到解决。我们千里迢迢来到中国学习，就是为了学好汉语，进而发扬中华文化，为此学校也提供了良好的学习环境，对我来说学校已是我的第二个家园。因为华文教育，我成了这个大家庭的一个成员，我喜欢这个家，也很珍惜留在这里的每一天。

（本文获得华文教育系第一届作文大赛二等奖）

在留学中国的日子里

［越南］刘晓燕　2010 级 B 班

你

当我获奖时，其他朋友都会奔向我，拥抱我，向我祝贺，而你只会带着笑意，握着我的手说："恭喜你啊！"

当我因有心事而趴在桌子上稀里哗啦地哭时，你不知道要说什么，只会坐在我旁边，借你的肩膀给我。

当我来不及复习，似乎没希望地说"死定了，来不及了"时，其他同学只说："加油啊！"而你会想办法用最简单的方式让我能掌握课本上的知识。

当你看见我的眼镜坏了时，会趁我不注意，偷偷帮我修好，然后放回原位。

当你去超市买东西时，记起早上看到我在 QQ 上写的："好想吃巧克力啊！"你就买了巧克力，悄悄地放在我桌子上。

当我生病时，你只从别的朋友那打听我的情况而没去看我，因为你知道还有别的同学能照顾我。可是，当我突然去短信说"我不舒服"时，你知道我病得很严重，你会放下正在做的事情，跑过来看我。

当我想诉说我的事儿时，你宁愿熬夜做你的功课，而先倾听我的故事。

新一年的第一天，你就开始想要怎样才可以给我一个温暖又惊喜的生日。

平时，你不会问我："你最近怎样？"而你会通过我的脸色来猜测我现在的心情。

当学到新的知识时，我经常跟你分享。每当从生活中悟出什么道理，我也会跟你谈论。遇到烦恼，你帮我解忧。当然，当我的"花园"开满了"花"，我也会将你拉过来。

有时，我觉得自己也有点自私。看到你跟别人亲昵，我就会无理由地讨厌起那位朋友。

不知每天和我在一起的时候，你的感觉如何？每次和你在一起，我觉得我才是我自己。我不用刻意去注意对方的眼神及神态来调整自己的言谈举止，不用担忧自己说出的话对方会误解，因为我明白你能理解我要表达的意思。在你面前，我无法佯装。即使可以，我也不想。

一天不跟你谈话，我就觉得生活缺少了情趣，仿佛一块隐形的石头压在我心上。

任何事情，不管是小事还是大事，我都跟你诉说，可你不觉得厌烦。

他

某一天，我发现我身边多了一个影子。

他是我们班的同学。他常常旷课或者每次上课书本都不带齐。他的打扮让人联想到乞丐。他喜欢独来独往。因为我是我们班的副班长，老师让我去了解他为何如此。我每天都得给他打电话或者发短信提醒他来上课或做作业，像个保姆一样。我很不愿意地接受了这份“工作”，他使我的生活变得琐碎，我不喜欢他。

偶然一次去教堂，我碰见了他。他上着一件衬衫，下着黑色的裤子，配着皮鞋。我大吃一惊，问他：“你怎么上课的时候穿得那么……可是去教堂的时候穿得这么正式?”他吸了一口烟，看着我说：“为什么上课的时候就得穿得很整齐，而去这么神圣的地方就得穿得很随便呢?”从那天起，我开始关注他。

据了解，他以前曾经是班上的尖子，可是因为家里穷，所以上高中的时候，他被班上的同学排斥了。他认为努力学习也没用，社会上的人只想看他的钱包有多厚，而不是看他学习有多好，是否有能力。高中发生的所有事情给他留下了阴影，他现在不相信任何人，不想跟任何人交流。我决定接近他，将他拉回我们的世界。

说来真巧，月老用红线把我们绑在一起了。

你，我，他

隔两天他就在班上我常坐的桌子上放了一杯热巧克力，或者用他的零用钱给我买我喜欢的衣服。我很快陷入了爱情。第一次谈恋爱的我挡不住被一个男人爱的感觉。我们融化了彼此，除了睡觉的时候，我们几乎都在一起。

还没跟他在一起的时候，我每天都去你的房间找你。现在，我眼里只有他，我和你见面的时间越来越少了。也许非常注重感情的你觉得伤心，不少次暗示我了，也经常提到以前的事情。但你越提往事，我越厌烦，越想你彻底在我的视线里消失。

最终，火花还是出现了。

我们在老地方见了面。你又一次拿出我们的“纪念本”，一页一页地翻阅，温馨回忆我们以前的事情。我这时确实忍受不了，索性推开椅子站起来说：“我们还是当一对普通的朋友吧！你所谓的‘好朋友’对我来说是一种负担!”说完，我一走不回头。

一天……二天……三天过去了，我们互相回避彼此。一个星期后，在我房间门口放着我们的“纪念本”，上面还贴着一张便利贴。便利贴上写着：我没想到“不当好朋友”这几个字眼，你能这么轻易说出口，对你来说，“好朋友”只是一个名称而已吗？我们不是那么容易就能找到自己想找的好朋友。也许我太注重我们的友情，没有考虑到你和他的爱情，所以导致了这种局面。如果你这样想，那么我只能做你所谓的普通朋友吧。我把这本“纪念本”送给你，希望以后当你看到它的时候，你会想起有我这样一个朋友。

我的眼泪打湿了便利贴。我打开纪念本，发现纸上还留下了被你的眼泪打湿的痕迹。

在留学中国的日子里，我有过一段友情，也有过一段爱情。我从来没想过我要选择你还是他。我也忽略了你的感情。我不清楚现在我该做什么，我只想说，你和他对我来说都是我人生中最重要的人。

（本文获得华文教育系第一届作文大赛二等奖）

在留学中国的日子里

[泰国] 王燕萍 2011 级 B 班

"时光容易把人抛，红了樱桃，绿了芭蕉。"往事已经被一只看不见的手拆得七零八落，被想象浸染得色彩混乱，一些平平常常的时刻不经意地溜走了，一些琐碎的细节永远不知所终。可是有些事，有些人，不会被岁月的水流冲走，总在那里，跟着你，你偶尔一回头，就看见了。

时间过得很快，转眼我离开温暖的家已经快有两年了。刚到这里时的场景仍历历在目，似昨日重现一般。每次想起，我仿佛又回到了那一年的夏天。

我始终记得，2011 年 9 月 3 号那一天，一个懵懂的我走进广州这所学校——暨南大学华文学院。从飞机场出口走出来时，看到老师和师兄师姐站在出口给我们暖暖的微笑，那种陌生、孤单的感觉自然地消失，我大学的生活就从这一刻开始了。

在这里才几天我就认识了很多外国朋友。他们来自各个不同的地方：印度尼西亚、老挝、缅甸、越南、文莱等。他们大部分都是华侨，普通话说得很流利、很标准，使我不敢跟他们聊天。但后来有机会我还是尽量跟他们聊天，这样我的汉语水平才会越来越好，同时多交几个朋友，我们一起玩，一起学习。

说到学习的方面，中国跟泰国很不一样，我们泰国人在这里第一个星期上课很不习惯，因为在我国没有早读。可是我发现，对于我们留学生来说早读真的可以把我们的汉语水平提高，发音、阅读在早读时都有很大的进步。

对一个留学生来说，这是我第一次在中国这么长时间，所以在生活中遇到很多事令我感到惊异。气候，在泰国时听说中国是比较冷的国家，所以我穿着长裤长袖，但到了广州全身是汗，怎么比泰国还热呢！原来广州这个地方属于比较热的城市，而且我来的时候刚好是夏天。就因为天气干燥，所以要多喝水，我又发现中国的白水怎么这么贵啊！我拿到了自己的 SIM 卡，天啊！电话号码有 11 个数字，真的好长。出去逛街，到处都在讲"鸟语"（粤语那时对我来说很像"鸟语"），讨价还价对我是很大的问题。

后来我慢慢懂了，中国是一个很大的国家，每个地方都有不同的习惯，每个地方都有自己的特点，我们要去体会。我想，如果我们还躲在自己以前的世界里就不能知道外面的世界有多么精彩。睁开眼睛开心地去看我们身边的环境，这样我在这里留学的日子才会有趣。

我现在在中国留学已经快两年了，不知不觉学到了很多东西。在课堂里老师所讲的内容我都尽量把它记下来。中国现当代作家：鲁迅、巴金、茅盾、老舍、傅雷等。诸子百家名言：子曰："学而时习之，不亦说乎？有朋自远方来，不亦乐乎？人不知而不愠，不亦君子乎？"老子说："道可道，非常道。名可名，非常名。无名天地之始；有名万物之母。"中国著名的画家郑板桥、徐悲鸿、朱耷、马远等，这些知识都是我在中国留学时学到而深深记得的。

除了课堂，如果有空我也不会浪费时间，一定要出去逛逛。广州是个较大的城市，有很多旅游的地方，不只是逛街的地方，旅游景点也很美。白云山、莲花山、沙面岛、陈家祠、云台花园、越秀公园，这几个地方我都去过，来到广州没去过这些地方真的会觉得可惜。

每次放寒假我都没有回家，但我也不会把 40 多天的时间浪费在宿舍里，我曾经在超市和饭店打过工，不只是能用普通话跟中国人交流，也学会了一点点粤语，还交了很多朋友。

我们学校的门口经常有水果卖。我常常买一位阿叔的水果，我第一次买时跟他开玩笑说："买一送一吗？"阿叔说："好啊！买一斤送一个。"从那时候起，我每次买他的水果他都会给我多一点，有时候我不想买，但他还是开开心心地说："没关系，天天买也会吃腻的。来，今天我请你吃一个，不要买不要买，来来来！"我们很快就成了朋友，这份友情真的很值得，我感觉到快乐、幸福。大学的日子，对别人来说可能没什么特别，但对我来说这两年是非常丰富和完美的，不过还是要好好对自己，尽量做好自己的事，努力一点，知足一点，开心一点。我还有两年的时间能在中国学习，还有很多没学到的知识，还有很多想去的地方，还有很多没吃过的特色小吃，还有很多没认识的朋友，一切都在等着我呢！不管怎样，我最快乐的就是能来到暨南大学这里学习，特别是认识来自不同国家的朋友，我们能够相识真是缘分。

红尘相伴，能走在一起就是缘分，能一起在走就是幸福！我在中国留学的日子都很幸福。

（本文获得华文教育系第一届作文大赛二等奖）

中国留学的生活

［印尼］刘世君　2011 级 B 班

那是一个冬天，花朵都谢了，树叶掉了，小草铺上黄被子在睡觉。我心里像哑巴吃了苦瓜，站在阳台仰望着天空，盼望星星会出来见我，却被一片乌云挡住了。向高楼望去，孤零零的灯光微微闪亮。想找个人说说话，但校园里一片安静，叶子凋谢都能感觉到。只有井里好心的青蛙，楼下可爱的小猫，树上可爱的小鸽子跟我打招呼才显得热闹一些。深夜泡杯热茶喝，但没有茶的味道，一顿美食摆在面前却没有胃口吃。

我一个人走在大街上，看到了满街挂着红色的倒“福”字，福到来了。一条街都挂着红灯笼，街上弥漫着花香，男女老少都抱着美丽的香“发”（花）开开心心往前迈步。我才想到春节到来了，想念家乡的情思涌上心头，这是第三个春节我没回家跟家人团聚。在家时和父母在一起吃团圆饭，没怎么觉得幸福，只是吃完就好了。但现在才觉得当时我没有珍惜。同学们一个接一个拉着行李箱，有的往东门走，有的往西门去，我只跟他们说一声“祝你春节快乐，向你父母问好”。他们走后，寂寞孤独陪伴着我。

在大学里我真的体会到了独自生活的不容易。虽然我离开父母有很长时间了，但是那时还在国内，还在父母的手心里。这次是在父母的手掌外，他们看不到、想象不到、感觉不到我，只能听到。我的心脏还在跳动，父母依然在我身边。我是个坚强的男子汉，我不可以向他们诉苦，不可以让他们难过。虽然我这里的生活过得有些坎坷，但我一直微笑着跟父母说：“爸、妈你们别担心，我过得挺好的，没有什么可担心的，吃得好，睡得好。”

父母担心的是我在外面吃不饱穿不暖，经常打电话问我：“你有钱用吗?”虽然我没钱但总是说“还有”。放寒假那天，我老乡回国，他问我：“你有什么东西要给你父母的?”在冬天里我的生活费快要用完了，但我想到父母马上说：“有啊。”从上高中到现在我都不用父母担心我的生活费，上高中时我用体力赚钱，干水泥工来付学费；高中毕业后一大早起来帮伯伯杀猪、开店，下午做修理工。父母老了，累够了，我不想让他们再累了，所以赚了一点点钱我就给他们。在这里我也曾经给父母寄点儿钱，其实那是我借的钱，是想证明我在这有钱用，不然他们会一直追问。

现在我只靠学校给的奖学金和基金会的生活费生活，因为买学习需要的东西把生活费用了，所以接下来几个月没钱用。我向朋友借了点儿钱寄给父母，可以让他们在春天里享福。他们收到钱后，马上给我来电话：“你为什么寄钱回来，你那边有钱吗？”他们的话里隐藏着不高兴的语气，我说：“不用担心，我还有。”其实只是为让父母安心而骗了他们。

我在中国留学已经体验过两次冬天了，上次冬天因为是第一次在这里过冬而冷到嘴唇都破了。每次遇见熟人我都露出最灿烂的微笑，但微笑里带着红艳的血。吃的白饭放在嘴里好像加了西红柿汁。朋友之间说笑话我只在脸上笑，心里却带着痛苦。但是还是过得很愉快，朋友都在。这次冬天虽然不像上次那么冷但过得不愉快。首先，朋友都回家去了，只留下我们三个同学度过寒冷的冬天；其次，在冬天里叶子都凋谢了，我们的钱也凋谢了。

我们三个只用三百块度过冬天。学校规定在宿舍不可以做饭，但这次真的经济危机，无可奈何下买米天天煮粥喝。可以说我们的生命是粥水延续的。我们利用这一点点钱买米、盐、油等。用米少水多烹调法，让我们的肚子不要再咕咕叫。想到当时家里没钱时也是这样度过，吃着饭饱含着泪水。为了减少食量我们早上一般不吃，只吃午饭和晚饭，每天抱着书填饱肚子，吃好吃不好对我来说不是很大的问题，重要的是要填饱我的脑子。读到范仲淹的故事，借鉴范仲淹只是凭着“断齑画粥”这股苦读的劲头，最后成了中国历史上著名的文学家、政治家的经历。

凭着这些经验我相信以后可以活得更坚强，不是只能在父母怀抱里活着，走出父母的怀抱也能活着。我们要像松树一样坚强，不管风吹雨打，还是夏天火一般的太阳晒，都能挺立着。冬天的日子像一片黑暗摆在面前，我们要勇敢面对，先有痛苦才有甜蜜的未来，阳光总在风雨后。

饥饿的冬天结束了，欢迎温暖的春天的到来。

（本文获得华文教育系第一届作文大赛二等奖）

留学中国的光阴

［印尼］张子扬　2010 级 C 班

我，是出生于印尼棉兰市的华裔学子。早在还没来中国之前，我已经在当地一所高校就读汉语专业。除了修读汉语外，我也在另一所高校就读企业管理专业。自小父母就给予了我良好的汉语语言环境。我也以非正式的方式学习了汉语的听、说和读。说真的，如果当初不是父母培养我的汉语的话，也许现在我只是汉语界的路人甲而已。

记得刚上大学那会儿，我就想如果能来中国留学开开眼界该有多好。时隔一年，那时我正关注着有关奖学金的信息，可惜当时学院还没有任何有关留学广州的奖学金信息。就在毫无头绪之时，耳边传来了喜讯。这喜讯仿佛是黑暗中的一缕曙光，让我重新对留学中国有了希望，于是我便报名申请了。除了盼星星，盼月亮，盼早日能成为“高富帅”之外，这阵子让我忐忑不已的便是不知何时才能出炉的申请结果。大概在六月中旬，真的就让我盼到了如意的结果。于是我便为留学一事开始做一系列的准备。

承蒙广州暨南大学对向往学习汉语的海外学子的厚爱，我与几位印尼棉兰的同学有幸地领取了暨南大学所提供的全额奖学金并于 2012 年转至暨南大学华文学院就读华文教育系。

那是八月下旬，我的人生篇章里出现了转折点。犹记得在机场与父母以及好友道别之时，望着潸然泪下的母亲对我的不舍，刹那间我的心隐隐作痛。痛的是一个未曾离开父母超过一个月的独生子将离开父母，离开亲朋好友，独自一人踏上留学之路。

缓解不安的情绪之后许多疑问便开始涌上心头。虽从小在电视上就能了解到中国的近况，但对于从未在中国大陆留下足迹的我来说，即将呈现于眼前的广州仍像个谜一样。终于到了广州上空，那时已是晚上八点左右，呈现于我眼前的是以往从来没见过的繁华景象。灯光璀璨，五彩缤纷，顿时令我对广州赞叹不已。抵达后不久我便认出了我从未亲眼见过的堂哥。之后我便坐上了他好友的车，一路上看到的几乎都是高楼大厦。之后的几天我都住在我哥家，在我哥和我嫂的精心照料下我也渐渐开始对广州天河一带有了进一步的了解。

广州，一个伫立在中国南方的大都市。这里交通方便，街道人来人往，车水马龙，令人眼花缭乱，路边的花草树木遮挡不了城市的现代化。不过在繁华之中还夹带着历史的遗迹。

步入初秋，在我眼前呈现的只是与众多女郎秀发共舞的秋风，除此之外，我并没有发现秋天的任何踪影。但这并不令我意外，因为广州的确是“四季如春”的。令我印象最深的是广州的天气。其特别之处在于可能现在正风和日丽、阳光明媚，但洗个澡出来后可能就已是“龙王赐水”了。广州如此变幻无常的天气令我无时无刻都不得不带伞。

暨南大学华文学院，可以说是中国拥有最多留学生的学院，也是将与我共度两年时光的学院。那时是九月初，我在我哥的陪同下来到了华文学院。记得那时是由一位极为热心的志愿者带我办理手续的，之后还带我到我的宿舍。到宿舍后，我与其他室友初次见面便做了简单的自我介绍。碰巧的是其他室友和我一样都是印尼来的。其中有位长得一副“大佬”面孔的室友在一开始令我有种莫名的不安。但恰好相反的是这位具有“大佬”面孔的室友非常热情地跟我介绍了这里的大概情况，并询问我的日用品是否都已备齐，还主动约我一起去买我未买的一些日用品。在往后的日子里他渐渐成了最能与我讨论事情的伙伴。上至人生理想，下至粗茶淡饭，可谓无话不谈。现在他已成了我的铁哥们儿了。我终于对“人不可貌相，海水不可斗量”这句名句的寓意深有感触并将它牢记于心间。

开学前夕，学院首次举办了能让新生更快地融入校园生活的“新生训练营”。在长达一个星期的“新生训练营”期间，我渐渐地了解到暨南大学的总体情况。经过一系列的活动，大家都能很快地融入校园生活。此系列活动可谓是为学员精心准备的“见面礼”及“见面会”，也是为新生学子以后能更好地在学院生活而做的奠基工作吧。

开学之初，我们了解了每门我们感兴趣的课之后便到网上选课。如之前我所提到的，我所修的专业是“华文教育”。顾名思义，我们学的课程大概分为两大类：华文类课程（即汉语、文化、文学）以及教育类课程（教育学、心理学等）。其实除了学好汉语和更深层次地了解中华文化之外，我此次留学还想学一些课外的技能，比如说粤语。对于从小就喜欢看香港电影的我来说，粤语一直都是我所向往的方言之一。暨南大学华文学院就提供了粤语这门选修课，让海内外对其感兴趣的学子能在课堂上打好一定的粤语基础。粤语不仅流行于广东省以及香港、澳门一带，就连在海外它也是汉语方言里使用率最高和使用范围最为广泛的方言之一。粤语中所使用的词汇更是保留了一部分古代汉语的成分，可谓极富魅力！

除了资深专业的教师队伍在课堂上给我们传输知识以及训练我们掌握专业技能外，校园活动更是丰富多彩。除了一些普遍的竞赛之外，更为有趣的是各国所具有的或有各国学子参与的节日和盛典。像是刚刚过去的“泼水节”“国际文化美食节”，以及即将到来的“国际文化节”“七彩华文”等。从这些具有“国际性”的活动当中，我们能了解到一些其他国家的文化，并让各国学子有文化交流的平台，可谓是浓缩版的“联合国”。

对于技艺方面的发展，学院也极为重视并鼓励大家多多培养艺术技能与修养，特别是有关中国文化的。在刚过去的“中华文艺大赛”的初赛里，各个选手都展现了各自的“绝技”，要说有说，要唱有唱，要跳有跳，可谓高手云集！学院充分给予了学生展现课堂以外所学特长的机会。

学院除了组织校内活动之外，也组织我们参与广州市内与市外的实地文化考察活动。这除了能让我们了解到某地的实际情况与文化习俗外，还丰富了我们的阅历。这也许是身为暨南大学的一分子才有的福利吧。

经过一个多学期的熏陶，我终于也有了午睡的习惯。午睡貌似是当地必不可少的习惯，这也许和生活压力有关吧。不过的确午睡过后的精神状态会更为振奋，对于工作量或活动量较大的人群来说特别需要在中午时分睡上一觉。

音乐也是一种语言。对于热爱音乐的我来说，学习中国传统乐器当然也是不可错过的。本人最近忙于自学笛子、箫等吹奏乐器。有位据说是“乐器达人”的学长也点拨了我几下，现处于一步一脚印地练好基本功阶段。希望到我回国那时已经能把乐器演奏得像样了。

身为堂堂男子汉，除了要懂得音乐之外，略懂武术当然也是必不可少的。除了能强身健体外，也能保护心爱的人，何乐而不为呢？除了学习由学院专业的教练所教的课程外，我自己有时也会下载有关教学的视频自学。由于中国的网速相对来说较快，所以网络与这里的生活已密不可分了。人类应该利用科技来提高效率，不过我希望的是人类不会从科技的主宰者变成科技的“奴隶”。

说到网络就想起了网购。在这里，网购非常方便，只需在网上注册后挑选商品然后付款，过几天就会从快递员那里收到商品了。无论是图书还是日用品样样齐全，价钱也比较实惠。在大部分时候我都会选用网购的方式去购买所需商品。网购不仅能节省时间与精力，同时也可免受挤公交之苦，只是或许会让长于网购的我们失去在众多商店的“迷宫”里“寻找”的乐趣吧。谁叫我们是互联网时代的“产物”呢？

有喜就有悲，这是自然规律的一种，即“阴阳之道”。喜便是上述种种，而悲无非是乡愁。有人说：“当局者迷，旁观者清。”我想是的，也许我就是这样的。当我还处在原来的生活当中时，并不会有任何对于“失去”的深刻体会。直到留学后我才明白：如果不是父母的养育的话，也许我今日什么都不是……在独立生活了大半年后蓦然回首，发现自己变了许多，变得开始对日常琐事关心起来了，变得更加明白之前父母为我所做的一切，明白了父母的伟大，明白了父母不在身边是什么滋味，明白了在这个大家都争先恐后的时代里除了父母是不会有人停下来问你为何会低头难过的……

留学期间，我领悟到其实在实际生活中，有许许多多的人与事、是与非都很有可能不如我们所想象或理解的那样。留学生活也让我的视野一下子开阔了许多。或许当我们在另一座城市生活了一阵子并加以比较后，便能更加清晰地了解自己的城市，毕竟已不是井底之蛙了，同时也开始懂得珍惜身边的人了。此外，生活在一群来自不同国家的朋友圈子里不仅能多多少少了解各国的国情，还锻炼了我们跨文化交际的技能。总而言之，留学生活益处多多，个人觉得在人生篇章里能留下留学的印迹，应该也是个不错的里程碑吧。

（本文获得华文教育系第一届作文大赛二等奖）

杯中影

［印尼］曾小丽　2009级C班

睁开眼睛时，我的周围都是那灰白的被子和床单，还有浓浓的异味儿。坐在旁边的朋友帮我拿药，对我说："该吃药了。"

我最讨厌吃药了。幸亏在这二十二年的生命中，我很少吃药，住院也就那么一次。不是因为我很少生病，而是因为母亲对药品（尤其是西药）的态度。感冒、咳嗽、拉肚子及各种所谓的小病对她而言完全不需要吃药来治疗，多喝水，多休息，顺其自然就好了。不过，一旦我得了比较严重的病，母亲就比我自己还要着急。去医院看病，回家时，一堆药品乖乖地陪伴着我。然后，吃一堆药的"美妙时光"就到了。

每次这"美妙时光"来临，母亲从没忘过给我拿来一大杯水。我把杯子接过来的时候就会看到她的脸映在水里，模模糊糊的。"吃药一定要多喝水，不然对你的肾脏不好"，她总是这么说。好，多喝水我并不介意；我介意的是那些苦得像胆汁一般的药片和胶囊。

然而，我离家到中国留学后，奇怪的变化发生了。母亲不再反感患小病吃药这件事。她每次在电话里发现我声音不对劲儿就问："你是不是感冒了？咳嗽了？吃药了没有？"为了让她不继续追问，我就告诉她我吃药了；而实际上，即使是一个月不停地咳嗽，我依然懒得吃药。谁让母亲养成我患小病不需要吃药这个习惯呢？

不过吃药始终是不可逃避的；终有一天我也必须吃药，而且是一大堆药。我在印尼生活了这么久，从来没住过院；在中国留学的头三年也从未住过院。但可恶的药品才不会那么容易就放过我。

那天不知究竟吃了什么东西，第二天我和一位同屋的肚子痛得厉害。那位同屋早上就直接到医院去了，但我坚决不去看病。我本来就有胃病，所以以为这次也只不过是胃病又犯了而已。我跟朋友们说我没事，不需要去医院；于是他们让我多休息之后就去上课了。早上九点钟，我仍然在床上翻来覆去睡不着觉，突然感觉恶心，想吐。我立马从床上跳下来，跑到洗手间里去，果然还真的把一肚子的东西全吐出来了。

吐完后我感觉好了一些。这时候就想起，我小时候如果呕吐了，母亲就会给我喝"甜茶"（这里的"甜茶"是指印尼式放糖的红茶，并非草药的一种）。我这里没有茶叶，也没有白砂糖，只有从印尼带过来的蜂蜜。我瞬时想出一个莫名其妙的想法：既然两者都是甜的，应该可以用蜂蜜代替吧。现在想想确实蛮可笑的，但那时候我还真的认为这个“神逻辑”是没错的。

喝了蜂蜜之后，肚子反而感觉更疼了，还不停地拉肚子。我总算受不了了，边压着肚子忍痛边从抽屉里拿出兰悉多和枸橼酸莫沙必利片。我之前犯胃病的时候吃过这两种药，还是很有效的。

那白色的药片还真够大的。我闭上眼，手里拿着一杯水，接着赶快把那两粒药片吞下。吞下药片的时刻一如既往地折磨人。喝完水之后，我呆顿顿地看着那只剩下半杯水的杯子。现在映在水里的影子是我苍白如月的脸。忽然间，温热的泪水模糊了我的视线。我是因为痛而哭泣吗？我不知道……也许一部分是因为痛，另一部分是因为想起母亲在杯子中的影子。之前那模糊的影子，现在变得十分清晰。她脸上的每一条皱纹、她担心的眼神、颤抖的双手，一切都清楚得像一部蓝光电影。为什么我之前没注意过这些细节？为什么我之前总觉得她很烦？

当我在想这些时，我的手机响了。印尼的号码，百分之九十九是我的母亲。我故意不告诉她我生病了，因为她一旦知道肯定会很担心很着急的。我本来不打算接她的电话，可是盯着桌上的杯子，我开始犹豫了。不知为何，我有点想念之前那些“美妙时光”，吃一大堆药的时刻，突然觉得那些时刻其实挺美好的，可能因为那时候杯中的影子是母亲的……

最后我还是决定接了。我轻咳一声清清嗓子，接着说：“喂？”糟糕，我的声音明显带着哭腔。

她没有问候，直接问我：“你的声音怎么了？是不是刚刚哭了？生病了吧？”

“我……没事，只是胃病犯了而已，刚才已经吃药了。”

无论我怎么强调“而已”那两个字，她仍然一口气问了我好多问题，有哪些症状啊，什么时候开始痛啊，吃过什么药啊，等等。

“你快去医院吧，待会儿如果更严重怎么办？”她最后这么说。

我向她承诺说：“放心，我会去医院的。”

她把电话挂了之后，我责怪自己为什么要接电话，为什么要坦白告诉她我病了，为什么我总是让她担心，为什么我总是要依靠别人，不能自己去解决问题。是的，我一直希望自己会，不要每次都依赖别人，麻烦别人。来中国留学之前，我总对自己说，在家可以靠父母，但父母不可能一辈子照顾我们，所以留学中国时一定要学会照顾自己。可是现在，我却做不到这一点，不能独立，连自己的身体都不能照顾好。

吃了药，我还是不断地呕吐，拉肚子，吃了点东西一下子又吐出来了。朋友下课后看我的病依旧没有好转，就带我去了医院。

于是我就在这儿，在这所不怎么干净，服务也不怎么热情的医院；在医院急诊室里的一张病床上。灰白的被子和床单，浓浓的药味儿，我讨厌的气味。检查完之后，医生还给我开了些药方，并且让我打针、输液。医生说我得住院一个晚上，因此我二十一年没有住过院的纪录终于被打破了。我的那位同屋也在那儿，她的病床就在我右边。

那天晚上，一些朋友来看望我们，我们的班主任也来了。到了吃药的时间，坐在我旁边的一个朋友帮我拿药和水。“该吃药了，”她对我说，轻轻地触碰我的肩膀叫醒我。我慢慢起身，把她手里的药片和杯子拿过来。就在这一刹那，我又看到了杯中的影子，这次是她的影子。不是母亲那担心的影子，不是我自己苍白的影子，而是朋友困倦的影子。他们从早上到下午都去上课了，下课后还要送我到医院来，走来走去帮我付钱、取药等。我问他们晚饭吃了没有，他们说还没有。那时候，已经快晚上八点钟了。

看到杯子里有她的影子，我的眼睛霎时又发热了。我最后还是成功地忍住了眼泪，赶快把药片吞下，然后喝水。

这次没有流出来的泪水，跟上次的泪水是不同的。上次落泪是因为杯中只有我自己的影子，这次我明白，杯中的影子本来就不应该是自己的。这次的眼泪纯粹是感激的泪。

杯子里的内容就如人生，它有时候会像蜂蜜那么甘美，有时候也会像苦茶那么苦涩。但无论这辈子走到哪里，每个人都需要杯中的影子来陪伴；同样，我们也会成为别人杯里的影子。有了这些影子，蜂蜜会感觉更甜美，苦茶会感觉不怎么苦涩了。这并不意味着自己不能独立，这只是说明，我们在生活中需要朋友。在中国留学的这四年也一样，在课堂上学习，有老师和同学们的影子；在房间里有同屋的影子。我之所以能留学中国，也是因为有这个奖学金，因为别人把我送到这里。是的，在这段时间里，别人的影子无处不在，只是我之前没留意过，也不够珍惜它。

母亲，是我水杯中的第一个影子，但她不能照顾我到最后。终有一天，我们的角色会改变的。现在，看着朋友在水里的影子，我可以告诉母亲：“妈，您放心，我在这里一切都很好。就算一切都不好，我和朋友可以互相照顾的。所以，您放心吧。”

浓浓的药味儿忽然感觉不怎么刺鼻了，灰白的床单和被子也感觉不怎么令人厌恶了。我闭上眼睛，盖上被子，脑海里飘过很多人的影子，每个影子都很清晰，很鲜明……

（本文获得华文教育系第一届作文大赛二等奖）

在留学中国的日子里

［印尼］艾　飞　2011 级 C2 班

我在中国留学快要两年了，感觉自己已经长大，能以微笑和努力去面对广州的生活了。时间过得真快，我依然还记得去年，2012 年 9 月 1 日的那天即将离别的时候，看到了母亲眼中一闪的泪光，家人舍不得的样子，我十分难过。那种情绪一直困扰着我，直到下了飞机，进入新的生活。

刚来时我常常偷偷地哭，特别想家，觉得时间过得好慢。因为朋友还很少，每天除了学习还是学习，所以也很少出去玩儿，因而常常感到很寂寞。对广州的生活又不太习惯，心里特别难受。

久而久之，不知道从哪一天起，我发现自己已经习惯了广州的生活，朋友也越来越多，在充满爱与快乐的氛围中，天天都过得很开心。

可是过了一年，有一种难言的感觉出来了。我突然感觉非常累，不想再继续学习。在一年的时间内我遇到了不少的苦难和困惑。在班里开始有了很激烈的竞争，在宿舍里跟同学也开始有了矛盾。我发现我们每个人的想法都变了，没有人理解我，很想把当时的感受说出来，可是说出来也没有那么容易，同时我也发现，在我身边的人都不管我，他们都在忙着自己的事，我真的很想放弃了。

我学到了“给父母写信”那一课。老师让我们写信，虽然那封信没有给父母寄出去，但是那时候我真心地写出了我的感受。突然我想起了那天在机场的离别，想起了父母对我的期望，想起了亲人在舍不得时候的支持，想起了那天的一切。我情不自禁地掉下眼泪，如果他们知道我想放弃了，他们肯定会很失望的。当母亲不让我去留学的时候，我还是坚持地说服她，我说去中国留学是我的一个梦想，我保证自己会坚持到底，好好学习，不会让她失望，可现在怎么都变了？我越想越觉得自己没有用。我知道父母每天都在担心我，他们曾经不想我出国，可是为了实现女儿的梦想，还是硬着头皮支持我来到中国。

现在我明白了，我觉得自己没用，天天哭，想放弃自己梦想的想法是一种可耻的想法。当初的决定，是自己选择的路，而道路上肯定会遇到各种各样的困难，如果一遇到困难就哭，不是太像小孩子了吗？有过“放弃”这种想法，我真对不起父母，对不起亲人，更对不起自己。

从那天起，我暗暗下了决心：“不管遇到了什么苦难，一定要坚持到底，一定要把汉语学好。”

虽然有的时候，还是会觉得非常累，但是现在我不会再想放弃了。我一直在努力。慢慢地，我的汉语水平提高了，我也开始理解周围的人，明白了一些生活的道理。在老师们和朋友们的支持下，我拿到了很多的奖励。我也交了很多中国朋友，他们都对我很好，每天都鼓励我。虽然觉得压力越来越大，也发现汉语越学越难，但是有了他们的支持，我过得很开心。

现在觉得时间过得真快，不知不觉已经大二了，我的留学生涯已经走了一半了。当然遇到的困难越来越多，但是学校也给我们留学生搞了很多五花八门的活动。学校不仅仅让我们在课堂里学中文、中国文化和中国历史，还带我们去了很多地方。谁都知道，中国很大，美丽的风景也很多。有机会到中国各个地方，当然是很宝贵的。这样我们不仅能深入了解中国的文化，而且能让自己放松。

虽然夜深人静的时候，还是会想家人，但是社会已经发展了，联系家人都方便多了。一个电话，一条网线，都能让彼此的距离拉近。网络给我们很大的帮助，不管距离多么远，一进入网络的世界，你会发现，其实这世界不是很大，每天都可以让五湖四海的朋友们犹如在身边一般哈哈呼呼地开玩笑。

要让所有人都知道：留学生活是很奇妙的生活。你是为了爱你的人而做，而爱你的人也是为了给你美好的未来才做的。这么远的距离，虽然你不能给他们看到你现在的付出，但你能给他们看到你的收获。

学校的奖励，已经证明了我的付出和努力。

做了这么多的事情，其实也不是说我的梦想已经实现了。应该说，我的梦想才刚刚开始，现在的我是在往梦想的路途中。总有一天，我能到我母校“SMAN 1 WONGIRI”做个好的汉语老师，这样我的梦想才算实现了。我想回报以前支持我的人，因为有了他们我才会站在这儿，有了他们我才能给父母希望，有了他们我才会真正开阔眼界。所以我一定要加油！

（本文获得华文教育系第一届作文大赛二等奖）

第二届

广州，她的一天

［马来西亚］黄蕴旖　2012 级 A 班

朝日初升，万物一个接一个从梦中醒来。广州又要迎接她那繁华的一天。回想起她的故事，又有多少人知道：很久以前的她，是个荒芜的地方，没有多少人知道她是一块福地。在这里生活的人们，长年不得温饱，没人可怜。就在她最落魄的时候，羊神带着希望向她奔来。

羊神口里含着谷穗，率领其他四只小羊神为她和她的人民造福。那一年那一天，迟来的喜雨带给她不曾来过的春天。土地被雨水滋润着，她和她的人民在那一场初来的春雨中欢呼着、歌唱着。那一年，她终于知道了春天的味道。

广州慵懒地抖了抖肩，如梦初醒。人人都说早起的鸟儿有虫吃，刚刚天亮的广州就迎来了新的生活。派报纸的阿哥在忙着向各户派送报纸，那热腾腾的报纸最后被一名老伯拿在手里了。老伯望着手腕上的表，茶楼的点心还没热呢！伙计还在找着他的写单纸，茶壶里的普洱茶还未泡开。

广州的路上都是车辆，现在是高峰时间。巴士上、地铁里都是人。哪里有糖，哪里就有蚂蚁。这些人就像一群群的蚂蚁，走向那甜蜜的地方。老伯悠然地走到他的老位子，翻开了报纸的第一页，那头条的热气早已过，但伙计送来的普洱茶和点心却是热乎乎的。老伯将普洱茶送入口中，那恰好的热度，顺着食道刺激老伯身上的每一处神经。茶楼外的年轻小伙子羡慕起老伯，他要等到什么时候才能那么悠闲?

很快就烈日当头，汗水疯狂地从额头两旁流下，那送快递的男孩的衣袖很快就被他擦破了。那快递男狂按手中的小键盘，大声叫对方快来拿走他的包裹。第二通电话，快递男的声音变温柔许多，旁人猜想对方肯定是个女孩。那通电话后，他又回到原来的他。都怪那酷热的天，快来点雨水吧！

骑楼下的人行道人来人往，许多商店都赶在午餐时间疯狂地招揽客人。吸引人们进商店的不是那打折的牌子，而是商店里正在狂吹的冷气。看着时间快到了，有人觉得不好意思免费吹冷气，顺手拿起某件商品前往收银台。真正有多少人是因为喜欢那商品才买下的? 大家都是被那刻苦耐劳的冷气感化的。

只有那老字号凉茶店的生意是越做越大。打着清暑解渴的老牌子，人人都愿意为了那一碗甘苦的凉茶停下脚步。没有凉茶，广州人好像活不了多久似的。这是广州人多年的习惯，一碗凉茶，一身的汗水，改不了的。这就是广州所谓的夏天，那酷暑的天。

广州的天好像听见了快递男的祈求，开始下起雨了。那趁着大热天拿起被子到楼顶晒太阳的大婶赶紧狂奔到楼顶收被子，她的嘴里还不停地嘀咕着，谁晓得她在说什么。被子湿了，可大婶的霉运还没完，今晚她全家的晚餐要泡汤了！

雨，突然又停了。大婶那狼狈不堪的样子好像被天嘲笑似的。微微的风，伴随着片片的落叶，从大热天到突如其来的雨到现在的风，广州的天气如女人的心思般难以猜测，又如娃娃的脸般难以辨别。

一群大学生乘着难得的风来到大学城中心湖放风筝。刚刚下的一场雨，把闷热的大地洗凉了。不少人在骑脚踏车，跑步。这些大学生都趁着冷秋还未到来，赶紧出来吸吸新鲜的空气。

鸟群飞回自己的巢了，蚂蚁走回自己的窝了。随着晚霞的到来，广州一片万家灯火。那高高的楼房里，家家户户都在喝着一碗温情牌的汤。湿了被子的大婶也赶在全家人回家前把汤煮好了，就连饭后糖水也煮好了，下午那一场雨算不得什么。

广州又迎来一批又一批的新面孔。她知道有的是来旅游的，有的是来做生意的，有的是来学汉语的，但全都是来广州生活的。大家都不约而同地来到花城广场与“小蛮腰”合影。广州塔不喜欢别人叫她“广州塔”，她更爱那“小蛮腰”的称呼。身为广州最性感的建筑，她姿态曼妙，吸引许多为她倾倒的人们。

慢慢地，广州又打起了哈欠，一天的忙碌又要画上句号了。翻开日记，广州将她今天所见所闻以及所感受到的，通通写在里面。合上她的日记本，爬进了被窝里，被子湿了一角没关系，明天拿去见见太阳就会好的。一家一家的灯很快熄了，广州进入梦乡了，明天又会有怎样的期待呢？

（本文获得华文教育系第二届作文大赛一等奖）

也许在毕业那天

［印尼］张小青　2011 级 B 班

不知不觉，一眨眼三年就过去了。我在广州，在暨南大学华文学院的日子，也已经三年了。

今天是 2014 年 4 月 24 日，我们的学长学姐们都在拍毕业照。虽然还没通过论文答辩，论文初稿也才刚刚交出，但是看着他们穿的那毕业服装，那个脚步，那个笑容，我才发现再过两个月，他们就要离开广州，离开华文学院了。

今天下起了细细的雨，我看到学长学姐们的脸上有很多表情，有欢乐，有紧张，也有不舍。欢乐，因为他们离毕业更近一步了，大学四年的努力终于快开花了；紧张，因为迈出学校后的那个责任在等着他们；不舍，因为将离开曾经陪伴自己走这条路的老师和同学们，将离开我们温暖的华文学院，将离开我们的第二个家——广州。

这不是我第一次参加毕业生的毕业照活动，但这次的毕业照，今天的细雨，学长学姐们的表情，仿佛叫醒了我。我才发现，明年站在南门的不再是学长学姐们了，而是我们，我们 11 级的学生。也就在明年，我就要离开华文学院，离开广州了。

忽然间，我眼前仿佛出现了第一次来广州的那个情景。第一次踏在广州的土地上，第一次呼吸到广州的空气，第一次感受到广州的风温柔地吹着我的头发。

当时的我，对广州根本没有什么了解。我只知道，广州是在中国的南方，在地图上看，好像离印尼没那么远。

在广州的头几个月，虽然还有点儿不习惯，但我对广州的好奇心总让我觉得很新鲜。我喜欢广州的高楼大厦，看起来很豪华；我喜欢广州的巴士和地铁，比我家乡的方便得多；我喜欢广州的花园和山，总让我觉得广州很漂亮；我喜欢广州的游乐场，广州的美食，广州的购物中心。

但过了半年，我开始厌倦，我开始讨厌文化上的差异。我开始讨厌人山人海的广州，开始讨厌在背后背着书包那种不安全的感受，开始讨厌不热情的广州人，开始讨厌空气被污染的广州。我甚至讨厌在广州学习，讨厌华文学院。讨厌，我通通都讨厌。

我想回家，我不想在这种地方生活。我怀念家乡的空气，家乡的安宁生活。我怀念家人的关怀，怀念朋友的陪伴。我怀念妈妈的菜，怀念爸爸的唠叨。我想回家，真的想回家。

随着时间的流逝，我开始接受了这种种的不同。开始接受广州就是广州，坤甸就是坤甸，没办法比较。

但这两年，曾经在广州各种地方游玩的我，却开始埋怨——埋怨为什么广州不像昆明那么多花，那么美丽；埋怨为什么广州不像桂林那么安静，那么漂亮。

直到今年寒假回国的时候，已很长时间不回家的我却有一种很奇怪的感受。回家的头三个星期，我无法进入状态，心不在焉。我简直不敢相信，我开始提醒自己："你在干什么？你不是很想回家的吗？为什么一直想着广州呢？"

我这才发现那个让我讨厌又不满的广州，也已经成了我心中的一个家；成了无法跟昆明、桂林、香港甚至我的家乡——坤甸比的一个家。它就是广州，我的第二个家。

我离毕业还有一年的时间，但可能一年后的我也会像今天的学长学姐们一样，有一种又开心又舍不得的滋味。我想好好珍惜这一年的时间，好好珍惜在广州剩下的每分每秒，将在广州的所有回忆都当成我生命中最美、最甜、最珍贵的那些回忆……

（本文获得华文教育系第二届作文大赛一等奖）

广州，我来了！

［印尼］蔡旭红　2012 级 C1 班

那天艳阳高照，真的是很好的日子。我、母亲、父亲和弟弟正在用餐。这是在去中国前我最后一次在我的家乡用餐。明天，我就要飞到中国的广州。我心里既兴奋又激动，我要离开家了。我，长大了。那天和家人一起用餐时，我觉得有点儿舍不得。舍不得什么呢？舍不得离开家、父母、弟弟，甚至我在家乡所有的回忆。但是，我有自己的梦想，自己的路。我不能放弃我的理想，这是我该走的那条路。

我要飞到广州的那天终于到了。我心里百感交集，不知道该开心还是难过。妈妈说，作为母亲，她有三个事情让她既高兴又伤心：一是看她的孩子结婚；二是看她的孩子有了孩子；三是送她的孩子去国外读书。妈妈送我的那天，她的眼睛里充满了泪水。其实，我也是。但是我很快擦干了我的眼泪，我不想让她看到我的泪水一滴一滴地掉下。我要坚强，我不能哭。那天我一上飞机的时候，脑子里已经有了很美好的画面，而且，我清晰地记得要在广州实现我的梦想。

坐了六个小时的飞机，我终于到了广州白云国际机场。一到广州，我的第一印象就是这是个很大的城市。我要在这里度过我的青春、我的大学生活。

对我来说，来到广州如同进了另外一扇门，让我大开眼界。广州是一个很美的城市。虽然广州还很年轻，但是它的发展很快，使我学到了很多新的东西。刚来到广州的时候，我有点不适应，可能是因为那时候天气没有那么好，而且我在飞机上坐了几个小时已经累得要命。来广州不久，我们印尼的学长就带领我和几个朋友去了在一德路的天主教教堂，也游览了珠江。珠江到现在还是我在广州生活最喜欢的地方。在那里可以欣赏浪漫的风景、美丽的游船。

除了珠江以外，广州也有很多漂亮的景区。我去过莲花山、白云山、大夫山、火炉山、金洲等。那些地方的风景都很美，而且门票也不算贵。其实，我还有很多地方没去过，等有时间再去吧。

我在广州读大学觉得很好玩儿，特别是在暨南大学华文学院。我认识了很多来其他国家的朋友，他们使我在广州的日子更加美好。广州啊，也让我认识到什么是甜蜜的爱情。在这么大的城市，这么多的人中，我认识了一个男生。他姓刘，也是印尼人。我和他是因为朋友而认识的。过了一段时间，他终于向我表白。结果呢？他现在在我身边，当我的“另一半儿”。他和我想象的男朋友完全不一样。我想有一个浪漫的男朋友，但他却并不浪漫。真的，理想和现实完全相反。不过，他让我了解到什么是真正的爱。他教会我怎么爱一个人。

说实话，我来到广州不是为了找对象，但是，随着时间的推移，我认识了他。难道爱情来找你的时候，你能拒绝吗？广州呢，除了让我知道什么是爱情以外，也使我更开放，让我更成熟。以前，我是很不听话的女孩，而现在则比较温顺。现在的我跟以前的我真的有很大的差别。

在我的心目中，广州如一条河。你要去别的地方一定要先过河，而且过河也并不是简单的事情，你要付出努力才能过。那条河是不是你的障碍由你自己决定，但是，要记住：凡事都要努力，才能过得顺顺利利。

现在，我已经在广州两年了。广州使我增长了见识，也使我意识到在这里生活的意义。不知不觉我快要大学毕业了，要离开这么美丽的城市当然很难。我也意识到，其实，一两年不是很长的时间，如我们喝的水，一下子就喝完了。

我刚来广州时，大声地喊“广州，我来了”，现在却快要变成“广州，再见啦”！

（本文获得华文教育系第二届作文大赛一等奖）

广州印象

[马来西亚] 罗沁仪　2011 级 A 班

相传在遥远的时代，当中国大片的土地在经受着各朝各代的千锤百炼以及中华正统文化的洗礼时，远在南蛮地区的广州，对中国历朝历代的发展却并无切身体会，更因其偏远的地理位置及潮湿的气候，成为许多罪臣、罪犯被放逐的蛮荒之地。当时的广州在人们的印象中是个了无生机的地方。后来广州发生严重旱灾，处处闹饥荒。这时，天上来了一只衔着稻穗的羊，它带来的稻穗解决了饥荒问题，百姓因此重获生机。为了答谢这只羊的救命之恩，从此，广州也被称为“羊城”。

传说，也只能是传说。那么广州又是怎么从一个蛮荒之地一跃成为今天的国际大都市的呢？这还得从广州的地理环境说起。珠江是中国第三大河，也是广州的母亲河，更是广州崛起的关键。广州位于珠江三角洲，自明清时期起就是中国对外开放的重要通商口岸，当清政府采取闭关锁国政策的时候，广州更是唯一一个获准对外开放的城市。长久以来对外交往的丰富经历，加上一直处于“山高皇帝远”的地域，受到中国政治中心及正统文化的影响较小，拥有着独特传统文化底蕴的广州，慢慢具有了成为国际大都市的潜力。

2010 年，广州承办了亚洲运动会，城市的建设与发展因此达到了前所未有的高度及速度。从可开往市内各个角落的公交、地铁，到可通至中国各大城市的火车、高铁，再到白云国际机场频繁来往各国的航班，广州具备了成为现代国际大都市的首要条件——便捷的交通。万菱汇、太古汇等各大购物商场如雨后春笋般持续占据着市区内各大版图，里面汇集了各种国际知名品牌，让广州成了购物天堂，经济的发达与城市的发展相互刺激着。随着旅游业的兴起，广州近几年内建起了既现代化，又与自身特色相结合的旅游景点，以珠江为中心，建起了漂亮的“小蛮腰”、星海音乐厅、广东省博物馆等建筑，同时发展出了“夜游珠江”的广州特色景点线路。高端、大气、上档次的广州出现在了世界人民的眼前，各国领事馆入驻广州，蓬勃的商机吸引了国外企业进军广州，也吸引了一大批的留学生到广州学习。随处可见的外国人，随处可闻的东、西方语言，成了广州一道特别的风景线。

除了来自全世界的外国人，广州也“漂”满了来自中国各地的外地人。他们讲着带有家乡口音的普通话或方言，在各行各业里奋斗着，希望能在广州闯出一片属于自己的天地，实现属于自己的“广州梦”。而中国第三大城市的出现，也正是因为这些

“广漂”支撑着广州的进一步发展。随着人口流动而引进的各国各地美食成就了广州“食在广州”的美称，而广州的本土特色美食也与之交相辉映。

西关位于广州荔湾区，属于广州老城区，住着地道的广州人，卖着地道的广州美食及特产。广州著名的早茶文化在荔湾区完整地保留了下来，每个早晨，仍可见到老广州们三五做伴，到茶楼去喝早茶、吃点心。简单的几壶茶、几笼点心，却能维系老广州们之间的情谊，也能把广州人特有的生活习惯世世代代地传承下去。除了出现在茶楼里的各式点心，如蒸的各色烧卖、虾饺；煎的芋头糕、萝卜糕；熬的艇仔粥、及第粥等，广州人还喜欢吃各种“粉”——米粉、肠粉、河粉、濑粉，也喜欢喝各种几经熬炖的“老火汤”。另外，因为湿气较重，广州人也有喝凉茶以祛湿气的习惯。

作为国际大都市，除了现代及传统的双重面貌，拥有着“花城”美誉的广州也有着独特的自然景观。在远离市区的花都、从化等地区，一望无际的花海及连绵不绝的竹林会让你忘了身处大城市的一切纷扰及喧闹。或许广州的白云山不及中国其他名山那样壮丽，或许珠江水不像黄河、长江那样澎湃，或许广州的历史人文远远不如西安、北京等古都那样源远流长，但广州却是各国、各地文化完美融合的天堂。

在广州生活的三年里，我享受着广州的一切便利及国际文化交融的成果。我能够自由自在地学习、生活，在广州尽情地吃喝享乐。因此，我爱广州！

（本文获得华文教育系第二届作文大赛二等奖）

我所认识的广州

［缅甸］陈盈盈　2012 级 A 班

广州有很多的名称，大家又称它为羊城、花城。广州可以被称为国际大都市，它是中国几个最发达的城市之一。中国是一个正在发展的国家，它的发展速度让全世界都感到惊讶，其中广州就是它创造奇迹的一个城市。

我来到这座城市已经有一年半将近两年了。广州是一个非常繁华的都市，到处都是高楼大厦，车水马龙。这些都证明了这座都市的繁荣和人们的富足。在这里我们常常可以看到不同肤色的人，他们都喜欢来到这座城市学习、工作或旅游。这些都说明了广州已经走向世界，走向国际了。

我刚来广州的时候，是一个下午。下了飞机，坐上地铁，到广州东站的时候，一出来我看到的天空是一片灰蒙蒙的，空气也很潮湿。虽然我对广州的第一印象并不是很好，但是住久了我就发现，其实它也有很多的优点，可以说这是一个值得我们去发掘的城市。

首先说说广州的天气吧！广州是一个比较潮湿的城市，偶尔会有阴霾，但常常艳阳高照。广州的春天，让人觉得舒服，百花盛开，到处都能看到盛开的花儿在争奇斗艳。春天是一个非常美丽的季节。广州的夏天很闷热，让人不想出门，只想躲在开着空调的凉凉的房间里。广州的秋天是一个美丽而又忧伤的季节，落叶纷纷。落下来的叶子，铺满了整条路，看着这样的情景，不知为何总会让我思念在远方的家人。广州的冬天虽然不会像北方一样冷到下雪，但还是很冷的。这种冷，对我这个来自东南亚国家的人来说，还是会感到新奇的。

我并不是一个喜欢出门逛街的人，所以我到过的地方也没多少。如果问广州有什么好玩的地方，我还真不知道几个，但还是可以给几个建议的。如果想爬山，广州的白云山是一个不错的选择；如果想逛街，北京路、上下九和各大商城都可以满足需要；如果想去玩，长隆是一个很好的选择。另外还可以去广州塔，珠江夜游。晚上的时候，在珠江上，乘坐游轮欣赏两岸的夜景是一件很享受的事情。

在广州你想要什么东西，什么品牌，都是可以买到的。这里有世界各大品牌的最新产品，也有世界各地的饮食和餐厅，在广州你可以买到你想买的，也可以吃到任何你想吃的东西。这些来自四面八方的饮食和文化，在这里很好地交融在一起，打造了这座独特的城市。

要说我最熟悉的地方，当然就是我的校园——暨南大学华文学院了。华文学院是一个非常美丽的地方，常年都有绿油油的草地和常青的树木。在不同的季节还可以看到不同的花，还有美丽而幽静的龙湖。这样一座美丽的校园，正是在这座美丽而又繁华的大都市——广州。

我喜欢这座城市。虽然它的空气不是很好，人们有时不是很和善，食物不是特别干净。但是我爱这座城市，我的母校所在的地方，我人生中最精彩的时光，都在这里度过。所以我爱广州，我爱这座城市。

广州有许多像广州塔一样的具有现代化特征的建筑，也有像陈家祠一样有着浓厚的中国古代文化气息的建筑。古代和现代，东方和西方的文化，非常融洽地在这座城市中同时体现了出来。在这里，这些文化都没有被同化或者埋没，反而更能体现出各自的美。

广州虽然正在高速发展，但也保留了自己独特的文化和风俗。这就是我所知道的广州和我所认识的广州。

（本文获得华文教育系第二届作文大赛二等奖）

广州印象之梦在广州

［印尼］杨丽欢　2013 级 A 班

梦想是生命的航标，梦想是理想的翅膀，梦想是通往成功的桥梁。

在这个美妙的世界里，人类为了追求美好的生活而努力奋斗；动物渴望自由而安全的生活；花草树木勇敢而坚强地成长；而我从小就有一颗“中国梦”的种子种植在心田，现在它已经长成了参天大树。经过不懈的追求，我已为它插上了飞翔的翅膀。现在它已经到达了目的地——中国广州。

秋天，树叶像千万只蝴蝶一样在空中旋舞的季节。身在广州的我，似乎比叶子的舞姿还优美，比秋天的气候还舒爽。这种奇妙的感觉，我多么希望它永远都不要结束。

冬天，蒙蒙云烟和那落了叶的大树，多么有意境的画面啊，有一种说不尽的忧伤和美感。还有那吹着我的长发的微微凉风，有一种软绵绵的温柔。

春眠不觉晓，处处闻啼鸟。夜来风雨声，花落知多少。这一天早晨，蒙蒙细雨的一个早晨，独自一人站在阳台上，手杵下巴，不断地想着，想着……

光阴似箭，日月如梭。我在我梦寐以求之地——广州，已经度过半年了。这时，我的表情却渐渐忧伤起来。时间都去哪儿了？在家乡的你们，如今还好吗？叹了一口气后的我，嘴角不禁微微上扬。时间啊！都在追求梦想的过程中流逝了。

时间的短暂令人感叹，但正因为它的流逝让我在美丽的广州受益匪浅呢！

时间就像落红一样，它不是无情物，化作春泥更护花。

半年里，我在广州的怀抱里成长；半年里，我在广州的怀抱里懂得；半年里，我在广州的怀抱里了解它、爱上它。

繁华而美丽的广州，亲切的广州靓仔和靓女，具有特色的广州美食和那馋人的风味小吃，还有那美丽、高端、上档次的风景，还有太多太多，都让我不得不陶醉入迷。

在广州，最让我佩服的就是广州人的勤奋以及吃苦耐劳的精神。俗话说：“爱拼才会赢。”我相信，用不了多久，广州一定会越来越繁华，越来越强大。

寸有所长，尺有所短，世界上没有完美的事物。对于服务这方面，广州确实需要改进。半年来，我早已习惯了广州的一切。还有那些我还未遇到的事物，我兴奋地期待着它们的到来。

我在广州仅有三年半的时间了。人生真的很可怕，有相聚就有分离。好不容易盼来的相聚到头来还是得分离，可生活却如此可爱，它让我们在相聚中快乐，在分离中哭泣。这些酸甜苦辣、喜怒哀乐就像花儿的万紫千红一样丰富。

美好的事物不能永远停留，就好像美丽的泡沫一样，虽然美丽但瞬间会消失，只有去欣赏以后的那个感觉和印象才能永恒地、深深地存在我们心里。

梦在广州，多么美丽而奇妙的一个梦。我真想像孩子般永远在它的怀抱里，享受着它的温暖、它的爱。可是，我必须长大。

二〇一七年，我将把美丽的广州还有许多美好的事物带回印尼。让印尼同胞甚至更多的人都知道它的美好！

梦在广州，印象广州，一切尽在“美丽”二字。

（本文获得华文教育系第二届作文大赛二等奖）

广州，我读不完你

［泰国］张思濛　2010 级 B 班

在曼谷高铁 Siam 站上下车时，怎么会觉得上下车的人变得越来越少？这是因为我刚从广州放假回来。在广州一上地铁，尤其是上下班的那段“黄金”时间，我和身边的人差不多都变成了“油条”。在广州留学也快四年了，不得不说自己也是个“广州通”。

广州是一日不息的城市。路边有豪华的商店，也有在街边的花样摆摊。在广州有成千上万的工厂，这也是外国企业的商人到这里来的原因之一。同时，广州也是“命运的市场”，很多人到这儿来实现自己的追求。有的人离开家乡到广州打杂工，有的幸运地在这儿找到稳定的工作，还有的人到这儿受教育。不同的国家，不同的城市，也有不同的目的。广州充满着世界各地的人的希望，“希望”是推动广州的生活力量。

另外，广州也有自己的休息区，就在广州的茶楼里。每次到茶楼喝早茶和吃点心，看到一桌桌休闲地边喝茶边看报纸的老年人时，突然意识到广州也有这一面。在茶楼里要气氛有气氛，要美味有美味。看到大家开开心心地吃点心、聊天，自己在吃的点心也更加美味了。众所周知，泰国人辣不怕，怕不辣，跟广州人的口味恰恰相反，所以我带了不少的辣椒酱。除了辣以外，广州人什么都吃。“什么都吃”这句话毫不夸张。冬天的时候，我路过一家饭店，看到里面挂着狗肉。有的餐厅还在外面展示了活生生的兔子、猫、黑狗和蛇等动物。我承认自己的胆子不够大，只愿意当这类餐厅的一名过客。

生活在广州的节奏很快，我也慢慢地适应了。不能说它好，也不能说它坏。不能说它快，也不能说它慢。我们不能完全接受不同的文化，但是我们完全可以把它当成自己的一本书，慢慢地去看它、读懂它、学习它。你会在不同的页面发现不同的故事，也许相同的故事也有不同的人物。读者就是“你”，读时的感受也由你来决定。每个人的评价都不相同是理所当然的，但希望能给它一个公平的评价。

（本文获得华文教育系第二届作文大赛二等奖）

广州爱情故事

［印尼］孙莉霞　2012 级 B 班

每一个人都有自己的爱情，每一座城市都有自己的故事。

2012 年 9 月 8 日我来到了中国的三大城市之一——广州。那天下午，微风轻轻地吹着，陪伴我迈进这座华丽城市。

光阴似箭，不知不觉一年过去了。我慢慢喜欢上了这里的点点滴滴。豪华的高楼、热闹的大街、美丽的风景、如画的山水、晴朗的天空、可爱的鸟儿。虽然这一年来曾经面对过不少的问题，遭遇到不少的困难，感受到不少的悲哀，但这一切都是成长的过程，让我更坚强、更成熟、更乐观。

他，我的同桌，是陪着我度过这一年以来每一段时光、每一次绝望、每一步成长的那个人。自从我出生以来，我就不曾感受过所谓的父爱。而他的出现让我感觉到了父爱般的温暖，他把我捧在手心里，不让我受到任何伤害。当我伤心时，他会想尽办法来安慰我；当我绝望时，他会不断地鼓励我；当我有危险时，他会用尽全力来保护我。他让我的每一天都充满着笑容、乐趣、希望。

周末时他会陪我去逛街，上下九路、北京路、一德路，都非常热闹。我们一边逛街一边享受着广州的美味小吃。放假时我们会一起到长隆欢乐世界玩一天，或者到广州塔欣赏浪漫的夜景，看闪闪发光的“小蛮腰”。无聊时我们会到学校附近的奶茶店，坐着闲聊，谈情说爱，享受着最简单的幸福。每个星期天我们都会到一德路的石室圣心大教堂，一座很豪华的教堂。我脑海里常常浮出一个画面：他就在教堂里面，穿着西装；而我穿着白色婚纱走到他的面前，牵着他的手，一起说出一生一世的誓言。

大千世界，能够在这座繁华的城市和他相遇并相爱是一种百年修来的缘分，而我们一定会好好珍惜这缘分，好好爱着对方，让世界因爱而变得更美好！

一座繁华的城市，两个相爱的人……

（本文获得华文教育系第二届作文大赛二等奖）

我亲爱的广州

［泰国］蔡彩虹　2011 级 B 班

“你好！”“食咗早餐未呀？”“你系边度呀？”啊！什么语言啊？广州人说什么话呀？听起来好不顺耳，他们的发音好奇怪。那我可以在广州这个地方学好普通话吗？我能不能在这儿生活？现在感觉自己像个哑巴，无话可说，心里不停地涌现出许许多多的问题，我的脑海里浮现出上飞机之前的画面，我笑着跟爸爸、妈妈说：“你们放心吧，我在中国一定很开心。”一说完就拥抱他们，送他们个飞吻。哎！老师啊！您教我的成语“哭笑不得”，我初次到中国就体会到了！

一提到初次到中国广州的情景，就不由得哈哈大笑。那时候的感觉是既怀疑又害怕。来中国学中文的决定是对还是错呢？每天我都带着怀疑的心，一步一步地靠近“广州”这位朋友。

每天早上六点就起床了，起得那么早干吗呢？跑步减肥啊！谁知道在我减肥的过程中，我认识了一对夫妻，他们俩都是广州人，我叫他们“爷爷、奶奶”。他们一看到我，就跟我打招呼，笑得很灿烂，我跟他们聊得很开心。爷爷、奶奶给了我一个十分浪漫的画面，一对老年人手牵着手走路、锻炼身体，这是一种广州人简单的生活方式吧。不只是他们俩，在广州的老年人让我知道，广州的爷爷、奶奶们很热情，而且身体也很健康。“力不从心”这个成语确实是不能对他们用的。

广州的简称是“穗”，美称是“羊城”，也可以称“花城”。广州人说的语言叫作“粤语”。虽然他们习惯说粤语，但是广州人都会说普通话，要来广州游玩的朋友们不用担心，你们一定会开开心心的。作为一个在广州读书的泰国留学生，我最喜欢的是这儿的交通，非常方便。广州有成千上万的高楼大厦，人山人海，但 BRT 和地铁很方便。爱爬山的可以去白云山，爱逛街的可以去北京路、上下九。

“天下事有难易乎？为之，则难者亦易矣；不为，则易者亦难矣。人之为学有难易乎？学之，则难者亦易矣；不学，则易者亦难矣。”我非常赞同《为学》中提出的道理。只要你勇敢去做，相当困难的事情就会变成容易的了。相反，如果你一直怕困难，你就永远觉得很难，你肯定做不了。只要你勇敢，你就会知道外面的世界多么精彩！现在的我在广州过得很幸福，在广州我学会了普通话，也学会了广州话。我想大声地告诉朋友们，广州人很热情、乐于助人、勤奋朴实、积极上进。羊城这个地方一直期待全世界朋友的到来。我们来广州一起学习普通话，一起用广州话进行交流。欢迎各位朋友来广州体会羊城生活与文化的魅力。

（本文获得华文教育系第二届作文大赛二等奖，题目有修改）

广州的美

［印尼］胡淑琴　2011级C2班

2011年9月15日，我来到了广州。我对这座国际大都市感到非常陌生，各个方面我都一无所知，对生活习惯、交通工具、语言甚至环境都感到很新鲜。可现在，我在广州生活已经有几年的时间了。广州给我最深刻的印象就是广州的美，美在哪里呢？

第一，广州被称为“花城”。为什么会被称为“花城”呢？是因为广州这座城市就像花一样美，还是因为广州有很多花？对我来说，上面的两个答案都是对的。广州一年一度，也刚好在春节的时候，会举办一个花市活动。这时候，我们会欣赏到各种各样的鲜花，而且数量非常非常多，所以去了一次还是会觉得美不胜收。还有，因为广州的气候和土壤很适合种花，你会发现在广州许许多多的公园里面一直种满了鲜花。

第二，广州也被称为“美食的天堂”。原因是在广州，无论你走到哪一个角落，都有美食。广州的美食以清淡为主。而且，我还听说广州人很能吃，有一句：“天上会飞的除了飞机，水里会游的除了潜水艇，都可以吃。”这表示，广州人对食物的观念非常开放，怪不得广州会有各种各样的美食。

第三，广州有一种习惯，就是“吃早茶”。一听到这个词语，可能会有不少人在想，为什么茶拿来吃，而不是拿来喝呢？其实，“吃早茶”的意思不是真正的吃茶，而是早上会有很多人，一般是老年人，会在一家餐馆聚一聚。他们会一边吃点心一边喝茶，目的是为了打发时间和搞好人际关系。这样的生活对广州人来说是一个美满的生活。因为，最重要的不在吃，而在人和人之间有一个时间好好放松一下，不再因为忙而感到烦。这样的生活已经够美满的了。

第四，广州处处有美德和美妙的语言。在广州有一句：“尊老爱幼。”不管是在公交车还是在其他公共场合，很多人都会遵守它。

还有，广州有一种美妙的语言叫广东话。在广东话里面有九个声调，所以广州人说广东话的时候，感觉特别好听。

最后，广州有很多美景。前面我已经提到广州这座城市就像花一样美。因为广州实在有很多美丽的景点，有珠江、白云山、莲花山、大夫山等，而且珠江的夜景特美。晚上的时候，珠江旁边会有五颜六色的灯，美极了。每次我去别的城市看夜景的时候，会突然想到珠江的夜景，而且会把它们作对比。珠江在我心里还是那么的完美。

可能住久了，你才会真的体验到广州的美。可能在别人的心里，广州有美中不足的地方，可是对我而言，广州是那么的美。我真心希望会有更多的人能感受到广州的美，好好地欣赏它，好好保护我们美丽的广州。

所以要体验才会知道什么叫作美！

欢迎大家来到美丽的广州，一生中最难忘的城市！

（本文获得华文教育系第二届作文大赛二等奖）

这就是广州

［印尼］胡秀菊 2012级C1班

一年半前，未出过国的我踏上了具有悠久历史的国家——中国。中国哪个城市呢？我猜，如果说花城或者五羊你们就会知道哪个城市了。这座城市就是广州。

广州是中国的第三大城市。第一次踏上广州这片土地，我所看到的都是高楼大厦。我心里想，广州有那么发达吗？所有的疑问被解答了，广州居然那么发达，这座城市越来越繁荣了。

广州就是美食天堂。除了地上四只脚的桌子、天上飞的飞机、水里游的船不吃，广州人什么都吃，但不是所有广州人都这样。他们觉得，他们吃的肉是很有营养的，对身体有好处。广州人也喜欢喝汤，但一般会比较清淡，吃饭前一定有一碗汤。还有不可缺少的部分——早茶。不单单喝茶，他们一般边喝茶，边吃小吃，如馒头、小笼包、饺子等。他们认为这也是一种休闲方式。

这里的生活习惯和印尼很不一样。在印尼，早餐会吃米饭，但是在广州，早餐吃面食，如馒头。一开始我很不习惯，但渐渐就习惯了。

说到天气，我最讨厌广州的冬天和夏天。广州的冬天虽然不比北京冷，但是我还是觉得很冷，因为我受不了很冷的天气。这个时候，广州很潮湿，连墙皮都会裂开呢！

夏天时，广州非常热，觉得十个太阳就在我们的头顶。不只是热，有的时候是闷热。这样闷热的天气使人感到呼吸困难，心里很不是滋味儿。

我喜欢广州的秋天和春天。秋天，天气不冷也不热，觉得很暖和。但是这个时候，很多花和叶子都会落到地上。

春天，虽然这时候的天气会比较冷，但在这时候花又开了。广州之所以叫花城，就是因为广州有很多花，而且春天是花开的时间。广州人在大年初一会去买花，然后摆在家里，欣赏花草的芬芳与美丽。

广州是中国第三大城市，这意味着广州人口也很多。放假时，旅游景点、步行街、游乐园、公园的游客会比平时多。公交车、地铁也是同样的道理，人特多，多到你无法呼吸，所以千万不要在放假的时候去玩儿，要不然，去了以后，你根本看不到漂亮的公园或者享受好玩儿的游乐园，你眼前所看到的就是一群人。

世界上的人都知道，广州人都是用广东话交流，一听就觉得很难听懂，但是在广州生活得久一些就会觉得广东话其实蛮好听的。我便开始对广东话感兴趣了。

在留学期间，我学习了一个学期的广东话。老师说，广东话有九个音调，听起来很吓人，比普通话的音调多5个。随着时间的流逝和老师有趣的教法，我渐渐学会了不少广东话。虽然说得不是那么好，但起码我会用一点广东话和广东人交流了。除了广州以外，香港和澳门也使用广东话交流。所以，学了广东话不会觉得后悔或者白学，反而会大开眼界。

生活在广州这片土地上不会让你无聊的。在这里你会学到宝贵的东西，丰富你的知识。总之，在广州生活是我最珍贵的人生经历，我将终生难忘。

（本文获得华文教育系第二届作文大赛二等奖）

广州，我会想念你

［印尼］吴慧明　2012 级 C1 班

“大家好，第二届的作文比赛正式开始！”听到负责人说了这句话，我赶紧看看这次比赛的主题。哦，原来是关于我们在广州生活的体验。读了这个题目，我不得不想起了一年半前的事情。

我还记得 2012 年 9 月 3 日的那天，我第一次来到广州白云国际机场。那时我们同行 14 个人，但来自不同的城市。我和其中两个朋友是从占碑来的，也互相认识了。对于比较内向不爱说话的我来说，有人从同一个城市跟我一起来是很好的，更好的是他俩比我开朗得多，认识了一个新的朋友就介绍给我，对我来说是一种帮助。

到了学校已经下午 4 点多了。哦，几乎忘了，我们都是被学校的志愿者接的。我们一到学校就直接去办公室办手续。手续办得很慢，到晚上 8 点才结束。

办好了手续之后，我们还要办住宿的事情。拿到了我的房间钥匙，我就赶快搬行李上去。后来，我们就被几位学姐带去吃晚饭，顺便去买我们需要的东西。那是我第一次了解广州的夜晚生活。

广州在晚上时走路的人没那么多，特别是 10 点以后。道路上的车也已经很少了。那是我第一次走路去一个那么远的地方，走了很久，大概一个小时。虽然身体已经很累了，眼睛也快睁不开了，可是我还有精神走一走。

我们终于开学了。在第一个学期时，我认识了一个男生，他也是印尼人。因为认识了他，我就更了解广州了。有一次，我的手机不能上网，我以为是电话卡有问题，就问他知不知道哪里能办电话卡。

“你的电话卡是什么？”他问我。

“这个。”我给他看我的电话卡。

“哦，是联通。”后来，从他的解释中我才知道中国这么大的地方只有三种电话卡，就是移动、联通和电信。

过了几天，我俩去联通中心，他说他知道怎么去。但是，走了半天也还没找到。过了一个小时才找到，好在他们还没有关门。查了查，原来不是电话卡的问题，是手机的问题！我真的觉得很不好意思，早知道就不用那么麻烦去联通中心了。不过，去了联通中心还是增加了新的经验，就是坐公共汽车的经验。

我们的城市没有公共汽车，因为我们的城市是个小城市，不像广州。虽然在印尼也有公交车，可是还是跟广州的不一样。在印尼是用钱来付车费的，而在广州是打卡，比较方便。后来，我知道车卡可以叫作羊城通。

为什么叫羊城通呢？这是由于上面有广州的标志——五羊。在广州的越秀区有一个公园叫越秀公园，里面有广州最有名的标志，就是五羊。人家说，如果你还没去看过五羊，就说明你还没真的来过广州。

我来广州时是夏天，天气特别热，后来我发现我的皮肤长了很多红红的痘痘。我感到很惊讶，就去医务室检查。医生说，这个是过敏。听了医生的话以后，我才记得人家的一个说法："外国人在夏天的时候能看得出来。只要看他的脚部就行了。"这句话依我看是有道理的，特别是外国女性。

记得第一次在广州过年时，天气很冷。春节的前三天都有花市，这个是广州人的习惯。在花市，有许多人卖花，也有卖食物、玩具的。那时我才知道有花市，在印尼从来没有。

过年的时候，我们就去珠江，广州的一条河。那边的夜景很美，有彩灯，吹江风，特别浪漫。在珠江，我们都盼望着能看到烟火。

"五，四，三，二，一！"我们都喊着倒数，希望喊了"一"之后就能看到烟火。可是，喊完了以后没有什么反应，迎接新年就这样结束了。

第二次在广州过春节，我就不去珠江了。我打算去打寒假工。东找西找，没有一个饭店需要兼职的。正要回学校时，我看到了一个日式面包店，里面的装饰特别好看。我就决定问了这家面包店以后才回去。

"店长，请问，这里需不需要兼职？"我鼓起勇气去问店长。

"你是学生吗？"店长好像是个很好的女人。我觉得这一次会有机会。

"是的。"然后我介绍了我自己。

"你先填一下简历吧。"

一听那句话，我真的觉得这一次会被录用了。累的感觉一下子就没有了。填好了简历，我就回学校去了。

可是，等了一个月，两个月，还是没有反应。店长说如果需要我才给我打电话。我那时很失望，在我的脑子里，如果不想录用我为什么不直接说？后来，有一位老师说这个跟广州人的习惯有关系，就是他们拒绝别人时不好意思直接说。原来如此，我现在明白了。

最后，广州给我最深的印象依我看是夜宵和麻辣烫。这些在印尼是没有的。夜宵，最有名的是烧烤，一般晚上九点才开始。大部分的夜宵是在屋外开的，不是在楼上或房间里。我觉得吃夜宵是中国人新的休闲方法。

另一个是麻辣烫，这个对我来说很好玩儿。我们可以先自己选要吃什么，有菜，有肉，各种各样的选择。选完了以后，我们就把所有选好的材料给老板。老板会把所有的材料放进热汤里煮。煮好就可以吃了。辣椒和麻辣味的调料，是麻辣烫的特点。

写了两个小时左右，还有很多体验没写下来。不过，凡是我写的都是我对广州印象最深刻的。我还有两年的时间住在广州，希望能够利用这段时间来了解广州的情况、广州的好地方、广州的特点。我该好好利用时间，因为毕业以后不知还有没有机会来广州，住在广州，了解广州最现实的情况。广州，毕业以后我肯定会想念你！

（本文获得华文教育系第二届作文大赛二等奖）

第三届

游子的梦想

［印尼］杨丽欢　2013 级 A 班

不要问我从哪里来，我的故乡在远方。为什么流浪？流浪远方，流浪……

“胜日寻芳泗水滨，无边光景一时新。等闲识得东风面，万紫千红总是春。”古人云：“知者乐水，仁者乐山；知者乐，仁者寿。”可见春天定是古诗人的最爱。俗话说：“一年之计在于春，一日之计在于晨。”知者与仁者喜爱春天的山清水秀，我却喜爱每一天的早晨：从笃行楼走向教学楼的早晨，两旁树木向我招手的早晨，鸟语花香向我迎面问好的早晨，在华文学习、与梦想更近的早晨。

不知是受家庭环境的影响，还是血统遗传的影响，我清楚地知道“树高千丈，叶落归根”以及“饮水思源”的道理，所以我爱华文，学习华文。

《中文》教材里的《最后一课》告诉我：“爱祖国，爱民族，爱语言与文化。”身为海外华人，流着炎黄子孙的血，保护与传承中华民族语言与文化是本分。所以我爱华文，学习华文。

子曰：“知之者不如好之者，好之者不如乐之者。”现在大家都说：“兴趣是成功最好的老师。”所以我更爱华文。

我不能想象以后海外华人不懂中华文化；不能想象一群游在海外、离开母亲怀抱的游子忘却自我，甚至忘却巩固枝叶花朵的根；不能想象他们连筷子都不会用，连春节是什么而且怎么过都不知道。忘却和迷失是多么可怕、多么可悲的一件事！我的父母不容这样的事发生，我也一样。

中华五千多年的古老文化，犹如一杯甘甜的陈酿，历经岁月的沧桑依旧散发着醉人的香味；中华民族的和而不同以及太多太多，都是中华民族那坚忍的意志及自强不息的精神携手创造的奇迹，谱写的辉煌。多么美丽的结晶，我们怎能忘却呢？

我想，我不只传承她的美，还要把她的美散播到世界的各个角落，让她飞得更远，让更多人认识她，崇敬她，让她在世界各地的角落里发光发亮。“精益求精，艺无止境”，珍贵的东西都值得被保护和珍惜。

我不怕流浪的孤独，只怕迷失的黑暗。我是那棵伟大的参天大树上的一小朵花儿，虽渺小，不起眼，可我不忘本。

就是为了梦中的橄榄树，苦一点也在所不辞，足矣……

（本文获得华文教育系第三届作文大赛一等奖）

我和华文

［泰国］刘硕丰　2013 级 B 班

作为一名外国人，与他人相聚在华文学院，学习在华文学院，成长在华文学院，是我从小十分渴望的事情。而今，梦想已经实现了一大半，我也时常回头看看这些年的足迹。如果你想问我为何有这样的理想，那太好了，这正是我要讲的。感谢您花宝贵的时间，听我为您娓娓道来。

我生于一个华人家庭，从小就和汉语打交道，耳濡目染，渐渐对汉语产生了浓厚的兴趣，而家中的长辈们也十分鼓励我学习汉语，这还只是其一。还有我个人的原因，从小被父母宠着的我，也想去往一个可以展翅高飞、自由成长的新世界。再者，语言是沟通的桥梁，是传递思想文化的重要途径，语言可以把看不见的思想、见识转化为有形的东西。因此，我觉得多学一门语言有百利而无一害，所以我毅然选择了华文。

既然选择了华文，那就谈一谈我对它的一些看法。在我个人看来，华文教育专业是极好的！知识是人类进步的阶梯，教育则是传播知识的主要渠道，华文教育专业让海外的华人华裔找到自己的源和根，而且传播文化，可谓一举两得。“授人以鱼不如授人以渔”，华文教育不仅教会我们知识，还教会我们如何向他人传授知识，更进一步将内容升华。

在华文学习的若干年中，我不仅学习了知识，而且学会了技能，更学到了做人的哲理。学习贵在坚持，生活亦贵在坚持。在学习的生涯中，只有养成良好的习惯，戒骄戒躁，才能学到更多的知识。想成为一名优秀的教师，必先成为一个优秀的“人”。以礼待人、风趣幽默、严而不肃等，都是我的老师教会我们的道理。

当初进入华文教育专业，我还对教师这一职业感到敬畏，生怕自己不够优秀，无法成为一名合格的教师，无法像我的老师一样成功，觉得成为教师十分遥不可及，心中也有一丝对华教的抗拒。但是现在发现老师们教予我们的，不只是专业的知识，更多的是为人处事的道理，我越发觉得当时的决定没有错：“既然来了就不要后悔。”

现在的我，不想再考虑那未知的未来世界了，既然有缘来到华文学院，我就努力学习、努力生活，享受大学美好的四年光阴，只要活在华文学院，活在当下，足矣。

（本文获得华文教育系第三届作文大赛一等奖）

我和华文

［泰国］蔡　可　2013 级 C3 班

“世上无难事，只怕有心人”，第一次听到这句话，是我的泰国老师讲给我听的。那时我刚开始学汉语，所以不是特别明白这句话的意思。但到了现在，我已经清楚了它是什么意思，而且每次想到这句话，我都能勇敢面对所有的问题。

我认为学习就像爬山一样，我们一步一步地往上爬，虽然很累，但到了山顶就觉得付出值得。我想了想，从我开始学汉语到现在，我爬了多高呢？我在高一的时候，学校开始教汉语。有一位中国老师来我们学校教汉语。我有机会跟老师上课，老师和我关系很好，我经常去老师的办公室帮忙。老师回国了以后，学校让我代表学生去参加在云南师范大学的夏令营。我那时很激动，特别感谢学校给我这个机会。在活动当中，我学会了很多东西，而且我的汉语进步得很快。回学校以后，我还帮老师举办各种关于汉语的活动。那时我才渐渐地喜欢上了汉语。

在学校，一个星期只有一节汉语课，根本就无法提高汉语水平。但我自己特别想学汉语，我就用了自己的方法。我买了一些基础汉语的书来看，听中文歌，看中国电影，有时候也会请辅导老师来教。为了能交到中国朋友，能用汉语跟他们交流，我注册了 QQ。说实话，最开始我觉得这些事情做起来比较困难，因为我的汉语并不是很好，但我还是坚持下去。希望这些方法能够提高我的汉语水平。高中毕业以后，我考上了泰国艺术大学的对外汉语专业。我终于有机会继续学习汉语了，这意味着，我所有的努力不是白费的。但更好的是，我的汉语老师来了电话，说有去中国读大学的奖学金，问我想不想试试申请一下。

我那时有些犹豫，但还是去申请了。我妈妈本来不想让我去，可想了想这也是我最好的机会，就决定让我去了，结果我得了奖学金能出国留学了。从小到大，我一直在家里，没有出过远门，所以这次离开家我的心里也有些害怕。我家人也牵挂着我，怕我不会照顾自己，但这也算是锻炼我的机会，我总是要长大的。到了北京，我最大的问题就是听力。因为北京虽然是普通话最标准的地方，但他们说话还是有儿化音，所以我刚到的时候听得不太习惯。可后来慢慢地听懂了，而且不知不觉大家都说我的口语有了一些北京话的味道。可能是因为在中国的环境里，天天要用汉语交流，所以我的汉语进步得很快。跟老师上课的时候，我慢慢地学会了汉语的一些知识和文化。北京华文学院的老师也把我们照顾得很好，像一家人一样，让我没有那么孤单。第二年，我到了暨南大学华文学院继续学汉语。我好像搬到了更大的家庭，认识了很多朋友，参加了各种活动。我觉得这里更能让我感受到真正的大学生活，而且业余时间也很多。老师们对我很好，特别是学姐、学长们，让我能慢慢地适应这里的环境。

我们毕业了以后都要回国当汉语老师。本来老师就是我理想的职业，可能是因为我受姥姥和妈妈的影响吧。我在大一的暑假就利用那段时间，给一些小学生教汉语。那就算是我第一次正式地给学生上课。我妈妈说："做老师，要做一辈子。"老师不只是来上课，下班就回家，更要用心来照顾学生，像照顾自己的孩子一样。当有一天看见学生成功了，心里就会为他们骄傲，这一点是别的职业不会感受到的。我能有机会学习自己喜欢的语言，而且将来还有机会做想做的职业，我算是选对了自己的道路，而且还能幸福地走下去。

能写出这么长的作文，也是我以前心中的一个愿望，现在我能用汉语了，不管是读、写、听、说，这些方面基本上都没问题。如果说像爬山，我可能爬得更高了一点，能看见以前和现在的我有多大的差别。从山脚爬上来虽然很累，可是我利用的所有力量都没有浪费。现在我真的很高兴。

爬山，让我能看见更多的风景。我总是想，如果没有家人的鼓励、老师的帮助，我就不会爬到这里来。我肯定有机会就要回去感谢他们，也代表泰国和中国交流文化，让泰国人对中国有更多的了解，也像中国人爱我一样爱中国。

（本文获得华文教育系第三届作文大赛一等奖）

我和华文

［马来西亚］蒙慧贤　2012 级 A 班

待在广州已有两三年了，每当与中国人交谈，问及我的国籍身份时，他们总会惊讶地说："你的中文学得很好嘛！"呵，每当这一句话传入耳中，我并不为此得意，相反有种失落的感觉，尽管我并没有表现出来。不必问我为什么学习华文，华文是我的根；不必问我怎么学会华文，那是祖辈们奋斗的硕果。

从小到大，爸妈和朋友老师们一直都用华语和广东话和我们沟通。报纸上印的是方块字，电视上出现的是华语，就连和隔壁家的印度邻居也能用华语交流……从小到大，我一直都以为学习华语、使用华语是理所当然的。直到高中毕业以后，我才知道大马华教这一路走来并不平坦，相反是波折重重。"茅草行动"、"烈火莫熄运动"，一个接一个祭以鲜血与顽强精神的故事传入耳中，到心坎内，那股触动，那两行预料之外的眼泪，仿佛历历在目。

世上有多少个种族，而我巧合地生为汉族？世上有多少种语言，而我巧合地学会了汉语？世上有多少个国家，而我巧合地生长在这片少数保留了华文教育的国土之上？我深信这些巧合都是上天赐给我的最美丽的礼物，我接受了，并且默默地珍惜着。

十八岁那一年，我莫名地喜欢上纸张上那横竖一排排的方块字，且醉心于阅读各个大家的散文著作，仿佛是为了追溯思想的根源，找寻心灵上的慰藉。为此，我选择就读中六（中学六年级，相当于大学先修班），报读中六中文科，并立志考上马大中文系。那年还懵懂，却不知道，修习中文最艰辛的路程，正要开始。大马的中六考试，英文缩写为 STPM，是当时公认的全球第二难考的考试，其中中文科更属于冷门科系，每年的投考人数都在 500 左右，而大马的考试是存在"固打制"的，这意味着，500 人当中，将会有 50 人考获甲等成绩，150 人考获中等成绩，而 250 人不及格。考试制度之严峻，给中六中文科乃至国立大学中文系一个深重的打击。

但是，华文教育就因此被削薄么？并不。大马华文似乎保存了祖辈们奋斗与顽强的精神，越是受到打击，华教越要努力绽放！那年学习中六中文，学校因人数少而没开设中文班，市场上也没有中六中文的教材课本售卖。为此，我只能在每个周日，从家乡搭巴士远到吉隆坡的唐人街那里上补习班。之后的每一个周日，一群"没有周日"的师生们便会齐聚一堂，一同学习华文。教导我们华文的正是一名国小老师（这也是政府没有善用人才的证据），他曾经报读中六中文，深知学习中六中文的艰辛。为此他每次课都会做好精心的准备，务必让每个空着脑袋来上课的学生，课后装着满满的知识回家。他深知中文科的分数对我们未来人生的影响，也知道考试内容的难度对我们是一项极大的挑战。为此他宁愿让自己当个魔鬼老师，不断地逼我们背诵文学史，并且每周都催促我们多写文章，多交文章让他修改。天哪，谁都知道修改文章是一件棘手的工作，但他却不厌其烦地让我们“多给他工作”。尽管最后我只拿了中等成绩回来，但是这位老师永远是我的甲等老师。

娓娓写出这一段回忆，感激的心情仍一直萦绕在心中。脚踏这片梦想之地，除了因为这优美动人的方块字，也因为这位华文老师。我深信民族母语，能让每个人找寻到精神上的寄托和思想上的故乡，而中文老师，就是这座桥梁的建造者。

（本文获得华文教育系第三届作文大赛二等奖）

我和华文

［马来西亚］罗沁仪　2011 级 A 班

在这个“哈韩”“哈日”的年代，在这个崇拜英美文化的社会，我其实也挺郁闷的，我从小到大就无法对看起来很酷炫的金发碧眼或美得令人无法呼吸的韩国“欧巴”产生一丁点的兴趣。最近，我终于发现了根本的原因——我懒得在脑海里“过滤”一遍他们的语言，我还是喜欢听中文、看中文、说中文，也总觉得，我与非中文族群的脑电波应该不容易搭上吧！

打从我有记忆开始，华文就与我的世界密不可分：我的名字是从中文发音音译成的马来文；我开口说的第一个字一定是华文（虽然我已经不记得那个字是“爸爸”还是“妈妈”）；我最喜欢听的儿歌是华文童星组合“四千金”唱的；我喜欢看的小叮当也是说华文的……直到现在，我手机里几乎百分之九十八的歌曲是华文歌曲，我进电影院看得最多的还是华文电影（其中夹杂着一些港产粤语片）。我想，在那夜深人静的时候，常常让我舍友懊恼的梦呓应该也是华文吧！

其实，除了华文，我的马来文和英文程度也不差，但为什么我在这个多元语言的背景下，仍然偏执地爱着华文呢？我想，马来西亚完善的华文教育系统是最根本的原因吧！到现在我仍然能记得小时候的我对华文课本爱不释手的样子，也依然记得小学一年级华文课本第一课学的句子是：“这是爸爸。这是妈妈。”第二课是一篇题为“我的家园”的儿歌。课本中的课文内容总是朗朗上口。一年级开始识字、写字；二年级开始学汉语拼音，听着老师说送气、不送气，翘舌、平舌等；三年级开始简单的看图造句，也开始学习书法。

小学毕业后，庆幸的是，我上了一所国民型华文中学，有别于其他的国民学校，我仍有机会学中文。或许是因为小学时华文底子打得好，在中学那五年里，我的华文科成绩一直在班里名列前茅，令大家头疼的语法知识对我而言也只是小菜一碟。深受哥哥的影响，我打小爱看华文读物，中学时期更开始翻阅武侠小说，因此对典雅的文字产生了极其浓厚的兴趣，学校课程中安排的文言文教学、名句背诵等也难不倒我。不知道是能力激发了兴趣，抑或是兴趣激发了学习的动力，高中毕业以后我在大学先修班里念的是理科，却坚持多报了一科文科班华文。为此，我还必须每个星期天搭公交到离家四十公里以外的马六甲补习。在那两年里，我学到了很多中国古老及现当代的文学知识，更坚定了我的“中文系梦”。奈何，尽管我考了不俗的成绩，“中文系梦”却破灭了，于是我来到广州修读华文教育专业。

对于自觉华文功底已相当不错的我来说，在四年前完全无法接受要在大学里学习汉语拼音、汉字笔顺、课文理解等我在小学阶段已经熟悉到不行的内容，面对身边汉语水平不一的同学们，我确实无可适从，幸好，我还有一班为我照亮前程的师兄师姐们。他们让我在最短的时间内了解了华文教育这个专业的成立背景，也让我知道我在这环境里其实还有很多成长的空间及机会。于是，我加入了华文教育系学生会。我学习着与来自不同国家的朋友交流、合作，获得了跨文化交际的实战经验，我尝试到其他专业的教室里与中国学生上课，看到自己身上还能进步的空间。一年又一年过去了，我们华文教育专业的课堂里也开始了程度日益加深的文学文化课、语言课、教育学、教学法专业课、心理学课等。看回从前，我已从一位不知为何对华文执着的小女孩，成长成了一位对华文教育事业有想法、有抱负的青年。

体验及感悟最深的，是从实习回来以后，我突然发现了以往所接受的华文教育中不足的地方，同时也有了想改变的愿望。我希望自己在未来有机会，让马来西亚的华裔子弟，能够没压力地学习华文，而且，能为了考试成绩以外的原因，热爱华文。

（本文获得华文教育系第三届作文大赛二等奖）

我和华文

［印尼］蔡武来　2012 级 A 班

我和华文一直有矛盾，而就是因为这个矛盾，使我搞不懂自己是否喜欢华文。到现在我都不知自己遇上华文是祸还是福。

小时候，家里的黑白电视机让我与华文第一次相遇。讲华语的它，让我知道了外面有个叫中国的国家。慢慢地，我开始喜欢中国这个国家，因为小时候喜欢的很多玩具都是制造于中国。

小学时，还未开始学自己国家语言的我，已经会听不少中文日常用语。是的，那台黑白电视机就是我的老师，陪伴我成长，教我学中文。中文吸引力确实强，完全无法抵抗。最后，爸爸还是给我报了中文的补习班。

时间过得飞快，所谓“光阴似箭，日月如梭”是没错的。小学、初中、高中，我都有华文的陪伴，感觉自己少不了这一块。培训班使我更加了解中国的文化。

他是个高大的东北汉子，竟然来到印尼教我们汉语。他教了我整整一年的时间，他对我说：“我看好你！你以后适合当华文老师！”这句话很激励我，使我更加努力学华文，更加相信自己是个当华文教师的料。

后来，他把我推荐过来了。是的，这是我小时候一直向往的国家。小时候是因为玩具，长大就不是了。补习时有过一段印象深刻的经历，补习所因为缺老师而停止开班。我那时想，为什么会没有老师？那么多人想学，为什么就请不到一位老师？现在我慢慢懂了，华文教师不是那么容易当的。但我还是想自己以后能成为教师，能够让更多的人了解华文。因为华文不仅仅是一种语言，更是一个独一无二的文化。学华文就是学中国文化。

来华的第一、二年，感觉自己很适于从事华文教育工作。因为自己所学的中文，已远远超出学自己国家语言的水平，我对自己很自信，相信自己会成为一个优秀的教师，一个大名鼎鼎的华文教师。不过自信出现过后，矛盾产生了。

第三年在华学习中文，我越来越觉得自己不适合华文老师这个职位，慢慢地发现，自己根本达不到那个标准。可能知识多了，改变了想法，但实际上我确实不那么适合当教师。所谓的教师，至少要有耐心。而我是个很容易冲动的人，情绪难以控制。这是很不利于教师这个职业的。

本人认为华文教育这个专业，是很不错的专业。它让我喜欢上了华文、喜欢上教师这个职业，而且让我发现自己的不足，能让自己的思想有很大的转折。我觉得这个矛盾还会一直持续下去。既然是因华文而起，就必须交给它处理。人的一生，好坏不停重复上演。而遇上华文可能是对，也可能是错，是好是坏谁也不知。我唯一知道的是我和华文有个约定，它会一直陪我走下去。

希望这种矛盾能一直持续。是矛盾让我一直保有那颗好奇心，好奇自己是否能成为一名优秀的华文教师。

我和华文有个约定……

（本文获得华文教育系第三届作文大赛二等奖）

我和华文

［菲律宾］蔡金智　2012 级 B 班

我的父亲是中国人，从小到大家里的人都在培养我的汉语能力，在家里我们必须说汉语。小时候父亲对我们学习要求特别严格，所以我们尽量努力学汉语。小时候还不懂事，所以觉得学习汉语对我没用，父亲经常对我说我长大以后就知道华文是特别重要的了。刚开始我不知道为什么我的长辈一直说华文很重要。有一次，爷爷跟我说了几句话，他说中文对我很有用，找工作会比较容易，收入会比较高，不会被别人看不起。他也说了学习汉语是一件好玩的事，他跟我讲了一些中国的文化，一些中国有名的故事，然后教我怎么用毛笔写书法和画中国画。他画得非常好，所以我很想跟他学。我还记得我学的一幅画是竹子，有点难但很好玩。这时候我就慢慢喜欢上了华文。小时候我父母就送我到华文学校，那是我学习汉语的开始。

我喜欢学习汉语是因为我觉得学习汉语是一件特别重要的事情，对我来说学习汉语以后能帮到我，能提高我的人格，能给我一个美好的未来。我对华文很感兴趣，也觉得很好玩，因为有些想法或者我想表达的事只能用华文来解释，只在汉字里面有，其他语言里没有。比如说一些成语啊，或者一些网络语、流行语，跟那些比较书面的华文，所以后来我决定了来中国学华文。

刚开始我是跟父亲和爷爷学华文的，但我跟他们学的是方言，我们在家里讲的是闽南话。我是在学校里开始学普通话的，从华文的基础学起，老师会在班上教我们怎么写汉字，怎么读，每个字或者词语的意思，简单来说就是听、说、读、写。回到家的时候爷爷会帮我复习和预习，这样老师要教新课的话我就有印象了。我的爷爷也教我怎么写好汉字，他会教我一些汉字的笔画和笔顺，让我每天把每一个汉字大概写三十遍。他希望我的汉字能写得很漂亮很整齐，我每天写得很累，但是后来也习惯了。在学校里老师和同学们经常表扬我，说我写的汉字很美，他们不知道我是经过什么训练才写好的，多亏我爷爷的帮助和耐心，我的字才能写得比较整齐。我的奶奶每次从中国台湾回来，都会带一些汉语课本让我读，让我学。我上大学后越来越喜欢学华文了，刚开始我的汉语没有那么好，过了一年我的汉语提高了，进步很快，所以我对汉语越来越有兴趣。我是通过很多学习方法才能进步得很快的，我经常看华文电视剧、电影、华文小说，一开始我很多词都不懂，经常查字典，叫朋友帮我解释，后来我的汉语水平才越来越高。现在我能听懂大部分汉语了，有些汉字以前不认识的，但现在知道了，我心里很开心，很有成就感。我也经常跟外国朋友聊天儿，刚开始我用英语跟他们交流，然后，慢慢加入一些汉语。到现在，我可以用华文来跟他们交流了。我也交了不少中国朋友，经常跟他们出去玩，跟他们聊天儿，我学会了很多新汉字，特别是一些流行语。我也了解了很多中国的文化习俗，以及中国人是怎么生活的。我觉得交中国朋友不只是好玩而已，他们对我也有很大的帮助，特别是在学习汉语方面。

中学四年级的时候我有一位华文老师，她是一位善良又有耐心的老师，那时我已经知道我会来中国留学了。她每天都鼓励我们，我还记得她说过一句话："我来了这所学院不只是教你们怎么用汉语听说读写，而是想要你们能够喜欢并掌握汉语。"这句话留在我心里，给我留下了很深刻的印象，也是因为她，我对汉语更有兴趣，更努力地学习华文。

很多人都说汉语对他们没有用，我为什么要来中国学汉语，还不如去美国学英语，他们以前会就我学习汉语开玩笑，嘲笑我，但其实他们不知道学习华文有多么好，中国的文化有多么丰富，多么美，如果他们有机会来体会我在中国体验到的生活，可能他们会后悔以前没学好汉语和看不起所有学习华文的人。我觉得我非常幸运能够来中国留学，有机会来学习汉语，了解中国文化。

（本文获得华文教育系第三届作文大赛二等奖）

我和华文

［柬埔寨］江裕源　2013 级 B 班

语言是一种人际交流的工具，是人与人之间不可缺乏的一种工具。中国汉字的历史悠久，是一种独特的文字。有人说："学汉语像走长征。"那倒是，只不过学各种语言都是如此，要把第二种语言学好，甚至比长征还难走呢。

那么，我为什么要学习汉语？

首先，我学习汉语是为了进一步了解中国文化。我们知道，一旦听到长城，就想到中国；一旦听到中药，就想到中国；一旦听到中国武术，就想起中国。这些中国独特的文化，博大精深，源远流长，是值得中国骄傲的。另外，中国的饮食文化对异国他乡的人也有巨大的吸引力。中国饮食是很讲究的，特别是广州人，他们偏向于清淡口味，而我们东南亚地区更偏向于甜和辣的，而且各种各样的饮食有所不同。因此，凡是初次来中国的人都有可能适应不了这种饮食上的差距，这就是文化和文化的差别，需要我们去了解和适应才能生存下去。

其次，我学习汉语是为了国际交流。如今，我们都知道中国在世界的影响力很大，特别是对东南亚国家。随着中国经济日新月异的发展，中国人的生活水平日益提高。值得一提的是中国政府现在很鼓励向外投资，特别是对东南亚地区，所以现在东南亚的就业机会是很多的。打个比方，如果我的汉语好，人际交流没什么障碍，那么当中国的公司赴柬投资时，首先他们需要的是会中文的人，然后有时要求对国家有所了解，这样一来，我的就业机会是比较多的。除了就业机会以外，我们还可以经营进出口贸易，这样一来不但能够带动两国之间的经济发展，而且能够提高自身的能力。

最后，我学习汉语是为了训练自己。我是通过柬华理事基金会获得中国政府奖学金的。我当初很犹豫是不是要赴中留学，因为如果要赴中留学的话就要放弃柬埔寨大学了，可是最后不知什么原因我还是来中国留学了。中国虽然是一个发展中国家，但是物价水平跟发达国家差不多。经过了一年半的时间，鉴于我每天都关注新闻，学习汉语，我的汉语水平日益提高。提高汉语水平的同时，自身能力也有所提升。现在跟中国人交流是没问题的了。我认为，独立自主、自力更生对我来说是很重要的，就是来到了异国他乡才能体会到真正的自己，把自己变得独立，不管将来要从事什么行业，这就是我的资本，是无价之宝。

总而言之，我学习汉语的目的是为了进一步了解中国文化，为了国际交流和自身的发展。我身为第三代华裔是必须掌握一些汉语技能的，更重要的是了解中国的文化、历史、经济、政治，以便将来更好地发展。

（本文获得华文教育系第三届作文大赛二等奖）

我和华文

[印尼] 廖慧芳　2013 级 B 班

2013 年 8 月 30 日，这日子会永远埋在我心里面最深的那个地方！我们当初有五个人一起来到这里，虽然什么都不懂，什么都觉得陌生，可是我们还是来到这里了。我们都不容易，看着不一样的天空，认识了不一样的世界，交到不一样的朋友，就这样，我们不得不开始在这个地方成长！

来到这里的第三天夜晚，我偷偷地在洗手间里哭，想念有家人存在的地方，可是后来的我，再也没有那样哭了！在这个地方，我学会了怎样自己解决事情，学会了独立。面对一切的一切，我们都更坚强了。

我们来自世界上不同的国家，有着不同的语言，也有着不同的文化。可是我们却怀着一样的梦想一起奔跑，一起不停地为了我们的梦想而努力，渐渐地我们每个人都发现，我们离不开这个地方了，我们已深深地爱上了这个地方。

在这个地方，我发现了我并不是一个人，我有很多爱热闹、热情、爱学习而又疯狂的朋友、学姐和学长。每天早上也会见到在忙着卖早餐的那些阿姨，路过正在打太极的老人们，看到正在排着队等校车的学生与老师们，急着等电梯的同学们。看着我们的老师在前面讲课，有时候我觉得很有趣，有时候觉得无聊，趴在桌子上睡着了，可是老师不理我们继续讲课。他们有的很有爱心、很有耐心、很有趣；有的则非常让人讨厌，因为很严格，很凶，作业也特别多。可是大家还是很爱给我们上过课的所有老师！

下了课，我们总是匆匆忙忙地跑到餐厅里排队，生怕没有拿到菜，饭堂里的阿姨叔叔们有时候很凶，特别让人讨厌。但他们心情好的时候，满脸都是笑！然而餐厅里的那些饭菜听说几十年都没变，我都吃腻了，不知道厨师们做得腻不腻！

回宿舍的路上总会见到认识的朋友，跟他们谈话聊天，还看到了让人羡慕的情侣们亲密地抱着。回到宿舍看到了最想念的床，同屋。这些就是我在华文学院值得分享的一些东西。

我为什么要学习华文？我从小就很热爱汉语，每天想着总有一天一定要来到中国学习，身为一个客家人，我觉得这里是我的根！这里才是我的家乡，我真正的家！作为一个华人我应当把汉语学好，不仅要把汉语学好，还要了解中国更多的文化，我希望我能把我所学的东西，分享给我将来的学生，让他们也认识到他们真正的家乡有多了不起，作为海外华人，来到这里学习华文教育专业，真心地希望以后能成为一名优秀的华语老师。

我在自己的国家真正学习汉语有一年多的时间，我对华文有着深深的好奇，因为当初听到老师说，汉语是世界上最难学的语言之一，在印尼说华语的时间本来就不多，所以每次在协调机构上课的时候，我都会好好地把握机会，用华语跟同学们聊天，学习。现在来到这里也有两年了，每天都会用华语跟同学和老师聊天，也常常通过看新闻来检验自己的听力水平，看电影、电视剧都看汉语字幕的。每天坚持不说母语而经常说华语是最好的方式，让我的口语更流畅！

华文老师很热情也很善良，但是我觉得上课的时候有很多老师的教学法很死板，每天就看着 PPT 讲课，有的老师又特别喜欢跑题，上课很难吸引学生听他们的课。可是优秀的老师还是很多的，他们很关心我们，经常跟我们分享他们拥有的知识，说话的声音也特别响亮，穿的衣服也很时尚整齐。

我喜欢华文，我没有后悔过选择了华文，我找到了我的根，我知道我的梦想，我所追求的、我爱的是我现在所拥有的，我爱华文。虽然在这里的四年生活将成为回忆，但我依然会将华文继续留在我的生活里，因为华文是我的梦。

（本文获得华文教育系第三届作文大赛二等奖）

我和华文

［印尼］胡秀菊　2012级C1班

华文？什么是华文？我为什么要学习华文？我怎么学会华文？三年前的我不曾在正规的华文学校学过华文，也没有觉得华文对我有什么益处，可现在，对于那些问题我自己找到了答案，我自己感受到了学习华文的好处。

华文已经迈向世界了，因为华文已成为世界最重要的语言之一。我不得不说，以前的我很不喜欢华文，很讨厌华文。我既然那么讨厌华文，为什么还来学习华文？这不是浪费时间吗？

自从我踏上了中国这片土地，自从我在暨南大学华文学院学习以来，我渐渐开始明白我为什么要学习华文，这对我个人到底有什么好处。

我刚刚提到了，华文已经变成世界重要的语言之一。对，既然这么说，我就可以知道有很多人在自己的国家，在各个遥远的地方学习华文。全世界的人都在学华文，我能不学吗？只要我们努力学习，一定能把汉语学好的。

学习华文不仅仅是为了能说一口流利的普通话，会写一篇长长的作文，会读中文文章，能听别人说，关键是我们能够了解到中国文化。

我们知道，中国有着悠久的历史，很多方面是值得我们去学的。说最小的吧，书法。书法有很多年的历史。中国人以前是用毛笔写字的。写书法看起来很容易，其实是很难的。书法，是那么的有魅力，对我们不曾接触过书法的人来说，写到一个程度就已经很不错了。不仅仅是书法，中国有很多名人值得我们去了解，如孔子、老子等。

因为想了解更多的中国文化，所以我愿意付出代价去学华文，我知道付出了代价，以后收获的一定不是平常的成果。

除了这些以外，教更多的人学习华文推动着我要更努力地去学。我要把汉语教给每个人。我要把汉语流传到下一辈。只要有人想学华文，我愿意花心血去教他们。

我是怎样学的汉语？我来到中国以前，接触过中文。我在一家补习班学汉语，可是我不能待很久，为什么呢？原因是无趣！

之后，我参加了五个月的培训班，在那儿学习汉语。一开始学的时候，我觉得汉语很难学，很想放弃学汉语，可是我想，我不要让我的时间白白地浪费，最后我坚持下来了。

在学习的过程当中，我体会到了很多。老师们要求我们每个人都一定要说汉语，不准说印尼语。我觉得这个方法挺好的，因为这样一来，我们的汉语会越说越流利。一开始可能有些难，可是你坚持了，以后就不成问题。因为接受了这样的锻炼，我的汉语说得越来越好，我能够在众人面前很自信地说汉语。我发觉，学习汉语的重要因素是“坚持”，因为坚持就是胜利；不要怕失败，因为失败是成功之母。

我在中国学了三年。我慢慢发觉，教师的教学方式至关重要。我以前不喜欢学习汉语的原因是老师的教学方式无趣。我发现，中国的老师在教汉语的时候有自己的教学方式，我一点都不觉得累，反而觉得有趣。老师们在教我们的时候很耐心，很自然，条理清晰。老师们一直很愿意陪我们学习、陪我们成长。我最喜欢的教学方法是老师把课本上的内容联系我们的实际生活，这样不会太死板。能很快地学好汉语的主要原因是“快乐”。老师教得很有趣，我学得更快乐、更有收获。

在印尼，华文教师这个职业不是很让人喜欢，因为工资太低了，所以很少人愿意当华文教师。如果我活在以前的年代，我可能也不愿意当华文教师。

如今，华文教师这个职业已受到了大家的肯定，很多人在努力把汉语学好，为了能够教更多的人。我发现，教汉语的人还是不够多，但是来学汉语的人日益增多，我相信几年后会有更多华文教师，把汉语推广到每个角落。

我确实很佩服现在的华文教师，虽然学生很多，但是他们不曾觉得很累，老师们都觉得能教好学生是一件幸福的事。我们遇到困难时，老师们主动问我们哪里需要帮助，我对此很感动。由此可见，老师是非常伟大的，非常热情地对待我们，善良体贴。

我现在最大的一个梦想是能当上一名汉语老师，把我所学到的东西传给愿意学汉语的人。要想把我的梦想实现，我一定要把汉语学好，要想方设法改善教学方式，要让每个人觉得学好汉语是很值得骄傲的一件事。我们一定要为华文争光！

（本文获得华文教育系第三届作文大赛二等奖）

我和华文

[老挝] 李福弟　2013 级 C3 班

我真的没有想过，为何来到华文学院学习汉语。我真没想到，自己会来到这个地方，这是命中注定吧！也就是说，我和华文比较有缘。

几年前我就对汉语有了一点兴趣。自那以后，我渐渐地迷上了汉语。后来，我就去找关于中国的资料，比如中国的歌曲、历史故事等。然后就开始与中国人交流，我曾经给中国人打过工，当他们的手下，他们也对我很好，还教我说广东话。

到了这里以后，我的心变了。我本不想来中国留学，可没想到还是来到了这里，之前我只想学会一点儿就好了。这里的条件是挺不错的，值得在这儿学习，老师们非常关心学生，同学们也十分喜欢老师。

以前的想法就是对汉语没什么兴趣，教师职业更甭提了，之前只知道吃啊、玩啊什么的。可现在呢？本人与以前判若两人，想法是完全不一样的。虽然这个专业十分辛苦，但比没有工作好多了。

华文教师职业，是非常稳定的职业之一，若与其他职业相比，这个职业相当好。本人为了保险起见，选择了这个职业，并用心去改变自己，因为将来真的有无限可能。有了这种本领，心里就感觉到安全多了。

我想在华文学院学习，不光是培养自己的技术才能，还另有原因，那就是培养自己变成一个很勇敢的人。

在华文学院这里有许多非常了不起的教师，还有来自不同国家的朋友。来到这里可以大开眼界，见识很多事情，尝到不同的滋味。

很多国家的人，他们都说汉语是最难的，可是为何还是有很多很多人来学习汉语呢？若汉语真的难的话，那好多人就忽略了这个语言了，这就说明汉语也是一种不太难的语言。

去年，我回国的时候，有好多人想来这里学习。听说后，我走过去与他们打招呼，然后说华文会给他们带来什么好处，还提起了这里的条件怎么样。他们听我讲了以后，更加感兴趣，今年就有一位来了这里，其他好像去了本部吧！我非常高兴自己做出了一些贡献。

总而言之，华文教育专业是一个值得去学、去研究、去体会的专业。虽然这个专业非常苦，但是以后会变甜的。不止如此啊！这个专业会把我们变成非常勇敢的人，简直是个“吃了豹子胆”的人一样。哈哈，话有点儿夸张，不过这是事实，不容否认哦！

（本文获得华文教育系第三届作文大赛二等奖）

我和华文

［印尼］蔡旭红　2012 级 C1 班

什么是华文？华文教育专业是学什么的呢？为什么要学习华文？华文重不重要？

华文指的是华语（汉语）与文化，这两者是华文教育专业学习的主要内容。一个华文教育专业的毕业生，不仅要懂汉语，而且要懂中华文化。除了这两方面之外，作为华文教育专业的学生也要懂得怎么把汉语与中华文化传授给别人。把汉语和中华文化传授给别人是华文教育专业的目标之一。另外呢，就是培养有文化的华文老师。那我们为什么要学习华文？

我在暨南大学华文学院已经读了三年的华文了。刚来的时候，我根本不明白华文这两个字的意思，也不知道为什么要学华文。后来，在华文教育概论课上我才懂得这个专业的目标和要学这个专业的原因。我的同学来这里读书大多数是因为父母逼的。当然，也有不少人是自愿的。猜猜我属于哪一种？对了，我该承认我是自愿来这里读书的。刚学习华文的时候，我遇到了许多困难（特别是在第一学期的时候），老师讲课，讲了什么内容都听不懂，只好在宿舍自己再复习一遍每门课的内容。在外面逛街时别提有多难受了！因为不太懂汉语，不认识汉字和路，每次去逛街差不多都会迷路。还记得上次和朋友去搭公交车，坐到了广州最远的地方，那是因为我们不认得公交车的路线。回忆那些困难，我现在觉得格外高兴。为什么呢？是因为经历了那些困难才有现在的我。我相信经历了那些事情，才懂得学习有多么重要，懂得珍惜时间，更懂得什么叫先苦后甜，甜更甜。

回到为什么要学习华文这个话题上，我有几个原因：第一，华文现在成为热门话题了。每次见到新朋友，他们会问我读什么专业。一听到我是华文教育专业的，就很佩服。连中国人都不想选这个专业。同样，在我的国家的亲戚朋友也是这么说的。第二，华文难学。这原因显得奇怪吧？但是，这可以说是我为什么要学习华文的主要原因。我是喜爱挑战的人，对于人们说难的学科，我都感兴趣。可以克服这个专业意味着我可以战胜自己。第三，华文很重要。现在各个国家的人为什么来中国？因为他们想学华文。我们可以看出，现在有很多非华裔能把中文说得像自己的母语似的。中文也是联合国的正式语言之一。所以，学好华文是我身为华裔的一个目标。把华文学好就可以到世界各个地方生活了。

我现在就读华文教育专业，只要再读一年就能顺利地毕业。对于华文教师职业，我觉得这个职业是我们能够做到老的职业。虽然到一定的年龄就要退休，但是我们仍可以继续教书，教我们的孩子和孙子。通过我们这一职业，我相信以后更多的人会懂中华文化；通过我们，其他国家能了解到中国的文化；通过我们，中国文化和汉语会一直在未来的孩子们心中。

最后，我想和读者说，无论遇到了什么困难，我们不要退步，要往前走。虽然当我们遇到那些困难时觉得很痛苦，但是要记得那些流的汗和血都是值得的。只要努力就能顺利毕业、成为好的华文教师，加油!

（本文获得华文教育系第三届作文大赛二等奖）

记叙文（Ⅰ）：写人

我的母亲

［印尼］张晓丽　2005级B班

今年十月十一日（农历九月初九）是我母亲的六十大寿，是个重要的日子。可惜我远在中国，不能亲自为母亲祝寿，只好打个电话，祝母亲生日快乐，身体健康。

放下电话，我的心情久久不能平静。母亲对我的无限疼爱和关怀，我对母亲的无尽思念，一时涌上心头。

我是印尼华裔，家住西加省山口洋市。我们家共有九口人：父亲、母亲、三个哥哥、三个姐姐和我。我们家有一个橘园，全家的生活来源都靠它。虽然我们生活简朴，但是过得很快乐。

我的母亲是个贤妻良母，她不辞劳苦地把我们养大。还记得我很小的时候，常常跟母亲去橘园干活儿。因为哥哥、姐姐都去上学了，所以母亲不得不带着我。到了橘园，母亲给我找了一个凉爽的地方让我坐着玩。不管天气有多热她都专心致志地劳作。有时候母亲也到别人的果园里打工，为的是多赚一点钱给哥哥、姐姐缴学费。那时候我还不懂事，不开心就哭，开心就笑。我曾经问母亲，为什么要那么苦呢？母亲回答说："如果我们不做就没有钱，如果没有钱我们的生活将怎么过呢？我们要靠自己，不能听天由命。"

我六岁的时候，母亲看我很想学写字（印尼文字），就给我买了笔和本子，让哥哥姐姐教我写字。有一天，我问母亲："妈妈，我今年六岁了，可以上学了吗？"母亲回答说："当然可以啦，只要你用功地去学。"听妈妈这么回答，我心里非常高兴。报名之前，母亲已经给我买了书包、本子和其他文具。到了七月份，学校开始招新生了，父亲就带我去报名。可到了学校，老师说我个子太小，还不能上小学；而且岁数也不够，可能会跟不上。回家后，我大哭了一场。母亲劝我说："今年不能读，明年还有机会嘛。"但我却没有听母亲的话，还是一直哭。母亲又说："如果你真的很想读书的话，明天我们再去学校跟校长商量商量。"我听到母亲这么说，才止住了哭声。

第二天，母亲带我去见校长。她跟校长谈了很久，最后校长终于答应了，但他说要看我这个月的成绩，如果真的跟不上的话，就不能再读下去了，要等到明年再来报名。我的心里既高兴又害怕，母亲安慰我说："不用怕，只要认真学习，妈妈相信你一定跟得上。”开学的第一个星期，她每天都送我去学校，又接我回家。从第二个星期开始，我就跟姐姐一起去上学了。我每天都很认真地学习，白天在学校学，晚上在家叫哥哥或者姐姐给我复习功课。到月底的时候，校长看到我的成绩还不错，就答应让我读下去。那时，不但我自己高兴，家人也都很高兴。母亲给我买了一个很可爱的洋娃娃当作奖品，她早就知道我特别喜欢这种洋娃娃。

上小学五年级的那年，我遇到了一场灾祸（被火烧伤），在医院里住了一个多月。事情发生的时候，一个叔叔用汽车送我到医院（那个叔叔是我来中国之前的华文老师）。我被送到医院之后，好几天没有醒过来，好像睡了很长的一觉。等我苏醒过来的时候，母亲就坐在我的身边，我发现她瘦了很多。母亲问我：“你现在觉得怎么样？”话一出口，就泪如雨下，再也说不出话来。看到母亲的样子，我也禁不住落泪了。后来有人告诉我，从我进医院到我醒过来的这段时间，母亲很担心，每天吃不下、睡不着，一直守在病床边，陪着我，精心地照料着我。每个来探望我的人都说我活过来的希望只有20%，但是母亲一直坚信我可以活过来。听到这些，我感动不已。

我在医院住了很长一段时间，但病情依然没有好转。由于家里经济状况不好，只好向医生要求出院。在家里，母亲每天给我上药。过了几个星期，我才完全康复，但是留下了一片很难看的疤痕。母亲知道我心里在想什么，她也知道我有多难过，所以一直鼓励我，安慰我不要为这件事而伤心。母亲说，世上还有很多人比我更可怜，有的还失去了生命。人生只有一次，人的生命是很宝贵的，要善待自己的生命。有句话说：“大难不死，必有后福。”母亲的这些话让我振作起来。

我小学毕业后继续读中学，后来又接着读高中。我的父母亲每天都要辛辛苦苦地去赚钱给我们缴学费。上高中的时候，我就开始存钱了。过年的时候，亲戚常常给些红包，我就把这些钱存起来，用来付自己的学费。虽然只够付几个月的学费，但至少可以减轻父母一些负担。高中毕业后，我没有继续读大学，因为这是根本不可能的事。我改念中文的时候，母亲也很赞成，因为念好中文对我的前途有帮助，找工作会比较容易。

去年，有个基金会到我们学习的华文补习所探访。他们要帮助经济不好，特别是得了重病但没钱治疗的人。十月份，他们就带我和母亲到雅加达，给我安排动手术的事。护士推我进手术室时，我看见母亲非常紧张。手术做了三个多小时，母亲就一直在手术室外面等着。手术结束后，护士把我推回病房，那时我还没有醒过来。我醒来的时候，由于身体承受不了那些药，吐了几次。母亲马上把医生叫过来，怕我会出什么事。在这十几天里，母亲吃不好，睡不着，我又让母亲受苦了。母亲给我的关爱真是太多了。我这次的手术费是由中国台湾佛教慈济基金会印尼分会、印尼雅加达赤道基金会和彩虹基金会（Yayasan Sinar Pelangi）一起承担的。

这次我很幸运地被选派到中国读书，母亲非常高兴，因为这是很难得的机会。离开之前，母亲给我买了很多药，她怕我不能适应中国的气候。她还嘱咐我一定要好好把握这个机会，好好学习，不要辜负大家对我的期望，毕业后回国效力，为华文教育事业做贡献。

（本文曾经发表于印尼《国际日报》，2006 年 1 月 2 日，有修改）

妈妈脸上的疤痕

［缅甸］洪华英　2005 级 B 班

一个八岁的小男孩儿，他的小学老师叫他请妈妈参加他在学校的第一个家长会，所以他就请了他妈妈参加这个家长会，但妈妈真要参加时，他心里突然觉得有些害怕。他想到老师们、同学们，还有其他家长们跟妈妈是头一次见面，他心里一下子觉得不安。

其实，妈妈本来是个漂亮的女人，但在她的左脸上有着一片比较大的伤痕，所以他怕别人看见了妈妈会有不好的印象，怕别人看不起他。

他不喜欢听到这伤痕的事，也不想知道妈妈脸上这伤痕是怎么来的，所以他从来没有向家人问过这件事。

就这样，到了会议那天，他带妈妈到学校去。在会议上，他看见许多伙伴和他们的父母跟老师们说着笑着，会议非常活跃，大家都很快乐，但他心里却很痛苦，感到自卑。在会议上，妈妈还是跟老师们、家长们、同学们谈了很多话。虽然她脸上有着伤痕，但因为她性格温柔，对别人很热心、很体贴，所以大家都非常喜欢她。但小男孩儿心里还是难受，感到内疚，他就躲开其他同学的目光，内心充满了羞愧。

但就在一个地方，他听见了妈妈跟老师的谈话。老师问妈妈："脸上的伤是怎么来的？"妈妈摸了摸她脸上的伤痕说："那个时候儿子还是个小婴儿，房子着火的时候他还在房间里的小床上。当时因为火很大，没有人敢进去，但我就一股脑儿冲进房间里去救儿子。到了里面，我看见那上面被烧着的一条梁快要掉在儿子的床上，我一下子跑到床边，把自己的身体挡在他身上，结果我被那条梁砸中之后就在那个地方晕过去了。幸好有消防队员及时到来救了我们母子，这两条命才保住了。"她还说："虽然我脸上留下了这一生都去不掉的伤疤，但我从来没有为这件事感到遗憾。"

小男孩儿听到这里，他的内心已经被深深地打动了。就在那一刹那，他激动得热泪盈眶，却说不出什么话来。他明白了一切。他深深地认识到妈妈为他做出这么大的牺牲，他的内心立即充满了感激之情。妈妈对他的那份真情使他的心感到非常温暖，使他有一种说不出来的幸福感，最后他禁不住跑出去到妈妈身边抱住了她。在那一刻他不感到什么惭愧了，妈妈脸上的伤疤一点也不难看。那片伤疤是妈妈对他的爱的象征。它意味着伟大的母爱，意味着心灵美、内在美。他看见妈妈脸上露出了一丝非常甜蜜的笑容。妈妈抚摸着他的头，眼里闪动着泪光，妈妈也很幸福。那双泛着泪光的眼睛，让他觉得妈妈是那样的亲切，那样的美丽。那一整天他一直紧紧抓着妈妈的手，一次都没有放开过。

（本文曾经发表于《广州华苑》2006年第2期）

教师点评：

作者驾驭文章的能力很突出，先提及妈妈脸上有伤痕，设置悬念，之后层层推进，由班主任和妈妈之间的对话道出缘由，最后倾诉作者对妈妈的更进一步的爱，是全文的升华，感人至深。“妈妈”的无私，她对子女的全部奉献令读者非常感动。

全文结构巧妙，前后呼应，行文流畅，真实感人，是一篇很不错的文章。

（刘文辉）

我的母亲

［马达加斯加］陈秀青　2005 级 A 班

世界上最漂亮的是谁呢？当然是妈妈了！世界上最善良的又是谁呢？还是妈妈！世界上最爱我的人是谁呢？仍然是妈妈！

我母亲一米六的个子，身体健美，眼睛明亮亮的，虽然六十多岁了，但仍然显得很年轻。脸上总带着笑容，看得出她是一个很温和的母亲。

我妈妈是一位贤妻良母，常教育我们要艰苦朴素。在生活中，她很节省，只是在吃的方面不计较。她常跟我们说，世界上最重要也是最宝贵的财富是健康，失去了它，什么都没有意思了，而预防疾病最好的方法是讲究吃。有可能是因为这个原因，所以我母亲最拿手的就是做菜。

小时候，每个假期，姐姐、哥哥和我都会回家探望父母。因为母亲担心我们在宿舍里吃不够，营养也不好，所以不停地给我们准备好吃的东西。我还记得，放假时，她可以整天在厨房里准备各种菜、小吃、蛋糕、饮料等好东西。那个时候，我们真的很幸福。假期过得非常愉快，不是玩就是吃，不是吃就是玩，多幸福啊！

我的生日是在圣诞节的假期，所以每次都回家探亲。因为在这个假期，我们庆祝我的生日、平安夜、圣诞节、元旦、新年，所以我妈妈更讲究吃。她特意准备了丰富的菜，让我们整个假期都能大饱口福。我每次生日都请很多朋友、亲戚来庆祝，过得很热闹。每个客人都会带一份礼物给我。在客厅里，我兴高采烈地跟大家聊天，跟小朋友在大院子里一起玩。我家的院子又大又漂亮。院子里的一片菜花都是我妈妈亲手种的。客人到齐后，妈妈从厨房里出来叫大家吃饭。桌子上摆满了我喜欢吃的叉烧、酸甜炸鱼、番茄大虾、烤小猪、烘烤螃蟹、煎牛肉扒等。我母亲的拿手菜非常多，这些只是一部分而已。用餐时，大人跟大人一起聊天，一边吃饭一边喝好酒，慢慢地享受。我们孩子吃完饭后在旁边继续玩。等到大家吃完饭后，妈妈把她亲手做的蛋糕放在我的面前，让我先许愿再把蛋糕切给大家吃。我每年的生日都过得很愉快！世界上最快乐的事莫过于母亲准备了一桌子好菜为我庆祝生日。谢谢妈妈！

长大后，我渐渐地发现妈妈为我准备那么多东西并不是很轻松的。其实，这样做是很累的，可是，因为她宠爱我们，所以我从来没有听过她埋怨。她总是高高兴兴地给我们做，看到我们高兴的样子就满足了。母亲对孩子的爱是很神秘的。只要看到孩子开心，自己所有的烦恼或劳累就消失了。我想，这就是所谓的母爱吧。

我现在才明白，母亲永远都爱她的孩子。我母亲虽然从没抚摸过我，从没和我促膝谈心过，可是从做菜这方面，我们可以知道妈妈是怎么疼爱我们，怎么宠爱我们的。做菜是她爱我们的方式。从我来到广州后，我常常想念她、她做的菜和她对我的爱。

（本文曾经发表于《广州华苑》2007 年第 1 期）

母 亲

［印尼］黄碧音 2006级B班

母亲到底为我们做了哪些事，付出了多少爱，这是我从来没有想过的事。自从来到广州留学，我一直在回忆着当时还跟母亲在同一个屋檐下生活的情景。从这儿开始，我就明白了什么是母爱。

对我来说以前叫妈妈好像只是一种尊重的称呼。因为是她生我的，因为她是我第一个认识的人，因为她是第一个跟我最亲密的人，因为她给了我最好的，穿得最好，吃得最好，睡得最好。后来我终于懂了，母亲的爱是无法代替的，也许用一万种方式去表达也表达不出。

我母亲出生在一九五四年，小时候就很懂事了。因为家里很穷而且家人又很多，所以买不起新衣服。看到别人穿新衣，她只好默默地羡慕，她很想要，但她从来不敢跟外婆要，她怕说了会让外婆为难。母亲是在城市里长大的，小时候外公供不起每个孩子去念书，于是在念中一时母亲就自愿放弃了上学的机会。其实母亲这样做是因为想让弟弟和妹妹们能多念一点书，而她去打工，能够帮助外公。在二十四岁的时候，母亲嫁给了住在小村里的我父亲。虽然母亲自愿嫁进父亲家，全心全意地接受父亲，并不在乎父亲的家庭背景，但是父亲的家人却对母亲不满。他们嫌我母亲是个城市里的大小姐，肯定不是个好媳妇。对于他们的不满，母亲只能忍气吞声。

但这个对母亲而言并不是最糟的，因为当时父亲的生意还是挺不错的，家里的经济也不比其他人差。就这样过了一段时间，在母亲怀第三胎时，父亲的生意突然倒闭了，这也意味着母亲要开始过更糟的日子。家里的人都怪我母亲，他们说父亲的生意倒闭是因为母亲是个倒霉的人，他们把全部的错都归在母亲的身上。更糟的是，当母亲产期将至时，她觉得很委屈，父亲又向着他们那边。母亲实在忍不下去了，于是就做出了决定要向我父亲提出离婚。但母亲毕竟是母亲，心里还有母爱。母亲为了我的两个姐姐和一个还在肚子里的三姐，又继续忍受下去，她不在乎自己的感受。

人家说活在一个不适合我们的家庭里，至少要有一个人能和我们相处得来。母亲说幸好我奶奶是个好人，她很怜惜母亲。有了奶奶的帮助，他们才不太敢用那些没有道理的话来批评母亲。母亲就是在这种情况下生活的。母亲因为太伤心，所以人变得很瘦。就这样一直到母亲怀第四胎，父亲找到了一份工作，家里的经济也越来越好，加上父亲的兄妹们搬出去住以后，家庭的环境就越来越好了。听母亲说完这些往事，我眼里饱含了热泪，真想紧紧地握住她的双手。五十多岁的母亲白发也变得越来越多，有一天她说晚上时脚会特别痛，骨头里面会很冷。我听了心里觉得非常痛。母亲为了要省钱，所以有时舍不得买药。就是因为这样我至今还会问她有没有吃药。

母亲的胸怀是非常温暖的。每当我有心事时，就很想在她的怀抱里说说心事，跟她撒个娇。母亲的胸怀是很宽广的，不管儿女做了什么事，好的，坏的，都永远是她的孩子。

有时我很苦恼，一想起以前母亲曾受过的痛苦，我就会对自己说："这点苦恼算什么？以前母亲承受的比这点苦更多。""可怜天下父母心"，这句话真的深深打动了我的心。

真的很感恩我能有这个机会来广州留学，因为这样，我才懂得去珍惜母爱。

（本文曾经发表于《广州华苑》2009 年第 2 期）

我的天使

[菲律宾] 吴江明　2010级C班

在这个人世间，每个人都有自己的天使。无论发生什么事，她都会一直在你旁边爱你，关心你，偷偷地帮你，让你欣赏世上真正的美丽。对我来说，这个天使就是我的妈妈。

我们家有六口人：爸爸、妈妈、大哥、弟弟、小妹妹和我。我的妈妈是一位温和仁慈的妇女，她终日操持家务而无半句怨言；她始终没有自我的观念，在她心目中，家庭第一。

我们在怡朗省的一个乡村生活了好几年，但是为了爸爸工作便利，我们决定搬到怡朗市。从那天起，我们开始过一种新的生活。

过了好几年，国家的经济越来越差，物价也开始上涨。这影响了我们的生活，于是，爸爸不得不出国找工作，只有妈妈留在我们身边照顾我们四个小孩。

事实上，我妈妈是个既严格又心灵手巧的人。因此，我、大哥、弟弟和妹妹都比较在乎自己在妈妈眼里的形象。每次都得听妈妈的话，要不然就死定了。所以一直以来我们都很小心，以免惹她生气。我妈妈多年前得了高血压，因此也开始变得有一点儿脾气了。她发脾气时，好像打雷一样，常常会很恐怖。我实在不理解妈妈为何要这样教训我们。有一次，我跟大哥吵架，妈妈不问原因就打了我一巴掌。我没有哭，但心里别提多难过了。过了好几天，我才跟她说话。

其实我心里知道，妈妈是十分疼爱我们的。我还记得，我们学校每次有活动她都鼓励我们参加，好锻炼自己的自信和毅力。每次我们获得荣誉与奖品时，她都会很高兴。我认为只要她在我们身边，一切都会顺利。她也常常对我们说，人一生没有第二次选择，所以要学会把握机会。我们要好好学习，获得更多知识，以后才能选择更美好的道路。可是假如我失败了，她就会对我说："这一次失败没关系，下一次继续努力，不用太计较。"

小时候我的身体不太好，容易得病。上小学三年级的时候，我得了一种病，很痛苦，妈妈赶紧把我送到医院去看病。那天刚好是除夕，在菲律宾这是一个非常热闹的节日。然而，妈妈却在我身边耐心地陪着我。有了她的关心与陪伴，我的病很快就治好了。

在六年内，为了对得起父母，我一直都很努力地学习。毕业时，我得了好多奖，还得了全校第二名。可惜的是，当时爸爸还在国外，不能参加毕业典礼。快要上中学的那一年，我一时想不出去哪所学校好。假如我在一所国立学校上中学的话，毕业以后想上一所更好的大学会很难；而假如我在一所私立中学上学，凭爸爸的薪水又付不起学费。好在那段时间怡朗中山中学开始招一些聪明但不富裕的学生，在四年内能免费读书。我犹豫了半天是否要报名参加考试，妈妈发现后，生气地对我说："干吗不参加考试呢？这是一个机会，要把握它。你不愿意申请就别回家了，明白了吗?"听了妈妈的话，我马上决定去申请。

我本以为这种考试很容易，结果考试很难。考完后我跟妈妈说，考试太难了，就在一所国立学校读书吧。她也没有说什么，就带我去一家饭馆吃饭。其实，这件事一开始我已经放弃了，妈妈可能也感觉到了，但在这种情况下，她只能顺着我。

没想到结果出来后，老师打电话告诉我，我通过了考试。妈妈一听高兴坏了。这时候，我从妈妈的喜悦中明白了"要有自信和坚持"的道理。

然而，快乐是不可能永远的。我上中学的时候，妈妈怀孕了。本来这是一件喜事，不幸的是，因为妈妈年龄大了，没过多久孩子就夭折了，而且还是双胞胎。虽然妈妈受到了很大的打击，但她依然很勇敢地面对这件事，坚持下去。妈妈住院花了很多钱，我们的生活质量开始下滑。我不知道该怎么办，只能祈求上帝的帮助，帮助我们把这些困难都克服掉。

现在到了广州，我慢慢学会了怎么坚持下去，怎么从困难中解脱出来；也明白了信仰是不能放弃的，要相信所有的逆境终会熬过。在生活的道路上，我渐渐懂得为何妈妈要那样对待我们，为何她那么关心我们，为何要陪我们一起面对困难。

总之，无论在人生的哪一个阶段，妈妈都是我不变的天使。

（本文曾经发表于《广州华苑》2011 年第 2 期）

我的母亲

［印尼］史蒂安　2010级C班

我的母亲是个善良的母亲。她不只是对自己的孩子好，对别人的孩子也很好。母亲常常帮助别人，即使是不认识或者刚刚认识的人，母亲也要帮他们。

母亲于1963年6月12日出生。她有一个姐姐，三个哥哥和一个弟弟。她的皮肤白白的，她爱戴头巾，喜欢穿时髦的衣服。她的眼睛是黑色的，虽然是本地人，但是眼睛不算大，跟我的外婆一样。

我们家有四口人：父亲、母亲、弟弟和我。父亲和母亲是公务员，所以每天都很忙。虽然他们很忙，但父母很用心地把我和弟弟养大，很关爱我们。

说实话，本来我觉得父母不太爱我，因为我在上幼儿园的时候，父母不送我上学，回家的时候他们也不接我，每天陪我去上学的都是我朋友的爸爸。其实我很羡慕我的同学，因为他们的父母，特别是母亲常常会接送他们。有一些母亲还会一直从孩子上课等到下课。为什么我母亲不能送我去学校，回家时也不来接我呢？那时候我不懂母亲这么做的原因，也不懂母亲的工作到底有多忙。

6岁的时候，我开始知道妈妈有多爱我了。那年她为我准备了一个生日晚会，虽然不大，但是很有意思。妈妈邀请了邻居的孩子和我的一些同学参加。那天，我没有收到我朋友的礼物，因为在我的生日晚会请柬上，妈妈写着：不用给蒂安带礼物，谢谢！我很不理解，对母亲说："为什么要这样，我很高兴能收到别人的礼物啊！"母亲说："不要给别人添麻烦，给予比接受好。"那天我知道了母亲这样做的原因。

我在初中的时候有点调皮，常常跟朋友出去玩儿，所以我的成绩不太好，这也常常使母亲生气。如果母亲生气，我也会生她的气，所以在初中时，我和母亲的关系一直不太好。母亲虽然经常生我的气，但她从来不会用难听的话骂我。她只是经常对我说女孩不要经常出去玩，外面很危险，要小心。那时候我觉得母亲太严肃，一点都不了解我的心思，但长大后我才觉得母亲是很关心我的，她很担心我。

在高中的时候，我出了一场车祸，算是很严重的，因为连续住了二十多天院。住院时是母亲一直陪着我。母亲耐心地照顾、细心地呵护我，让我觉得很感动也很愧疚，因为我发现母亲是真的爱我的，而我以前常常误会她，并且伤害她。住院期间我做了三次手术，每次我都很紧张，其实母亲比我更担心。每当我紧张害怕时，她总会温柔地亲吻我的额头，对我说："你一定要有耐心，上帝一定会保佑你的。"而每当母亲说完，我都会非常平静，因为我相信母亲的话。这次住院之后，我和母亲的关系就开始慢慢地好起来了。

高三的时候，我不知道要去哪儿上大学，要选择什么样的专业。我就问母亲，她说："你最喜欢什么就选什么吧，学什么都可以，最重要的是你喜欢。我们不会勉强你的，你也不是小孩子了。"她的话让我很安心，我也开始认真考虑起来。母亲对我的信任，给了我很大的动力，我决定不让母亲失望。最后我决定了，我要选汉语专业，母亲也欣然同意了。她认真地对我说，这是我自己的选择，我应该用心对待，她很希望我能去中国留学。

其实我上大学的时候母亲也还在大学读书。母亲的专业是法律。那时候母亲的工作其实是很忙的，但她还想继续读书，家人也都支持她。她每天早上给我们准备完早餐，就去工作，直到下午两点，回家一趟，就去上课，直到晚上才回来。我们都觉得母亲很辛苦，担心她不能撑下去，但她没说过一句累，她很认真地工作、学习着，并且每天都是一张开心的脸，我知道其实母亲是不想让我们担心。

2007 年 2 月 2 日母亲终于答辩了。那天早上，我来到母亲的房间，想给她一些鼓励，一见到母亲就觉得她特别漂亮，她穿了一套白色的衣服。还没等我说什么，母亲就得出门了。"别忘了祈祷哦，"母亲出门时，转过身来对我微笑着说道。大概下午两点母亲打电话给我了，她说答辩很顺利，成绩很好。从她的声音可以听得出来，当时她是多么高兴。那时我在宿舍，同学说我应该去母亲的学校，给母亲祝贺，我说不用，反正回家就能见到了。

下午我回到家，母亲却还没回来，我就给母亲打电话。接电话的人不是母亲，我以为打错了，没说上几句就挂了，接着再打，可还是陌生人，我小心地问母亲在哪儿。原来她是护士，而母亲出了车祸，非常严重。被送到医院时，母亲的情况已经很危急了，医生说必须尽快动手术，可手术成功的机会只有百分之二十。不管怎么样，我们必须努力去尝试，我们不能放弃这一丝的希望。

2007 年 2 月 6 日，医生告诉我，母亲要走了。我十分悲痛，眼泪抑制不住地流出来，忽然想起母亲以前说过：不要让别人看到你的眼泪，你应该做一个坚强的女孩。我极力控制，不让眼泪流下来，因为母亲还说过每个人都会有离去的那一天，最重要的是好好生活，学会帮助别人，做一个让自己和身边的人都感到快乐的人，要这样坚持下去……

四年过去了，虽然母亲不在我身边，但对母亲的记忆却一直深深地埋在我的心里，那么清晰，永不褪色。母亲教会了我太多，我只希望有一天我们还会在一起。

（本文曾经发表于《广州华苑》2011 年第 1 期）

可爱美丽的妈妈

[英国] 涂艳尔　2012级A班

我有一个年轻可爱加爱笑的妈妈。妈妈个子不高，一双不大的单眼皮眼睛，再加上一个不怎么高的鼻子，两片薄嘴唇，凑成了妈妈那张可爱的脸。在我的心目中，妈妈一直都是那么美丽、年轻、可爱，在我印象中妈妈不曾老过。妈妈很爱笑，妈妈的声音是很完美的，响亮动人，“一笑传千里”。在家里一笑，恐怕在村尾都能听到。当时，我总觉得妈妈笑得好夸张、恐怖，就下决心跟妈妈说：“妈妈呀，你笑得好夸张好大声，家里的老鼠、蟑螂都不翼而飞了。”妈妈总是从容而淡定地回答我说：“你不懂，开心就该大声地笑，这才叫真生活、过日子，也是我们善良勤劳妇女的特点。”虽不知那有何根据，我也就那么一听罢了。

妈妈那张爱笑的脸上，永远都挂着那种自信、善良的笑容。据我了解（当然都是我爸爸的一面之词），妈妈高中毕业后就跟爸爸结婚了，当然那个年代是流行媒妁之言的，结婚后她就当上了专职家庭主妇，把家里打理得井井有条，一点不让爸爸操心。妈妈没有在外面上班的经验，所以不知道工作到底是个什么概念。我们家不是富裕之家，顶多只是小康水平，爸爸的职业也算普通，但我们是个幸福而简单的家庭。

在这之前，我觉得有必要跟大家说说，其实妈妈出生在一个还算是书香门第的大家，阿姨和舅舅都是读书之人，外公是镇里的领导，具体是什么官，我还真没问过。妈妈读到高中，在那个年代算是很不错的了。而爸爸则没有妈妈出身好，学历也仅是初中而已，但妈妈不计较，很爱爸爸的体贴、善良，不顾家里的反对跟爸爸一起努力着。妈妈总是说：“你们爸爸年轻时很帅的。”当然那是在没变“地中海”前。哈哈，不过在我看来，爸爸现在是更帅了，满满的男人味。

妈妈的日子过得极其简单，然而我觉得她有时像一个机器人。在我儿时的记忆里，妈妈每天的工作就是为我们准备早饭、洗衣，然后是午饭，不一会儿又是晚饭，就这样日复一日年复一年，从不知疲倦。那时年纪还小，从没问过妈妈那是什么样的感觉，也从没问过妈妈是否喜欢这样枯燥无味的生活。只知道妈妈像是我们一家人的终身保姆，一辈子都在悉心照顾我们。其实，我很想对妈妈说：“妈妈您是我们的天使，带给我们幸福和温暖，谢谢您!”

妈妈在我们三兄妹年幼时，很少为自己添新衣，买好吃的，总把好的留给我们，这是天下所有伟大母亲一辈子都在做的事，所以我更发自内心地爱妈妈和疼妈妈。爸爸经常在外面工作，所以，照顾我们生活、辅导我们学习的重大任务就交给了我那可爱又任劳任怨的妈妈。但是，妈妈在我们还小、她还很年轻时，脾气有点暴躁，很爱发脾气。特别是对我们平时不好的行为和在我们的学习成绩不理想或是下降时，她会像个严肃的导师那样训斥我们。

妈妈对我和姐姐的要求比较高，总念叨女孩子家不要像男孩子那样整天到处乱跑，所以我和姐姐除了上学之外几乎很少踏出过家门口，实属典型淑女。学习一定要保持优秀成绩，虽然妈妈从没要求过我们每次得第一，但我能看得出来，妈妈对我们的期望是很高的，只是怕说出来给我们增加压力而已。女孩子不能大声说话或者指手画脚的，那样会像个流氓、野丫头，一点也不淑女。还有一点就是，妈妈要我们从小就学会烧饭、做菜，理由是这样长大后才能嫁得出去。所以现在的我和姐姐都能做得一桌好菜，我还常常夸自己，现在的我就算是到了沙漠都不会饿死，因为我知道什么可以吃什么不可以吃，野外生存能力极强，那都是妈妈的功劳。每每说到这，妈妈都会打断我的话，说："你呀，总是那么骄傲，这样是成不了大事的。"而我总觉得又被妈妈打击、泼冷水了。

还记得我在十三四岁时，就会和妈妈顶嘴了，可能是由于在少年叛逆期，偶尔说出的话没经过大脑，也没在乎过妈妈的感受，甚至不听妈妈的话，去做一些我自己想要做的事。渐渐地长大了，有时会对妈妈的某些安排或者意见不满意，甚至无知的我还会跟妈妈斗嘴、吵架，有时妈妈被我气得无话可说，我们就会冷战，接连几天，我不叫她，她也对我不闻不问，但最后妥协的还是妈妈，她总怕我生气时不吃饭，不跟她说话。现在我真后悔对妈妈做过如此不孝的事。我曾暗暗地对自己说，不可以再这样不懂事和任性了。年轻时的妈妈，无私地奉献了自己的青春，给了我们一个温暖、幸福、快乐的家，我要努力读书，要让妈妈的付出得到相应的回报，让妈妈过上舒适的日子。

记得曾跟妈妈许下这样的承诺，具体是哪一年哪一天，我不太记得了，但这是我第一次许下诺言，不是对别人，正是对我可爱的妈妈许的，是一辈子都忘不了的事。那是在一个晴朗的夜晚，我们一家吃过晚饭后在院子里乘凉，天上繁星数不清，半圆的月亮悬挂在半空中，此情此景，让人觉得幸福生活就该是这样的，简简单单，没有掺杂半点城市的污染。我挨着妈妈的脚而坐，还抱着妈妈的大腿侧躺着欣赏如此完美的夜空，突然看到有架飞机闪了出来，从我的眼前飞过去，我目不转睛地随着飞机的方向望去，直到它完全消失在空中，我脑子里闪过一个想法，并且脱口而出："妈妈，我以后赚钱了，一定带你去坐飞机，好不好?"很显然，妈妈被我突如其来的话语震惊到了，她说："那我等着你请我。"有了妈妈对我的鼓励和信任，我更加坚信，我一定会兑现对妈妈的承诺的。

2009 年，我兑现了对妈妈的承诺，请妈妈和爸爸坐飞机去北京旅游，妈妈好开心，笑得好大声、好灿烂。无论在亲人或是朋友面前总不忘提起这件事，我是高兴的，因为我希望妈妈永远都这么开心幸福。我永远都做令妈妈骄傲的女儿。

因为我由初中直到高中都是在学校住宿、学习，回家的次数越来越少。我懂事独立得早，几乎都没什么让妈妈担心的事，妈妈反倒担心姐姐比我多，因为姐姐比较没那么细心照顾自己。其实我和妈妈也是相互依赖的，上初中第一天，妈妈第一次为我而哭，哭得稀里哗啦的，打电话给我时还时不时地哽咽，然后说："没你在家，不习惯，没人主动做饭、扫地和喂狗狗。"那时，爸爸在外面工作，姐姐和哥哥也都在寄宿学校，等到我也上初中了，空荡荡的家里就只剩妈妈和一只狗狗。顿时我也觉得妈妈一个人在家很孤单，特别是没我这个开心果陪她，她该怎么度过漫长的夜晚呢？我反倒安慰起妈妈来："我会三天两头往家里跑的，到时要给我做好吃的，妈妈乖，不难过哈。"当时，我就觉得妈妈像个小孩，真想一直都陪着妈妈，不让妈妈有一丝丝的难过，我第一次心疼了。

第二次妈妈为我而哭，是我要出国寻梦去，妈妈又哭得稀里哗啦的，妈妈当时对我说的是："现在你又一次真的出远门离开我了，我不担心你自己照顾不了自己，只是我会很想念你，还有不能常常回家陪我看电视和吃饭。"妈妈的话让我觉得好沉重，但我还是暂时弃妈妈不顾了，年轻就该用实际行动去追求自己的理想，实现梦想。我对妈妈说："我会很快回来陪您的。"我的心又痛了一次，母女连心，妈妈又何尝不是呢？

离开妈妈的第一年，我每隔两天就会往家里打电话，因为太想念家里的一切，太想念有妈妈陪伴的日子，一说就要半小时，后来妈妈说："你要好好照顾自己，坚持不下去了，就回来，家永远都是最好的港湾。"我很爱妈妈，因为她不曾给过我任何的压力，对我的任何决定总举双手赞成，一直都是我的忠实粉丝，我是她的骄傲，我一直努力着不让她失望。

尽管我不想承认我已经长大，妈妈也变老了，年龄还是出卖了我们。我希望我的妈妈一直年轻、漂亮，我给妈妈买护肤品和营养品，更希望她健健康康。还好，妈妈的性格是开朗的，我也跟妈妈一样，现在妈妈保养得不错，甚至妈妈的有些朋友看到，还会开玩笑地说我们像三姐妹，我和姐姐都很开心，因为妈妈还是年轻的，心态更是年轻。妈妈是可爱的，现在更像是个老顽童，经常叫我和姐姐一起买零食吃、逛街。我觉得，只要是妈妈喜欢的，我都答应妈妈去做，因为妈妈所做的牺牲太多了。

一碗汤的思念

［马来西亚］杨紫虹　2012 级 A 班

下课后的天空突然一片昏暗，暗得惊人；天边滚来了团团乌云，一瞬间倾盆大雨从天而降，四周的景物都变得模模糊糊。不知老天是在为谁伤心，为谁哭泣。雨天容易让人忧伤，我忽然感觉自己好累、好闷，懒懒的，提不起劲儿。我一个人撑着伞缓缓地走在回宿舍的道路上，雨越下越大，两旁的绿树都被风吹得东倒西歪的，树上的绿叶也被风吹得满地都是。暴雨的威力使我害怕，我只好三步并作两步，匆匆地走回宿舍。

来到宿舍门口，轻轻地将门打开。“我回来了!”我小声地嚷道。突然，一股香味钻进了我的鼻孔，鲜香浓郁，令人忍不住多闻几下。室友从阳台探出头来：“来尝尝我煲的乌鸡汤吧！我加了很多药材，很补身呢!”“嗯，真好喝，真好喝！有妈妈的味道!”我尝了一口后，愉快地说。喝完一碗汤以后，我的胃开始暖了起来，心顿时平静下来，精神也振作起来了。

那汤的熟悉味道，让我不由得想起远在马来西亚的妈妈。此刻，妈妈是否已经吃完午饭，是否会在院子里徘徊，向我所在的方向远眺？是否又会被岁月的暖风吹深了脸上的皱纹？因出国留学，这几个月我都没有回家，每每想起不免忧伤感叹。多少次拿起电话，想对妈妈说声“我好想你”，但每次总被妈妈在电话那头的话语打断。妈妈总是说：“我在这里过得很好，你忙课业吧！不要担心我。”妈妈越是这样说，越是让我思念难挡，有时候我还会在电话这头默默地掉眼泪。曾几何时，我以为自己长大了，可以自主了，可以不需要妈妈的臂膀了。离开家，离开妈妈，来到梦想的土地，我愕然发现无论我走多远，我的心永远也走不出我对妈妈的思念!

我的妈妈是一个平凡的女人。她和一般的妈妈一样，有着夹杂银丝的秀发，圆润丰满的身材，慈祥友善的脸庞。唯一与其他妈妈不一样的地方，是她体贴和呵护我的方式。妈妈知道我很喜欢喝她煲的汤，所以每次做晚饭的时候，会特别为我煲上一锅。久而久之，妈妈煲的汤成了我面对生活的正能量。每天放学我都赶着回家，因为我很期待妈妈给我煲的好喝的汤。有时候在外面受了委屈，心里难受，第一时间想到的也是妈妈。妈妈像是上天派来的天使，能化解我人生中所有的困难；妈妈用她的爱融化了我所有的失意，还能瞬间用简单的食材煲出一锅好汤，安抚我的胃与心。

上小学的时候，妈妈为了做早餐给我吃，每天天还没有亮就已经在厨房里忙得不可开交。到我准备出发去学校的那一刻，她会把便当和一碗爱心汤放进布袋里让我带去学校。我每天都带着它们高高兴兴地上学。吃中饭的时候，我的爱心便当与爱心汤总会引来同学们羡慕的眼光。我偶尔也会把汤分给大家喝，让他们尝一尝妈妈做饭的手艺。每次我都可以看到同学们喝完汤后幸福的笑脸，这让我无比欣慰。现在身处异地，每天早上没有妈妈煲的热乎乎的汤暖一下胃，我总觉得浑身不自在，不得劲儿。我好怀念身边有妈妈的日子。

有一天，我无意间看到妈妈为我做菜煮饭的背影，我愣住了，她那弯曲的背脊，是为我而弯的；她那疲惫的神情，是因我而生的；还有她那双粗糙的手，也是为我的生活而操劳的。我顿时感受到妈妈对我的爱是伟大的，世上无人能够取代她。我是如此幸运，能够成为她的孩子。如果有来世，我还要做妈妈的孩子，我还要再一次听她那美妙动人的声音，闻她那独一无二的味道，感受她那暖暖的体温，享受她那温暖又安全的怀抱。

妈妈，我的好妈妈，我多想对您说："妈妈，感谢您这些年给我熬的汤；感谢您这些年为我付出的一切；妈妈，我爱您!"

我的养父

［泰国］方美玲　2010级C班

在这个世界上，对我来说父母是最重要的人。大部分的人只有一个爸爸和一个妈妈，可是我跟别人特别不一样。我有两个爸爸，两个妈妈。

爸爸和妈妈都是华人，他们希望每个孩子都是男孩子。当妈妈怀第一胎的时候，爸爸就知道，他的第一个孩子肯定是男孩。果然真的是男孩子，所以他们终于实现了他们的愿望。过了一年多，妈妈第二次怀孕，那就是我。他们也希望我是男孩。可是我出生的时候，他们俩都失望了。因为我不是男孩子，所以我爸爸不愿意抚养我。

那时候，我的舅舅和舅母刚好想要孩子，因为他们没有孩子。我舅舅知道我爸爸不想养我，就跟我爸爸说："如果你真的不想养你的女儿，就把她给我养吧。"我爸爸听了以后，马上就把我送给他了。从那天起，我舅舅就变成了我的爸爸。其实，我妈妈不想把我给舅舅。可是那时候，我爸爸不想抚养我，我妈妈没办法反对，因为她一定要听我爸爸的话。我只是跟他们在一起五个多月，然后我舅舅就把我带去他家了。

这位新爸爸，脸上戴着很大的眼镜，有大大的鼻子。他有点胖，有大大的腹部。他抱我的时候，我觉得非常温暖，像盖着被子一样。小的时候，我要什么，不管那个东西有多贵，他都会买给我。从小到大，我都喜欢穿男装，从来都不喜欢穿女装，我爸爸也喜欢让我穿男装。所以每次他买衣服给我，都买男装。小的时候，我常常生病，他就带我去医院治病。因为我要住好几天的院，所以他每天都带玩具给我玩。我要打针的时候，他一边哭一边抱着我，让我不要怕。那时候，我回家了，但是我的病还没治好，不能吃饭，如果吃了，就会吐出来。每次我要吐的时候，他都会伸出手，让我吐在他的手里。这件事让我非常感动。对我来说，一般的父亲，如果他不是真的爱你，他肯定不会做这件事。这件事让我知道了，他是真的爱我。

有一天，我的生父和生母来接我去他们家玩，可是我的养父不知道，因为他很早就出门了。他去买小秋千给我，回家后才发现我在我爸妈的家。他很伤心，因为他怕我去我爸妈家以后不回来了，所以他就坐在小秋千上哭，等我回来跟他玩。我回来的时候，他非常高兴。从那时候到现在，那个小秋千还在家里。我每次回到家时，都会去坐我最爱的小秋千。当我失眠的时候，不管多晚，他都会带着我出去玩一玩。直到我困了，才带我回家睡觉。我还记得，我小学的时候学习不太好，我的养父就请了好几个老师来我家辅导功课。后来，我的成绩慢慢就好了。

我高中毕业后，得了中国的奖学金，所以一定要来中国读书。我养父知道后，不想让我离开他，但是为了我的未来，他不得已让我来中国留学。

我要来中国的时候，他也跟着来中国送我。他要来看学校是怎么样的，好不好。临回泰国前，他买了很多东西给我。他一边哭一边抱着我说："爸爸不能在这里照顾你了，你一定要照顾好自己，一定要努力学习。"我听了以后，就大哭起来。

那时候，我想，我肯定会让他以我为骄傲的，我肯定会让他高兴的。

对我来说，他不但是我最好的朋友，而且是我最好的老师。虽然他没有生我，但他是真的爱我、用心来养我的。

同时我也知道他已经成了我最亲爱的朋友、真正的父亲。

世界上，不管有多少好的父亲，可是对我来说，他就是我最好的爸爸。

（本文曾经发表于《广州华苑》2011 年第 2 期）

我的奶奶

[缅甸] 程美香　2005 级 B 班

奶奶今年八十二岁。她很爱美，这个年纪她该是满头白发，可是她染了一头黑发。虽然人老了，但是她还在梳妆打扮。她的脸上总是带着微笑，头上也戴着花，看起来很优雅。有一次我问她："奶奶，你为什么那么爱打扮？"她说："人老了，皮肤也跟年轻人不一样，越来越丑。如果不打扮，整天都脏兮兮的，怎么会有人管我这个老人呢！"在穿衣方面她很会照顾自己，冷的时候她穿上厚厚的衣服，热的时候她穿上又薄又松的衣服。有时天气变化很快，她会马上换合适的衣服，一点也不让自己生病。每天早上她都在楼顶上锻炼身体，下午吃完饭后跟爷爷一起去散步。路上遇到他们的人都说："这对夫妻很幸福。"

奶奶比爷爷小两岁，小时候住在中国福建省的一个村子里，她的父母是农民。她只上过小学，到了十岁她的父母不让她读书，让她帮助父母工作。他们的田地在村外很远的地方，每天一大早她起床做饭，吃完饭后就跟父母一起去种田，一整天都在田里工作，生活很辛苦。她十八岁时跟爷爷结了婚，之前奶奶跟爷爷一次也没见过。奶奶说这件事情的时候，我觉得很奇怪。跟一个没见过的人，怎么能结婚呢？奶奶说这是以前中国的一种习俗——父母安排子女的婚姻。后来奶奶生了一个女儿。这时在中国发生了革命，所以爷爷来了缅甸。那时交通很不方便，有的地方有马路，有的地方还没有车。没有车的话她就走路，抱着孩子走很远的路，很辛苦，可是她鼓起勇气来到缅甸。他们刚到时只有一点钱，不能买房子，只能向别人租房间住，先开小小的茶店，每天努力工作。他们的店很出名，奶奶也很节省，慢慢地小茶店变成了大茶店，后来他们也买了房子。

奶奶一共有十个孩子，其实十个孩子教育起来真的不容易，可是奶奶却把孩子们教育得很好，个个都很孝顺。孩子们从七八岁开始帮助父母工作。在学习方面也个个都很努力，常常得第一名、第二名，所以在城里奶奶很有面子。现在她的儿女都有了自己的家庭，都有了自己的生意，个个都很成功。奶奶二十多年前就不开茶店了，她住在我爸家，因为她很心疼我爸。虽然她年纪大了，但是还想做很多事，直到现在她的衣服还是自己洗，有时在厨房里还做菜。她不想让工人们做，什么事都自己做才满意。我们常常叫她不要再做这些事，这时她就说："人在做事时很有精神，如果没有事做那才会生病。"

我们家附近有一个跟奶奶年龄差不多的老太太，一天她跟奶奶一起去市场，回来的时候那个婆婆对我说："你的奶奶呀，像年轻人一样走得很快，我怎么走也赶不上她，我让她慢一点。她说她是慢走的，跟她一起出去我要累死了。"

其实奶奶是经过了苦难岁月后才取得这样的成功。我很敬佩我的奶奶，我也要向她学习，成为一个多才多艺的女性。

（本文曾经发表于《广州华苑》2006 年第 1 期）

教师点评：

这篇文章用细腻的笔触为我们刻画了一个让人尊敬的老人——作者的奶奶。从文章中，我们可以感受到作者对奶奶的敬佩之情。作者清楚地描写了奶奶生活中的样子，按照时间的顺序进行了排列，一目了然。文章主题明确，感情真挚，段落清晰，语言真实生动，虽然没有华丽的辞藻，但朴实的语言所表达出的感情仍然能打动读者。

（刘文辉）

风趣的吕老师

［印尼］陈娜丽　2005 级 B 班

我去年从坤甸一所大学毕业。离开学校那天，我看见校园宣传栏贴出一则招生广告，原来是学院要开设汉语进修班，老师是特地从中国请来的。我跟爸妈商量，经过他们的同意后，就报了名。

开学那天，有一位四十多岁的男老师轻轻地走进教室，立刻引起了同学们的注意。只见他个子不高，身材略瘦，身着一套浅色衣服；他头发不多，椭圆形脸，有一双乌黑发亮的大眼睛，粗重的眉毛往上翘。他面带微笑，环视全班，他的笑容让我们感觉很亲切。

老师自我介绍说："我姓吕，名叫效东。我来自北京……"自我介绍完后，他又说："现在我想认识认识同学们。"接着老师开始点名。

我们都很喜欢上吕效东老师的课。他的课让我们觉得很轻松，不必背那么多的生词，没有压力。如果有什么问题也可以随时提出来，老师会引导我们解决，也会给我们建议，课堂气氛非常活跃。为了提高我们的汉语水平，吕老师用了各种各样的方法，他一直鼓励我们多听、多说、多读、多写。吕老师上课时有一个习惯，就是一边说话，一边把他稀薄的头发翻到左边去。

第一学期时，吕老师常叫我们造句。"现在你们赶快给我造一个句子。"说完便开始点名叫学生，每到这时课堂就热闹起来。当时我正在想句子，吕老师就点名叫我了，"赶快，赶快，不需要很复杂的句子，简单说一说就可以了嘛。"有时我们的句子稀奇古怪，他听了觉得莫名其妙。喜欢穿浅色服装的吕老师一讲故事，就会精神焕发，每一句话，每一个动作，都给人一种美的享受。

下课时，吕老师就一个人站在窗户旁边抽烟。抽烟是他改不了的习惯。每当提到反对抽烟的问题，他就说："谁说抽烟对身体不好？我已经抽了好几年了，但我身体很健康啊……"有的学生故意反驳他，可争论归争论，吕老师还是坚持抽他的烟。

吕老师很亲切，对待学生像朋友一样，和学生关系很融洽。课余时间，我们常常一起出去玩儿。吕老师也喜欢拿他的学生开玩笑。由于我和我另外三个同学去哪儿都在一块儿，吕老师就给我们取名"四人帮"。后来，我有了一个免费到中国学汉语的机会，当我犹豫不决时，吕老师不断支持和鼓励我："你能得到全额奖学金到中国学汉语是很难得的，这不是谁想去就能去的，你应该好好把握这个机会。"我担心自己跟不上其他同学，吕老师很有把握地对我说："你不必担心，我相信你跟得上。"我仍不太自信，只是对他说："我一定会努力。"

跟吕老师在一起，我们度过了很多快乐的日子，获得了不少知识，取得了很大的进步。后来我到中国学习，常常想起我们的吕老师，不知回国时，能不能再见到吕老师。无论能不能见到，在我心目中，吕老师都是最令人尊敬、最令人钦佩的老师。

（本文曾经以"我永远敬佩的吕老师"为题发表于印尼《国际日报》，2006 年 1 月 15 日，收入本书时有修改）

教师点评：

写人的文章，最难的是写出一个人的特点。学生常常犯的毛病是写出来的人物特点不突出，留学生更是如此。本文却抓住吕老师的几件小事：第一次见面时给人的印象；上课时的特点；对烟的嗜好，不是十全十美的等，很好地刻画出了一个认真负责、耐心细致、幽默随和的中国汉语教师形象。

（李玉军）

困难中的微笑

［蒙古］白·白格勒玛　2005 级 B 班

人生是美好的，不论贫富。不见得只有富贵的人才能享受幸福生活，而贫穷的人只能每天愁眉苦脸，埋怨上天不公平的安排。穷人也可以天天展开自己灿烂的笑容。

期末考终于结束了，寒假也悄悄地来临了，我迈着轻快的步伐和几个同学走回宿舍。一到宿舍我就直奔洗手间，想把考试留下来的疲倦全给冲洗掉。突然听到门外传来两个声音，一个大人和一个小孩的声音。小孩说：“我要吃糖。”大人回答：“等一下，妈妈在忙。”听到他们温柔而又亲切的对话后，我的心顿时猛地涌上了一阵甜蜜滋味。

我洗完澡后正要走出来时，眼前出现了令人难以相信的画面。我看到大人的穿着似一位学校的女工，短短的、乱乱的头发看起来有些疲惫。她小小的身子正蹲在地上捡掉下来的糖粒，把它们放回糖盒子里，而小孩就呆呆地站在他妈妈身旁，天真的眼神正注视着妈妈怎么样把他心爱的糖捡回。当时我心里就想可能是人家家里贫穷吧！所以不能像我们一样，掉了就丢了啊！女工似乎也发现我在注视着他们的一举一动，就对我露出了灿烂的笑容，还对她的儿子说：“叫姐姐好。”

几天后的一个晚上，我在一家烧烤店里和几个朋友一起吃烧烤，这时又发现了她，我对她的长相记得一清二楚，所以一眼就认出她来。当时她一个人，她儿子没有跟来，我想她大概是在打工吧！因为我看到她右手拿着一块布，左手拿着一个托盘，正在把客人吃剩的骨头收拾走，她也很快地认出了我，照旧跟我打了个招呼，同时也不忘露出她那灿烂的笑容。

我看到她的笑容后，虽然也对她回了个笑容，但突然感到一阵阵的心酸，也不知到底为何而心酸，总之就是心酸得叫我难受，可能是因为我认为她的处境比较困难吧！不过她却在恶劣的生活逼迫下毫不低头，而烦躁的社会环境也似乎无法打扰到她那努力挣扎往上爬，希望有一天能摆脱现在的恶劣处境的念头，所以她的笑容是看不到任何困惑的。

开学了，我偶尔也会见到她。正因为看到她的认真，我觉得自己也应该认真对待自己的生活。同时我也很庆幸上帝能够安排我亲眼见到这位女工，而她就存在于我真实的生活当中，也很庆幸我能明白其中的大道理。

教师点评：

作者具有十分细致的观察力。这么两件普普通通的事情，却成就了如此感人的一个故事。也许我们生活中都曾遇到过类似形象的母子，但我们没有过多地留意，而作者却没有让他们成为过眼云烟。她进一步思考了人物的内心世界，并对自己有所启示，就像文章中所说“也很庆幸我能明白其中的大道理”。文章没有使用过于华丽的辞藻，却比较准确地把情景、人物等都描述了出来，让读者也产生了共鸣。

（喻　江）

别放开我的手

[印尼] 吴志颖 2008级C班

"别放开我的手"，每次有演员在浪漫的电影里说这句话时，每次听流行歌手唱这句词时，我都会想到一个很特别的人，一个对我影响很深的人——我的姐姐。

我的姐姐不是一位很普通的女士。她的样子会让人家吓一跳，她的个性会令男士丢了信心，她的声音会让小孩哭起来。她喜欢穿黑色的衣服，用那种恐怖的黑色妆容打扮自己，喜欢叫别人给她做事情，但她的心是世界上最温柔的心。以前，当看见我们俩时，每个人都会说我们俩很像，我们的额头一样大，当我们笑时，我们的眼睛都找不到了，我们的声音也很像。当有人问我姐姐在哪里，我都会吓到，因为小的时候，跟她在一起的时间是世界上最恐怖、最痛苦的时间。她常常会拉住我的手，用力地抓住我的手说："别放开我的手。"

有一天，我们从学校一起走路回家，她又抓着我的手。我看到了我的朋友在马路的对面对我挥手，我马上就自己跑过去，要过马路时有车很快地开过来，但我没看到，我的朋友已经大喊着提醒我了。但是，当我看见那辆车时，我吓死了，甚至走不动。突然有一只手从后面用力地拉我，就是我姐姐的手。她说："别放开我的手！"

还有一天，只有我们俩在家，爸爸、妈妈都出差了，姐姐去哪儿都抓着我的手，不让我乱跑。那时我饿了，我就告诉姐姐，她马上就给我做菜。当她洗菜时，我想帮她开火炉。我们的火炉是很大的，是用打火机开的，很危险的那种。我伸出我的手时，姐姐马上拉住我的手说："别放开我的手！"每次她拉我的手我都会哭起来，她的手那么大、那么硬，我的手这么小、这么软，当然很痛！那时候我觉得我很讨厌我的姐姐！

但是，后来发生了一件事，让我明白了姐姐的手代表什么。从小我就常常住院，因为我很容易得病。有一次我生了一场很重的病，那时候也只有我和姐姐在家，父母都出差了。我吐了很多血，鼻子也不停地流血。医生让我住在急诊室。那时候我好像没希望了，很难呼吸，什么都看不清楚，只有姐姐在我身边。那时候我很惊讶，因为我发现姐姐变成了另外一个人。她轻轻地摸着我的手掌，流了眼泪。要知道，我只在那时候看过她哭。她在我的耳朵边说："志颖，姐姐爱你，别放开我的手……"

为了再听到这句话，我就用剩下的全部力量和这场病斗争。我还想再感受姐姐的手，我还想再听姐姐最常说的这句话："别放开我的手。"

（本文曾经发表于《广州华苑》2010 年第 1 期）

我心目中的他

[印尼] 谢小梅　2005 级 B 班

我生活中有数不清的好朋友，可已经去见马克思了的他是我心中最疼爱和关系最好的朋友。我最伤心难过的事是在我还没把我对他的关心和感激表达出来时，他就走了。

我从小就认识他，我们俩经常一起玩。性格像男生的我，从来都没有一个女性的朋友，我身边的朋友几乎都是男性的，我想可能是因为我长期黏在我哥哥们的身边出去玩，或是和他们的朋友一起玩的缘故吧。不过有着男生性格的我喜欢保护比我小的朋友，就算是男的也一样。

有一天，我们家搬来了新邻居，顽皮的我马上去凑热闹，就在这时命运安排我认识了他。我跟他简直是一见如故，认识才几天就好像认识了好几年似的。我们俩每天一起踢足球、打篮球、打羽毛球，反正只要是男孩子的游戏我跟他通通都不放过。这样一来我更像男生了，因为整天都在男生堆里混。喜欢新鲜事的我们有时在外面吵闹，比如说从外面走回家时，一路上唱歌，大喊大叫，更糟的是我们还会跟印尼当地人或者华人打架，反正谁做了对不起我们的事或者让我们看不过去的事，我们就会约他们去一个地方打个输赢。虽然我们做的事不一定是好事，可是我觉得这个经历给我带来了不少好处，因为有时真的是不打不相识啊！

高二时因为学习紧张，而且要准备高三选专业的事，所以我就很少去找他玩儿，把我还没学会的吉他也给忘了。当我闲下来的时候，我突然想起了他。我知道我很长时间没见到他了，所以我就问了一个朋友为什么很久没看到他出来，原来他已经病了几个星期了。那时候我对自己特别失望，居然连自己的好朋友生病都不知道，这还算好朋友吗？当我到他家时，他正躺在病床上，因为他的脚长了一个包。那时我的心就开始酸了，眼也红了，最让我心痛的是他看到我就马上从床上爬起来对我笑，这时我要流出来的眼泪就停住了，只能暗暗地把眼泪擦掉。

从那天开始我就每天去看他，陪他聊聊天，可是没多久因为病情太严重，他家里人就带他到雅加达治疗。他在那儿大概过了一个多月就回来了，病不是越来越好，而是比以前更严重了，他脚上的包已经破了，还流了很多血，脸也苍白了，又瘦了很多，还咳嗽个不停。他母亲就带他去医院检查。医生说还是把他带回家吧！他在家时我每天陪着他，一边聊我们以前做过的事，一边打牌。脸上充满笑容的他使我又开心又难过。虽然他知道自己的病情，可是在他的脸上一点也没有难过和不开心，还每天逗我开心，有时我想我以前的勇气到底去哪儿了，怎么连一个笑也给不了他？特别是在他要走时。而他呢？还交代了一个对我的未来非常重要的事，就是让我做一个真正的女孩，叫我把以前全部的男生性格都改掉。那时我非常感动，在这个时候他还会想到我。我真的希望能够有机会跟他在一起，像以前一样做最好的朋友。

（本文曾经发表于印尼《国际日报》，2006 年 1 月 1 日）

教师点评：

本文平静地讲述了“我”与“他”从相识、相知到离别的故事，线索清晰，语言朴实，情感真实自然。文章有一个细节是自己作为一个女孩子却从小就在男孩子堆里混，而“他”对“我”的临终遗言是“叫我把以前全部的男生性格都改掉”，这个细节很深刻，也很感人。

（常芳清）

有缘无分

［老挝］李晓梅　2006 级 B 班

有人问过我，在“爱我的人”和“我爱的人”之间，我会选和谁谈恋爱，和谁在一起会觉得比较快乐。

我的答案当然不是和喜欢我而我不喜欢的人了。虽然说感情可以慢慢培养，但对我而言，一开始不喜欢就会永远不喜欢，但可以做朋友。有的人会反对我这么说，因为他们觉得跟喜欢自己的人在一起会比较快乐，因为喜欢他们的人会尽心尽力，努力给他们想要的东西。但如果我们不能轻易喜欢上别人的话，喜欢我们的人是不是很可怜？我呢，我不喜欢利用别人来安慰自己而伤害他，所以我选择从远远的地方看，等着我喜欢的，虽然会很痛苦，但我也心甘情愿、无怨无悔。

在高二的时候，我在英语补习班认识了新同学。他叫龙，算不上帅但他看起来很特别，一看他就很难再去看别的人。他活泼开朗，学习也非常好，乐于助人，所以我班上的同学没有不喜欢他的。我刚好一个人坐，所以老师就让他跟我一起坐，我本人也是活泼开朗的人，所以不久我们就成了好朋友。有时候我有作业不会做，他也很耐心地教我。我们之间的关系越来越亲密。班上的同学就开始说我们的闲话，逗来逗去。我自己觉得没有什么关系，因为我不太在意，另外我已经有男朋友了，但他的想法出乎我的意料，因为同学逗我们的事才让我们知道彼此的事。他对我说他喜欢我，而他才知道我已经有了男朋友。他还说虽然我已经有男朋友了，但我们可以当朋友。我听到这句话就很开心，因为我不想因为这小小的问题而失去很好的朋友。

我和男朋友关系不太好，因为他长得很帅，所以有很多女生喜欢他，其中很多女生都很漂亮，而我长得一般般，我也不知道他为什么选择我，可能是我们从小就认识吧！所以从小我一直都喜欢他，虽然他常常让我伤心、难过、欲哭无泪，我都没有恨过他，只要他对我说一句好听的话，我明明知道是谎言，但所有的气还是一瞬间消失了。每次和他吵完架以后，我就不喜欢跟同学说话，很安静。如果同学们看见我很安静，就知道我又和男朋友吵架了。

最近我每天都愁眉苦脸，阿龙就来跟我说话，他问我有什么事，说如果他帮得到，他一定会马上去做的。我就保持安静，一句话也不回答他，因为我觉得这件事没有谁能帮得到我。他还接着说每次看见我难过，他都会觉得比我还难过，每次看见我快乐他也会觉得快乐，所以他说为了不要让他比我更难过，就让我笑吧、快乐吧，他也才会快乐。当时我情不自禁地笑了，他看到我笑了，就说我笑起来像阳光一样。虽然我觉得很夸张，但也很开心。

最后我就和男朋友分手了，因为他有了新的女友。我虽然有心理准备了，但也很伤心。明明知道他很花心、很坏，还这么喜欢他，真像我朋友说的话，“男人不坏、女人不爱”，但我不抱怨也不后悔，至少他也留给我很多美好的回忆。

当阿龙知道我分手时，他就来安慰我不要难过，说还有很多朋友都很爱我，叫我不要为了这件事而变得像植物人似的。他看我一动也不动，一句话也不说就很生气地拧我的肩说：“为什么你不喜欢我？为什么？为什么？”那时候我想，对啊！阿龙他对我这么好，为什么我不喜欢他。我也大声对他说：“我也不知道为什么不喜欢你。”一句话结束，我们都不说话，进入了冷冰冰的氛围。后来阿龙松开了手离去，我无可奈何地坐在地上，心里想，喜欢一个人或不喜欢一个人是没有理由的，如果我能用道理和理由来说明为什么喜欢或为什么不喜欢，那就不会是真正的喜欢了。虽然是好朋友并不代表我会喜欢或爱上他，相反，有的人有时对我不好，我却不知不觉就爱上他了。如果我真正爱上的话就不会求回报，能看到我爱的人比跟我在一起的时候快乐，我就会快乐，这就是伟大的爱情。

（本文曾经发表于《广州华苑》2009 年第 2 期）

记叙文（Ⅱ）：记事

我在中国的学习与生活

［印尼］陈　瀚　2005 级 B 班

我叫陈瀚，是从印尼先达市来中国的。我于 2005 年 9 月 11 日下午四点半顺利到达广州市天河区暨南大学华文学院，开始学习汉语。

我在中国学习已一个多月了，第一次离开父母这么长时间，还真有点想家。我对这儿的生活还不习惯，每天睡得比较晚，起得比较早。因为我们上课时间比较早，所以起床后来不及吃早点，不过课余休息时，我可以吃些点心。中午我在食堂吃午饭，因为吃饭的人很多，要等十分钟才能买到饭。吃完饭，我回宿舍看书或跟朋友聊天，从来不睡午觉。下午，下了课就去操场锻炼身体，跑步、打篮球等。我每天坚持锻炼一个小时，所以我的身体很健康。晚上，我要做半个小时课文录音，两个小时练习，然后复习课文、语法和练习会话。每天晚上复习和预习两三个小时，常常十一点多才睡觉，但每天都生活得很愉快。

我们全系有三十多名学生，分为 A 班和 B 班。我被分到 B 班，我们班有四个男生，十五个女生。大家是从印尼、蒙古、缅甸、柬埔寨、老挝等国家来的。虽然我们有各自不同的语言、文化和风俗习惯，但是我们都同心同德、打成一片、有福同享、有难同当；因为我们有一个共同的奋斗目标，那就是毕业之后，把汉语和中国文化带回自己的国家，让更多的人了解汉语、了解中国文化。

我们每天都上课，上午有四节课，下午有两节课，从早上八点直至下午四点半，剩下的时间自由活动。星期六和星期日，我们没有课，老师会带我们逛逛街，了解一下广州。

现在有两位副教授、七位讲师给我们上课。他们都教学认真，品德高尚。我真有福气啊！如果我们有什么问题，老师们都会尽量帮我们解决。

对我来说，我们现在能享受生活和学习，就是一个宝贵的机会，所以我们应该好好利用时间，因为“时间就是金钱，时间就是生命”，“一寸光阴一寸金，寸金难买寸光阴”。我们做事要认真，不应该拖延时间，不然的话我们会追悔莫及。我们作为学生应该努力学习，好好珍惜学习时间。

（本文曾经发表于印尼《印广日报》，2005 年 10 月 18 日）

教师点评：

此文写出了作者在中国的学习生活的概况，语言基本流畅。不足之处在于层次不分明，比如关于上课方面的叙述前后都写，有些重复了。全文都用概述的手法，显得单调而不生动，应该选取适当事例写得具体些。另外，有的地方词句表达欠准确。

（王　晶）

学习汉语二三事

［老挝］陈妮拉旺　2005 级 A 班

学习汉语不是一件简单的事，有些词义中国人都不完全懂，何况我们，因为中文实在有太多层意思了，所以我们要用很大的力气去了解，才能把它学好。

我们留学生常常弄不清楚平舌音和翘舌音，有一次我去买东西，走着走着我看中了一对耳环，我看了看，老板娘说十四（shí shí）块，我拿起来看了看，跟我上次买的一样，但我买的是二十五块。我又问她这个多少钱，她说 shí shí 块。我想已经很久没有这么便宜的东西了，就决定买了。可是要交钱时，我拿给她十四块，她又说不是，是 shí shí 块，我们两个讲了很久，我才懂她的意思，原来她是说四十块，最后我没买那对耳环。

同一天，我又走进衣服店，看见一件衣服很漂亮，就问她："这个多少?"她反问我："你要多少?"我说五十块，她又转过来骂我："五十块，你自己做吧！我问你多少，是想问你要几件而不是让你开价。"但我以为"多少"的意思就是多少钱。因为在我的语言里，说"多少"可以表示问多少钱，所以我常常忘了说后面的话。这个老板还说："以后你要问价钱，麻烦在后面加上一个'钱'字。"

这是我刚来时发生的故事，汉语不太好，也还不太习惯，所以会有很多故事发生。

我没有放弃，反而说得越错越觉得汉语有意思。还有的字，虽然我们不会读，但可以猜出它的意义来。我很喜欢学汉语，我觉得汉字很有意思，越学越知道它有多么好。

还有一个，无论我们学习什么语言，都不要害羞，如果我们只知道害羞，我们是不能学好的。学汉语也一样，要认真，有一句话"学习汉语，脸皮要厚一点"，这样我们才能把汉语学好。

教师点评：

文章讲述了作者在学习汉语的过程中发生的两件事，内容丰富，叙述比较清楚，语言较为流畅，尤其是在谈到自己学习汉语的体会时提到"没有放弃"，让读者感受到了作者学习汉语的决心，感情真挚。相信作者会像文中所说的一样，牢记"学习汉语，脸皮要厚一点"的道理，坚持多说、多练，把汉语学到炉火纯青的地步。

（刘文辉）

我的留学生活

［印尼］何利冰　2010级A班

我叫Lysa，中文名是何利冰，今年二十二岁，来自印度尼西亚西加里曼丹省的一个小乡村——米仓。米仓是我出生的地方，也是我成长的地方。我要跟各位分享我在中国广州留学的生活。

来中国之前，我经常想：中国到底是一个怎么样的国家呢？中国人是否很友好、很热情？中国的年轻人是否跟我一样？我能否适应那边的环境？等等。这些问题一直萦绕在我的脑海里。

早在印尼的时候，我已经喜欢上了中国电影、中国音乐，了解了一些中国悠久的历史与丰富的传统文化，但是我始终觉得这些了解和亲身到中国生活的感觉肯定不一样，后来通过印尼西加（省）华文教育协调机构师资培训班，我获得了到暨南大学华文学院学习华文教育专业奖学金的名额，所以，现在就在广州暨南大学华文学院学习了。

时间过得真快，一转眼，我在广州已经进入第二个学期了，刚来的时候觉得有点不习惯。不过，现在我已经渐渐地习惯了这里的生活。

自从来到广州，我交到了很多来自四面八方的朋友，有的来自泰国、老挝、缅甸、菲律宾、马来西亚、越南，还有柬埔寨，他们都很热情，也很友善。

我们一个房间住四个人，两位是印尼人，也是跟我同一级的，另外一位是我们的学姐，她是泰国人，我们四个相处得很融洽。我们常一起聊天，聊各自国家的一些风俗习惯，还有文化，她常教我们说泰语，有时候也会煮泰国菜给我们吃。我来到这儿以后收获很多，不仅交到很多朋友，还见识到很多国家的风俗习惯与文化。

我来广州这段时间感受到这里的生活习惯跟我们国家很不一样，我们国家的人走两步都要骑摩托车，这里的很多人无论远近都是走路去的，我觉得像他们这样的习惯很不错，因为能使我们的身体更健康。另外他们在公交车里的习惯也让我刮目相看，他们提倡尊老爱幼，年轻人会把自己坐的位子让给老年人、孕妇还有小孩子坐。我看了特别感动，我想如果我们国家也跟中国一样就好了。最后，更值得我们国家学习的是他们这里的商店为了环保，装东西的塑胶袋也不是白给顾客的，如果顾客没有带环保袋就必须自己掏腰包买塑胶袋。一开始我不懂为什么这里的商店这么吝啬，都不给顾客塑胶袋，后来我才明白原来他们这样做是为了环保。我觉得中国现代文明提倡的生活方式值得我们国家去学，以后如果有机会我们国家也可以实行这样的生活方式。

我被分到A班，我们班上总共有10个人，分别有马来西亚人、印尼人、缅甸人、泰国人和老挝人。我们A班的课程排得比较满，学的课大部分都是理论课。除了学汉语专业的课，我们也有书法、太极拳、唱歌学汉语等课。

班上的部分同学从小就开始学汉语了，有的甚至每天都用汉语交流，对他们来说，听、说、读、写已经没有问题了，但对于我来说还有一些困难，尤其是读和写这两方面。毕竟我学汉语的时间不长，认识的、会写的字也有限。一开始我很没自信，怕跟不上班上的同学，但后来我下定决心，一定要比别人更加努力学习，让自己的汉语水平提高。虽然会很辛苦但我会坚持下去，证明自己能做到并且做得很好。我希望将来回国后能把我学到的汉语知识毫无保留地传授给每个热爱汉语的人。

一个陌生的城市，一场完全不同的生活，一些陌生的面孔，我不会缺少朋友，我可以用自己努力学到的汉语去结识那些不同皮肤、不同文化的朋友。这就是我在广州八个多月以来所获得的最珍贵的生活经验，希望各位读者也能争取到来中国学习的机会！

（本文曾经发表于《广州华苑》2011年第2期）

寒假见闻

［缅甸］洪华英　2005级B班

今年我们的寒假总共有四十四天。这是我大学的第一个假期。大家顺利地考完试，心里都很轻松，很愉快。摆脱了考试期间的紧张心情，每个人都在计划着怎样度过一个美好快乐的寒假。

我本来打算在广州过这次寒假，跟班里的同学一起到广州附近的旅游区玩，但没想到快要到寒假的时候爸爸打电话说要我回去，因为妈妈最近身体不太好，家里也快要过春节了，很忙，需要人手帮忙。说实话我自己也是第一次离开家，所以非常想念家，很想跟家里的人过春节。就这样我决定回国了。回国之前我跟要一起回国的朋友定了一些计划，就是考完试后我们不马上回国，而是在广州待六天，到处去玩玩，购买一些礼物，然后再回去。就这样考完试后的六天里，我们每天早出晚归，到处去逛街，进出商场，买了很多礼物。每晚回到宿舍我们都腰酸腿疼，累得不得了，但我们都感到非常痛快。

一月十六号我坐飞机回国了！我们总共有七个人一起回去。一路上说着、笑着，非常顺利。但当我们在曼谷转机的时候遇到了麻烦。不知道什么原因从广州出发的飞机到曼谷晚点了，本来转机的时间就只有一个小时，因为晚点时间就更紧了。我们一下飞机就冲出去找办转机手续的地方。因为不熟悉路，找了半个多小时才找到。当时大家跑得上气不接下气，腿都软了。办手续的人说他们就在等我们，办好以后说飞机快要起飞了，赶紧去找入口吧。就这样我们又跑着去找入口。我们七个人之中有一个非常胖的人，他跑了半个多小时以后已经完全跑不动了。大家看到他就决定不再跑了，互相说：来不及登机也不管了，我们慢慢找吧。最后当我们找到入口处时大部分人都已经上飞机了，还好我们及时赶到了，坐上了飞机我们才放心地舒了一口气。坐在飞机上我一路想，在我们七个人当中我是最大的，作为一个大姐我就有责任让全部人顺利地回到家，但当时遇到困难时我也不敢跟大家说为了等一个人什么都不管了。我很惊讶大家能够一起勇敢地面对这件事，为了不让一个人掉队，不顾自己。我到现在回想起来都很感动。这就是年轻人，就这样坚定，就这样无私。

当天晚上九点我们都顺利地回到了家，家里全部人都在等我，爸爸、妈妈、爷爷、奶奶都在一起。见到他们，我心里有说不出的高兴。从刚放下行李开始奶奶就一直抓着我的手，跟着我问这问那，妈妈赶紧进厨房去为我们准备晚饭。我先拿出从广州带来的当天的日报，还有一些书给爸爸看。爷爷就用福州话问我：“坐飞机累了吗?”然后说：“这四个多月里你的汉语水平肯定进步了不少吧!”我就回答说：“差不多跟得上爷爷了。”爷爷就睁大眼睛说：“好！改天我们比一比。”家里的人听了我跟爷爷的对话全部大声笑了起来。我们一家就像十年没见面了一样有说不完的话，到了十二点我才在妈妈给我铺的床上睡了。

第二天早上我先去二叔家，跟他们一起吃早餐，我给了堂哥、堂妹一些他们喜欢的礼物。当他们收到礼物时非常高兴，很感动地说：“这么多亲戚，你还为我们特意买来这些，我们心里很高兴。下次就免了，怕你太麻烦。”我跟他们聊了一会儿，然后叫堂哥送我去医院看我的表姐和前两天刚出生的婴儿。我给了表姐一件婴儿衣，还有一双手套。我回来表姐也很高兴，她说：“家里也很忙，你回来正好。你爸妈就轻松多了。过几天我出院就带孩子来你家玩。”下午我从医院到我们的同乡会去拜见老师和其他同学。我到了那边他们都在上课，突然见到我大家都很惊讶。我本来不想打扰他们，准备跟他们一起上课，但老师却停了课，然后问我在广州过得好不好，学习情况怎么样。我告诉了老师我的学习、生活情况以及一些经验，听到我的情况老师和我的朋友们都为我高兴。他们一起祝福我学习进步，生活美满。当我们一起唱《祝你平安》那首歌时我不禁感动得流了泪，最后我给了老师和朋友们我带来的礼物。那天我晚上九点钟才回到家。

在家里的一个多月里都非常忙，但我不但不觉得累，反而很高兴能够帮父母一点忙。我每天一大早跟家里的人散散步，回来后就去市场买菜，然后帮妈妈准备早餐，吃完早餐后我就去爸爸的店。白天我一直都在店里帮忙，晚上没事就多陪陪爷爷、奶奶。有时跟爷爷一起读读书、练练字；有时给奶奶按摩按摩；有时跟家里的人一起看电视；有时约朋友们一起到外边吃顿晚餐，到处玩玩。

过节期间家里非常热闹，很多亲戚都来到家里向爷爷、奶奶拜年，店里的生意也更好一些。因为春节期间我们会给大顾客发红包，给亲戚朋友送春节礼物，所以过节前一天爸爸妈妈都忙不过来，过节的晚上家里的人全部聚在一起吃团圆饭。这个春节让我最高兴的是我的红包比别人的大。因为我要回广州读书，所以爸爸、妈妈、爷爷、奶奶都多给了我钱。

回广州的前两天，我们同乡会的会长专门为我们举行了欢送会，在那里我见到了我的朋友和老师们。欢送会上我们一起唱歌，一起跳舞，朋友之间互相开玩笑，气氛非常好。会长给我们介绍了澳门缅华互助会会长和副会长，最后大家一起唱了一首欢送歌，成功地结束了会议。

从欢送会回来的路上，我想过几天我的寒假就要结束了。这次回来的一个多月我感受到自己的心态和以前不一样了，变得很乐观。这一个多月中我受到家人、亲戚、老师还有朋友们的关心和爱护，我自己也对别人产生了好感。以前跟我不和的或关系不好的人现在我可以真心对待他们，能够跟他们好好接触，好像到外面去走一走我的眼界扩大了，心也变宽了。

总的来说，这次寒假对我来说是一个很有意义也很珍贵的假期，是一次宝贵的经历。我相信这些经历会使我产生不一样的人生观，让我更珍惜自己，更乐观地生活。

愉快的假期

［泰国］吕立梅　2007 级 B 班

随着一阵铃声，我们的最后一次考试终于结束了。朋友们个个都赶紧往外冲，准备迎接将要来临的寒假。整整持续了一个星期的压力和疲劳，现在已经一扫而光，每个人的脸上都充满了笑容。有的人非常想念家人，就在当天的晚上直接回国了，而我是在第二天早上回的。

说起那次回国，我几乎都没有好好休息。为什么呢？那是因为我一回到家，就有许许多多的电话铃声响起来，有老师打来的，也有老朋友打来的，他们几乎都叫我出门，总是找借口不让我待在家里。我在笔记本里记下来的项目排得满满的，几乎都没有空。哎哟！简直就是一个大忙人。

我每天要做的就是早早起床准备到学校去给学弟、学妹们演讲，说一些有关汉语学习方面的知识，还有一些在国外生活的经验。演讲前几天，我必须做很多的准备，需要讲的内容、演示文稿、图片以及一些有关的资料等，实在是忙得不可开交！

除了当演讲者，我还要写一些关于在中国留学经历的文章，更麻烦的是，老师还要求我写中文和泰文的文章，因为她要拿去刊登在学校的杂志上。所以我必须查许多的词语来准确表达我真正的意思，万一错了，大家就会嘲笑我呢。

我的另一份工作就是翻译信，而一封信起码有十张以上。报酬还是蛮多的，即使累也是值得的。这次回来也赚了不少的钱，但这笔钱并没有进我的钱包，而是拿给父母了。

就这样持续工作了两三个星期，终于到了我休息的时间。

我和我的家人去到一个叫 Khao Kho 的地方。这里被称作泰国的斯威士兰，因为这里的气候和风景很像外国。冬天的时候，山上非常冷。早晨的时候，你会看到云海飘进你的屋子里来。往窗外一看，就会看到一片片的白云和蓝蓝的天空，仿佛就是一片软绵绵的大海铺在草原上，感觉就像自己在空中飘浮。太阳下山的风景也不错，阳光照射着大地，把草原变成了红色，给人一种温暖的感觉。深夜的时候，就会听到各种各样的小昆虫在广大的森林里唱着歌，叽叽喳喳的，再加上河水的潺潺声和萤火虫的小小光亮，一闪一闪的，多么美丽啊！我和我的弟弟坐在草坪上一起看着夜晚的天空，一边唱歌、弹吉他，一边谈我们以前经历过的事情，实在是轻松愉快。

我闭上了眼睛，风儿轻轻地从我的脸上拂过去……

那时，我在想将来的我会是什么样子，我想不出来，我只能对自己说，无论将来会怎么样，只要现在坚持努力和尽力地去做，梦想就离我不远了……天上的星星好像正在祝福我似的。啊！我真的好喜欢这里哦，它简直就像人间天堂。

人们常说："幸福的时间总是很快就过去的。"剩下最后几天就要回到真实的世界里，回到中国广州了。我真的舍不得离开我的家人。在离开的那一天，我忍住了眼泪，不让我的母亲看见，好让她不用替我担心。现在我体会到了真正的幸福其实就是和我所爱的人，也就是我亲爱的家人在一起。世上还有哪个地方比得上家里温暖呢？当你孤单的时候，唯一会让你感到不孤单的也就是家。

我好期待下次的假期，虽然刚过完寒假，但我还是一直挂念着我的家人。我在心中默念："爸妈，我会努力学习。等我毕业有了工作后，我会回去照顾你们，经常和你们在一起。"

（收入本书前做了一些修改）

温暖的寒假

［泰国］张思濛　2010 级 B 班

回到家已经凌晨四点了，我逼着自己闭上眼睛，但是心里激动得总忍不住睁开。我盯着房顶，又转身看了看熟睡的妈妈，看了看床上正在打呼的爸爸。真是难以置信，我现在已经回到家了，正睡在又宽敞又舒服的床上，而最重要的是，我一转身，就能抱到妈妈了，这真让我无比兴奋。是呀，终于回家了，终于要开始我的寒假生活了。

刚回来，我就去清迈参加我姐姐的婚礼。亲人见面很是热闹，个个不停地问我在中国学习的情况，我也给了他们从中国带来的纪念品。婚礼结束后，我又忙了起来。妈妈从周一到周五都去曼谷学习做面包，那儿正好也有学习插花和唱歌的课，妈妈就不停地给我“做广告”。爸爸说：“你怎么不让孩子先在家多休息几天?”我说：“没事的，我在中国天天只学习中文，回来学习新的东西也挺不错的，反正我的‘个人经理’给我安排了，我就去吧。”我妈一听，就笑了起来。

我和妈妈每天早上七点坐爸爸的车到市里，然后再坐公交车去学校。坐公交车时，我突然很想念中国的公交车，广州的公交车是带空调全封闭的，跟我现在坐的完全不一样。

我经常第一个来到学插花的教室，比老师来得还早。我们九点上课，中午十二点下课。老师开了门以后，我就帮老师开窗户、打扫教室、换放花的水桶和准备插花的工具。每节课老师会教给我们一个或者两个插花样式。在课上，如果我有什么问题不懂，比如不知道插花步骤或不能绑成束的话，老师和同学们就会热情地帮我解决问题，有时我自己都不用动手。我每天都带着漂亮的作品回家。下了课以后，我的插花老师就会帮我插花，让我拿着更漂亮的花儿去看望老师。

最后一次课上，老师对我说：“你可不可以从中国带昆明的玫瑰花回来？我听说昆明的花很漂亮。”我回答说：“恐怕花是不能带上飞机的，我给您带昆明的玫瑰种子回来行吗？应该还能找到吧。”这时全班的人都笑了起来。老师笑着说：“玫瑰花是没有种子的，下个学期放假你还得再回来学习。”我笑着说：“我肯定会再来学习的。”回到家以后，妈妈对我说：“其实我让你学习插花，不是希望你会插花，而是希望你能学会欣赏花的美丽，知道怎样的花才是美丽的。在我们日常生活中这样的机会也不是经常有的。”我这才明白妈妈的良苦用心。

除了学习插花以外，我还学了唱歌。一开始我很不愿意参加这个唱歌班，但是我妈非让我参加不可。我想了想，还是先听一听，如果我真的不想学，就回家。可谁知，到了教室以后，我就想天天来上课。当我走进去找座位的时候看到几个老人，看样子都是退了休的。有一个叔叔向我走来，很热情地对我说：“你先把名字写在黑板上吧，到了你的名字就上台去唱，我们这里都是‘年轻人’。这里只有老师、学生或者兄弟姐妹，叔叔、阿姨或爷爷、奶奶都是没有的。”另外一个和我爷爷差不多年纪的老人也慢吞吞地走过来问我：“你多大了？”我说：“十八岁。”他说：“是哦，你的年纪和我也差不多。”我只是皱着眉头没有说话。另外一个老人就说：“他还剩下十八岁就到一百岁了。”这时，我不由得大声地笑起来，心里想：“大家都这么热情，而且他们年纪这么大了还能学习，我总不能退步呀！”

其实这里的课也没有什么严格的要求，就像唱卡拉 OK 一样。你想唱什么歌就在电脑上选，当你唱的时候老师就会提醒你是否走调，然后耐心指导。过了几天，我就和其中一位叔叔熟悉了起来。他已经退休了，说在家里也没什么事干，来这里唱唱歌、聊聊天很有意思。他教会了我练声的方法，当初我不太习惯称呼他为“哥哥”，可是无可奈何，我慢慢也就习惯了。有时我也帮他翻译中文歌词，帮他写写泰语的最准确注音。几个阿姨和叔叔都蛮可爱的，他们有时候会带水果或甜点来分给大家吃。

最可怜的就是老师，因为别人不听我唱可以，但是老师就不得不认真听我的“男声”了。可是老师不但不批评我，还说我唱得不走调，只是需要每天练习发声。听了老师的话我下定决心要坚持下去。到了最后一天，“同学们”还给我举办了欢送会。有一个叔叔说：“你是第一个在这里坚持这么长时间的年轻人，别人学了两三天就跑了，应该给你庆祝一下。”在那天，我最熟悉的叔叔送给我一支名牌笔、一本书，还有一张中国经典老歌的碟。我还没走就已经想念了。其实，除了学到唱歌以外，我还学到了：无论做什么事情，开始总是最难的。现在我亲身体会到：心里越害怕，就越要往前走，一直走到你觉得其实没什么可怕的那一步。

到家的时候，我妈把家务都包了，她说要我休息。我就去姥姥的房间给她按摩。姥姥说我按摩像蚂蚁爬似的，但是还不错。姥姥岁数大了，还每天为我做好吃的饭菜。我帮她按摩，真让我觉得我能为她做的事实在是太少了。爸爸回来的时候我就把姥姥做的饭菜摆上桌子，然后和爸妈一起吃晚餐。如果有我最喜欢吃的那些海鲜，爸爸好像就不想吃了，都要夹到我的碗里让我多吃。我妈做的也不比爸爸少，她给我买了很多我最喜欢吃的蛋糕。每天都切一块儿让我带到学校去吃。看起来，时间和距离根本减少不了我们一家人的爱。

当时是中国的寒假，但是我一回到泰国，那些孤单寒冷的风都消失了。不管在家里还是在外面，都会包含着一种关心和亲切的感情，让我从心里感受到温暖。时光似箭，我非常珍惜在家里的每一分、每一秒。我想把这段时间过得开开心心的，也想让我身边的人都能和我一起分享。虽然我的寒假过得很简单，但我还是希望每个学期都能过这么温暖的寒假，那样我就满足了。

（本文曾经发表于《广州华苑》2012 年第 1 期）

寒假见闻

［印尼］杨丽欢　2013 级 A 班

人生像一场戏，每个人都是生活中的导演，确定自己生活的态度，追求理想的目标。而生活则是一个谜，在前方等待的喜怒哀乐往往都不在预料之中发生。如果你问我，时间的价值是什么？那我只能说，我在时间里拥有和失去，因而得到了许多经历、知识和感悟。在漫长的 18 年里，拥有了、失去了，茫茫然地也懂了。

经过疯狂的考试后，我在广州的第一个寒假终于开始了。华文学院顿时热闹起来，同学们都纷纷讨论着回国度假和过年的事情，在一旁听着的我也跟着兴奋起来。而后，华文学院慢慢地宁静了下来。看着同学们拖着行李去机场，我口是心非地感叹："回国有什么好啊！"

我在广州和同学玩了几天后就去了香港。在开往深圳的火车里，听着武艺的歌，我兴奋地想起国庆假期时初见的香港、迪士尼。见识到童话世界的美丽后又想去看看那里规模最大的娱乐公园——海洋公园。抵达香港后，我在地铁里感到香港人依旧那么亲切和善良。往两旁的玻璃窗望去，有山、有水、有高楼，犹如一幅美丽、高端、上档次的风景画。

因为姑姑一家要回内地过年，所以我的春节是在阿姨家度过的。从除夕到年初六，阿姨一直带我出去玩。花市、维多利亚港、烟花、海滩、许愿树、聚餐都让我开心得晕头转向。

阿姨说除夕当天逛花市是香港人的习俗，所以必须去购花。香港每年春节都会在维多利亚港放烟花，人们一边等着烟花，一边欣赏香港夜景，真是享受啊！到了烟花即将绽放时，大家都会一起进行倒计时。十、九、八、七、六、五、四、三、二、一，啾——砰！这时烟花让香港夜景变得好渺小。骤然绽放的烟花就像一场连绵不断的流星雨一样。蝴蝶形、元宝形、心形以及 WIN 字母形星星闪耀；金色、银色、红色、绿色、紫色，真是五彩缤纷、万紫千红呢！

在香港真是走到哪儿都有海滩。回到姑姑家时，想起有一次她带我去海边钓鱼，而我则在沙滩上堆城堡，像小孩子一样，头发被海风吹得凌乱也不顾，尽情地玩。跑来跑去，有时帮姑姑拍照，有时帮姑姑拿道具。我还在许愿卡上写了新年愿望，然后抛到许愿树上。过年期间我一直尽情地玩、尽情地吃，好不高兴！过完年回到姑姑家后，早上偶尔会做做家务。等姑姑下班后会跟她聊天、看电视、逛街、做饭，睡觉前还会帮她按摩。每次做这件事时我就会想起妈妈。我跟姑姑说想妈妈了，然后才发现自己以前很少甚至不曾帮妈妈按摩。姑姑说："现在知道了还不晚。"

有些事情不管你愿不愿意接受，它依然会发生，人们称之为命运。面对父母的坚决，作为子女的我能做些什么呢？只是支持和安慰以及默默流下苦涩的泪水罢了。人生中的多姿多彩，跌宕起伏，就是这个意思吧！世界上没有笔直无弯曲之路，人生总有不悦之事。哭过后再坚强地站起来，相信幸福不会成为回忆。整个寒假中面对的许多事以及在姑姑和阿姨的教导下我懂得了很多。香港人的文化、习俗、讲究、善良都值得我去学习。我也学会了一点粤语呢！虽然没回国，但可以在香港跟姑姑和阿姨一起过春节，一起玩，还得到了很多红包；开心的，不开心的都感受到了，真是受益匪浅。不知不觉，寒假结束了。带着兴奋和不舍的心情我回到了广州。从火车站到华文学院的那条路既熟悉又陌生。树叶从空中飘落，地上布满树叶，还有落了叶的树枝，这些都让人那么思念。广州的冬天，蒙蒙云烟，有一种说不出的美感和忧伤，让人思念、幻想、安静。微风轻轻吹着我的头发，有种软绵绵的温柔。

见到在学院西门等我的两位好朋友我非常兴奋，先是来个满怀拥抱，然后送礼物以及聚餐。新学期就这么开始了，见到可爱的同学和班主任很开心。上课时似乎有点走神，还在状况外。我只知道，现在的我不用同屋叫我起床，也不会迟到了。按时完成作业，勤劳整理房间，更会体贴和珍惜身边的人了。这一切都该功归于我的寒假之香港见闻。

（本文曾经发表于印尼《国际日报》，2014 年 5 月 5 日）

精彩的篮球比赛

［马达加斯加］陈秀青　2005级A班

为了增进友谊，这个学期院学生会举行了男子五人篮球赛和女子三人篮球赛。十月十九日星期四下午四点四十五分在第三号场进行了第一场比赛。甲方是留学生，乙方是预科生。规则是五个对五个，打两场二十分钟的比赛。每个球员只能有四次犯规机会，超过就要下场。

比赛开始。甲队先拿到球，一号的球员很快地把球传给五号球员，他接了球后一个箭步往上一跳把球投进去，一场激动人心的比赛开始了。双方队员个个脸绷得紧紧的；接着，乙队发球，它的三号球员接到球后，马上传给一号，一号再传给五号，让他飞快地上篮。但球没有进，抢篮板时，乙队的三号球员冲出重围把球投了进去。我心里想，这场比赛肯定很精彩！双方的水平都很高。甲队的五号球员快速运球，一边看他的伙伴，一边胯下传球。因为对方防守得很好，所以他最后还是传给一号，让他转身上篮。又进球了！场上的观众爆发出一阵热烈的掌声。他们的啦啦队大声高喊："加油！留学生，加油！"双方都很全神贯注，看起来，双方都有信心赢得这场比赛。到底谁会赢呢？十几分钟过去了，他们仍然那么强劲。现在的比分是三十比二十八，太紧张了！乙队的五号球员反击快攻，把球传给四号，四号球员左躲右闪，从背后运球，然后跳跃投球，进球了！比分拉平了。场外观战的学生发出阵阵喝彩！这时，裁判吹哨，上半场结束了。

休息的时候，每个队都一边喝水，一边谈论技术。观众也谈论哪一队会赢，每个人心里都很紧张。

下半场也是这么精彩。甲队的二号球员进了一个漂亮的三分球。场外爆发出一阵喊叫声。乙队的一个球员纵身一跃，被甲队打手。犯规了，所以他要罚球。两次都进球，真棒！比分又拉平了。真激动人心！过了一会，比分又拉平了。时间一分一分地过去了。最后几秒钟，乙队的一号球员假传运球，冲出重围，大跨步地上篮。此时此刻，裁判吹哨了，大家的心跳动得很快，而球却慢慢地落入篮筐。这场比赛结束了，四十八比五十二，预科生队赢了。场外的观众喊声震天动地，不绝于耳。

虽然比赛的比分能判定输赢，但我觉得，其实双方的水平都一样好，没有哪一队比另一队好，在生活中也是这样。举个例子，虽然考试的成绩能判断我们的排名，但这只是一方面的判定。我们考得不太好，并不是说我们的水平不好，我们考得比别人差，并不是说我们的水平比别人差。因此，何必与别人比较而让自己心里不满呢？

教师点评：

这篇文章的语言十分娴熟，没有什么“外国人语言”的痕迹，足以见得作者的汉语水平非同一般。其实描写比赛场面并不容易，因为比赛中动作琐碎、重复，要把这一切记录下来，并吸引住读者的眼球，就需要不停地转换句式、用词角度，这些作者都做得非常好。文章的结尾引出作者看完比赛的感想，使主题得到了升华。总之，这是一篇非常精彩的文章。

（喻　江）

最难忘的一件往事

［柬埔寨］陈家宝　2009 级 B 班

人生于世，必有心中之忧与回味无穷的往事，而我本人也不例外。

时间飞逝如箭，一往无返。我心里好像存着一段模糊又久远的往事，一想起此事，心里如有股力量阻挡我，不让我开口畅言。而今日，却与往日相反，当我从梦里醒过来时，瞬间，多年来藏在我脑海里的一段让我感到无比内疚的往事，一幕幕地显现在我模糊的眼前。此时，我难以置信，还以为历史正在重演，而我是其中的一个演员。

时间过得真快，一转眼间，已有 15 年之久。回忆我孩提时候，个性调皮、好动，天天游手好闲，惹是生非，给父母增添了不少烦恼，可双亲总是以慈祥的态度来对待我，不管我惹出什么事，他们都以谨慎的态度处理问题。

记得有一回，趁父母出门干活儿不在家，我身为儿子没有听从他们的嘱咐在家好好地温习功课，却和几个年纪差不多的邻居孩子玩捉迷藏游戏。当时，我们玩得非常兴奋，而那时的心情不能以几句言辞来形容。乐极生悲，不幸的事情立刻跟随而来。那时，我跟几个小朋友一起跑到一个黑暗的地方躲起来，突然，从墙角边传来了一种熟悉的声音——小狗的叫声。然后，我就向着那地方走过去，我模糊地看见了一只母狗正在喂着小狗，每只小狗都长得挺可爱的。我不由得蹲下来用我的双手把小狗抱在怀里，当时，我被那只狗迷住了。可突然间，母狗猛地朝着我冲过来，它狠狠地在我手臂上咬了一口。此时，我的手臂流了很多血，我顿时失声大哭起来，几个小朋友一见情况不妙就干脆把游戏结束了，另几个小朋友跑去找我正在忙着做生意的爸妈。

爸妈获知自己的儿子出事，就毫不犹豫地放下正在干的活儿，如箭似的跑过来抱起我，然后把我送到医院去。时间一分一秒地过去，大约一个小时后，我慢慢地睁开双眼，眼前一片模糊。我看见一位 45 岁左右的妇女坐在我的病床边。后来，我就再次晕过去了。

太阳西下之时，我慢慢地醒过来，看见了妈妈的脸上挂着一片苦愁，而我仔细地看她的脸，发现一条条从未见过的皱纹爬上了她的眼角，面颊的皮肤干干的，仅从这几方面来看，足以证明这一整天妈妈没有安歇。我知道她是在为我而操心。我的年纪虽小，而且还不明事理，但我却有一种内疚之感。至于我的妈妈，她非但没责怪我，反而还以温柔的话来劝我说：“儿子，日后做任何事要三思而后行，以防再次发生这样的意外。”妈妈并不是作家，也不是高谈阔论的政治家，但她的每一句话，是那么美妙，那么生动和温柔，而且充满着爱意和安慰之感，给予我一股无限的神奇力量。

总而言之，往事已过，然而让我印象最深刻且让我最难以忘怀的就是父母的一片苦心和恩情，对父母的恩情，我一生难以回报。

（本文曾经发表于《广州华苑》2010 年第 2 期）

一次美食制作经历

［马来西亚］刘珮雯　2009级B班

在上个星期的班会活动中，班长提议举办一次师生聚会。我们的班主任常老师听了以后，表示欢迎我们到她家去聚餐。全班同学热烈响应的同时，都有一致的想法——大家分工准备几道菜肴带去一起品尝。

在讨论准备些什么的时候，我第一个就想到了泰式酸辣粉丝！我的一个泰国同学——余小羊，正好提出了要准备酸辣粉丝，于是我们俩一拍即合，成了本次聚餐的“美食制作好拍档”。

酸辣粉丝的材料准备以及制作过程可以说相当复杂与烦琐。在我一度想要放弃，另作其他打算的时候，拍档小羊给了我一个坚定的眼神，我随即打消了半途而废的念头，认真地和她讨论并确定了做酸辣粉丝的各项准备事项。

聚餐活动当天，我和小羊早早地就去了菜市场、超市选购所需要的食材。所需食材很多，除了最重要的粉丝，还需要一些蔬菜、肉和调料。经过一番精挑细选，我们终于满载而归。

回到宿舍以后，我和小羊很快地把食材和厨具都清洗干净，放好备用。我们和其他同学约定的出发时间是下午两点，所以吃了午餐后不久，我和小羊就开始马不停蹄地准备我们的美食——泰式酸辣粉丝。我俩一个负责切菜，一个负责烹煮。由于我们都缺乏下厨经验，过程中配合得手忙脚乱，而宿舍狭小的空间更为我们的每个动作增添了难度。

好不容易完成了烹煮部分以后，接下来便是将所有煮熟的食材和粉丝搅拌在一块。由于煮出来的粉丝和配料分量较大，而我们又没有足够大的容器，最后决定拿洗净的脸盆来代替，将粉丝以及配料进行搅拌。我们一边搅拌一边调味，搅拌过程中不时地“试吃”，真是享受。当粉丝和配料搅拌到“丝丝入味”以后，我们的泰式酸辣粉丝就算是大功告成了！这时差不多到了出发时间，我们急急忙忙地带上分装在几个食盒里的粉丝，出发前往班主任家。

到了老师家以后，我们大家都觉得肚子饿了，于是马上开饭。大家互相品尝了各自的“美味作品”，还进行了评鉴。我和小羊的酸辣粉丝可以说是非常抢手的一道桌上佳肴，大家尝过以后都表示非常开胃。

听到大家的赞美，我和小羊觉得心满意足。一天的辛劳在老师和同学的肯定下变成了大大的成就感。

与众不同的冒险

［印尼］戴思嘉　2012 级 C2 班

每个人都会有自己的冒险经历。而我的呢？2012 年 9 月 8 号我到了一个对我来说很陌生的国家——中国，语言、文化、习惯完全不同的国家，要在广州学习四年华文，我二十多年的人生中最大的冒险也就开始了。

在中国留学一年后，暑假回国时我就准备去见我的老师。他就是派我来中国的老师，也就是说因为有了他的推荐，我才能得到去中国留学的奖学金。他很优秀，愿意派我这么一个连自己的名字都不会写的学生去中国留学。所以我每次想起他，心里都会有压力，而这个压力一直持续到现在，后来这个压力变成了我学习的一个动力。去见他，对我来说是比考试还难的一件事情，但我不得不去面对。在去补习班的路上，我一直想，他肯定会用汉语跟我讲，如果我不懂他在说什么，或者我不能回答他的问题，他会不会怪我学得不好呢？这些问题一直困扰着我。

过了二十分钟，我就到了学校的补习班，我竟然希望我的老师那天不在学校，但在停车场看到他的车时，我知道自己的希望只是希望而已，那天他真的在那边了。我一步一步地走进了老师的办公室。他看到了我，就开始问我好多问题，而且是用汉语说的，好在我都能回答出来。最后一个问题吸引了我，他说：下个星期要举行一个庆祝印尼国庆节的活动，是井里汶华侨华人协会举办的，到时候会有很多领导来，你要不要上台朗读《祖国》这首诗，然后让来自中国的中文老师来读它的印尼文？那时候我真的不知道怎么回答。我的性格比较内向，不喜欢上台，上台时会很紧张，但我不好意思拒绝老师的要求，我只好勉强同意。他就给了我两张纸，上面都是汉字，我要在不到一个星期的时间里背下它。

后来，我每天都会拿那两张纸去背，纸上面很多字我都不会读，所以要一个一个地把拼音写下来，而且很多字我都不知道是什么意思。过了三天我背出来了，但我姐姐说我读得没有感情，好像不是在读一首诗，而是在背书一样。我不得不重新学习怎么用感情去朗读，但时间不多了，只剩下大概两天的时间了，那时我真的觉得无可奈何。但那个动力，那个不想让老师失望的动力，让我不要放弃，我就坚持练习。

星期六的晚上终于到了，没想到来的客人特别多，而且很多领导都来了。再过五分钟就轮到我上台了，朗读之前老师先介绍我给大家认识，他说：“她是一位印尼本地人，不是华人，一年前的她一句汉语都不会说，但是现在，她要用汉语朗读一首诗送给大家。”

我开始朗读了：

祖国啊，我爱你
我爱你的草青木秀
我爱你的山山水水
我爱你的丽日艳阳
祖国啊，我爱你
是你给了我生命
是你给了我力量
是你给了我胜利
可爱的祖国啊
无论我走到哪里
我都挽住你有力的臂膊
无论我身居何方
你都温暖着我的心窝
祖国啊，祖国
你永远充满希望
你永远永远朝气蓬勃！

我自己也不知道究竟朗读得好还是不好，只是知道下台之后老师一边握着我的手一边说：“你这一年是没有白学的，老师为你骄傲！”听了老师的话，我非常满足。

这就是我的一次冒险经历，我做了以前从没有做过的事情。只有做过了，才知道自己还会做以前觉得不可能做的事情。当我们经过了冒险阶段，我们会发现成功是由我们自己决定的，努力和坚持是它的关键，“放弃”这个词我们永远都不需要认识它。我们大家一起加油吧！

养金鱼

［印尼］谢小梅　2005 级 B 班

我家后面有口鱼塘，记得小时候鱼塘里面养了很多很多的鱼，那些金鱼在鱼塘里游来游去。后来时移事迁，岁月流逝，鱼塘却无金鱼游来游去了，鱼因为塘里太多垃圾而生存不了了。

记忆里，小时候常到这鱼塘来看金鱼，多高兴啊！现在这鱼塘里只看得见垃圾，一条鱼也没有，我感到非常伤心和遗憾。有鱼塘就应该有鱼，哪怕是普通的鱼呢，也比没有鱼好啊！我认为最好的、最理想的就是金鱼。城市里没有地方可做鱼塘，所以他们想在鱼塘里养金鱼的梦想就实现不了，为什么我家有那么大的鱼塘却没有好好利用它呢？可以说几乎没有人不喜欢金鱼，可我们的鱼塘中独独缺少金鱼，每次看到或想到，总觉得是一块心病。

有一天，我听说在一个叫作河兰的村子里有一位叔叔养了很多金鱼，我就到那儿找那位叔叔。我跟他买了两条小金鱼带回家，想要放在鱼塘里养。一回到家我就到鱼塘去，把鱼塘弄干净。首先，我把垃圾一块一块地搬出来，把脏水一盆一盆地倒出去；然后，把干净的水放进去，也放了一点药来保持水的清洁，这样小金鱼就能够住在里面了。

这样一来，我就比较忙了，每天都要去鱼塘两次，给小金鱼喂食，心里总是希望小金鱼能够很快地长大，然后生更多的小金鱼。可是，事与愿违，不知道为什么，在鱼塘才住了两三个月的金鱼，突然全漂在水面上。我一直想不出是哪儿做得不对，为什么小金鱼无缘无故死了呢？我找不到原因，心里想："难道这个鱼塘养不活鱼了吗？"我又去买了两条小金鱼回来，放在鱼塘里。

现在我比以前照顾得更加仔细，如果我觉得水有点儿臭，我就赶快换水，也放了不少在水里可以活的绿草，不忘每天给小金鱼吃两次食。不知不觉间我的小金鱼长大了，有一天早上我去喂它们，看到有很多很多的金鱼卵，那时我说不出有多高兴！我每天再多去看金鱼一次，我多希望金鱼的卵能够很快地变成小金鱼啊！据说，鱼的卵虽然很多，但是不可能全部变成小鱼，只有一部分可以。不但这样，如果小鱼和大鱼住在一起，有可能小鱼会被大鱼吃光。因此，鱼卵变成小鱼时，我就把大金鱼搬到别的地方去，以免它把小金鱼吃掉。等小金鱼长大了我再让它们一家人团圆。

看来我的鱼塘就要有很多金鱼了。金鱼，我希望你们越来越多，装满我的鱼塘，不要再让这鱼塘空荡荡的，一条鱼也没有。

教师点评：

本文记叙了作者养金鱼的故事，内容丰富，细节具体，故事一波三折；叙述中有一些人物心理活动的描写，真实自然。从本文看，作者的汉语水平已经达到了相当高的水平，值得肯定。

（常芳清）

心底的歌声

[泰国] 梁兰彩　2005 级 A 班

今天的夜晚，周围的一切都静悄悄的，只有那满天的星星还在深情地眨着眼睛，从没有离开过这一片天空。星星不但晶莹美丽，还能帮助人们辨别方向，尤其是那挂在天空北边的北极星，她曾给多少迷路的人带来安慰和希望啊。9 岁的我，一个小女孩，长着一头乱七八糟的黑色的长头发，和一双水灵灵的大眼睛，穿着不整洁，喜欢坐在窗旁跟天空上的星星说话。

从记事开始我就一直住在这所孤儿院里。孤儿院坐落在泰国首都曼谷偏僻的郊区，规模不怎么大，前面是小院子，里面只有 3 栋矮矮的楼：靠近东门的那栋楼只有两层，那就是我们的小卧室，这个地方可以让我们安心地睡觉；另一栋楼是老师和管理员的办公室；最后的那栋就是我们的教室。孤儿院里有 30 多个孤儿，我是其中之一。孤儿院的资源非常匮乏，唯一的经济来源就是艰难地向富有的居民们发起捐助活动。

孤儿院的食物不太丰富，我们平时总是饥一顿、饱一顿的。但是，每到母亲节来临的时候，这里总是有比平时多得多的食物可以吃，可以让我们感觉到“大饱口福”的甜蜜滋味；而且，这时候，孤儿院里总是洋溢着一种喜气洋洋的节日气氛。我和朋友们一直盼望着一年一度的母亲节的来临，这个节日对我们孤儿来说，是非常重要的。我们盼望的不仅是人们来这儿捐助什么食物或什么东西，而且是希望能拥有一次真正的拥抱和关怀。

这一天铃声还没响，老师就走进教室来了。她开门见山地说：“由于母亲节来临了，有一家搞音乐的大公司的经理，专程来到我们家邀请我们同学唱《我想念妈妈》这首歌，歌颂我们伟大的母亲。所以老师决定派 10 个人参加这项活动，剩下的同学也参与其中，给唱歌的同学鼓劲，好吗?”说完话，老师就开始挑选学生，我是其中一个被选中的。同学们有说有笑，可我却安安静静地坐着，因为我不想参加这次活动。

这件事一整天都在困扰着我。夜深人静，别的朋友都睡着了，听到他们打呼噜的声音就知道，他们肯定睡得很香；而我呢，虽然闭上了眼睛，但怎么也睡不踏实，老师的话还在我的脑海里飞来飞去，难过极了。我望着窗外的星星，希望能向她讲心事，但今天她没有那么明亮，没有那么耀眼。星星也会感到寂寞吧，也许她正在给别人指路。我有口难言，一直遥望着她，不知不觉中，我这双好久没有湿润过的大眼睛，那天突然泪如雨下，真奇怪！

第二天早上，老师带我们10个人去那个大公司排练。老师先把歌词读给我们听，然后让我们跟着她读。歌词的内容非常非常感人，打动了我的心，歌词大意是——

今天老师布置的作业，是让我们写一篇关于妈妈的作文。我怎能把它写好呢，实在太难了。因为我从小就没有妈妈陪在身边，关怀和拥抱的温暖感觉究竟是怎样的呢？晚上妈妈也睡在我旁边抱着我的想象，也只会在梦幻中出现而已，永远不会实现的，实际上只能抱着被子和枕头安静地入梦了，我没有什么可写的了，明天只好交上一张被泪水打湿的白纸。妈，如果你也在听这首想念的歌，我许个愿让你能感受到我给你的爱，不管你是谁，无论你在世界上哪个角落，我的思念都会走近你，陪着你。我也有一线希望，希望你也会把你的爱寄给我，我承诺长大以后我会好好学习，做一个好人，让你为我而感到自豪。

我和9个朋友都把歌词背下来了。接着我们开始跟着音乐唱了起来，唱着唱着，我的声音变了，喉咙哽住了，呜呜地抽泣起来。我心疼得像刀绞一样，眼泪不住地往下流。我再也不能坚持唱下去了。

大家吃了一大惊，音乐公司的经理也不知该怎么办才好，我看见他悄无声息地离开了房间。老师则走到我面前，用一只柔软的手摸了摸我的肩膀，偶尔也擦一擦她自己眼角的泪水。我抬起头看着老师的那张圆脸，她那双小眼睛仿佛是在安慰我，嘴角带着笑容，她对我说了几句话，但说什么我不记得了。

最后我们通过两天的排练，终于完成了这次任务。母亲节到来的前三天，电视台各频道都播放了我们的歌。没想到，我们这群孤儿竟大受欢迎，我看后十分感动。从那时起，这所孤儿院不断地接待客人，很多人来这里捐助日用品、文具，甚至也有人捐过一大笔钱。

有一天，我这冷漠的世界被太阳的光亮照进来了，变得暖和起来了，那就是有一位阿姨来到我们的孤儿院，并申请当我们其中一个人的干妈，最后她选了我。我第一次见到她时，说实话我没想到会有这样好心的人。她50多岁，身材稍胖，但很匀称，长着又花白又长的头发，衬托着一张鸭蛋脸，那副慈眉善目的样子使我感到安心。阿姨让我叫她“妈咪”，可我觉得非常尴尬，不敢那样叫她。阿姨每个星期二和星期六都要来找我，经常买来一些水果和书本，有时也会给别的孤儿买一两件玩具。随着时间的推移，我也慢慢地接受了这位妈咪，在我的心目中她的位置也慢慢重要起来了。

如今，我想我再也不用受没有母爱的痛苦折磨了。妈妈简直是照耀、浇灌我这棵小树木的阳光、雨露。她那爱的阳光雨露和这所孤儿院的绿荫一起，培育我长大成人。

雨后的太阳给人们以清新瑰丽之感，她既不像旭日一样金黄，也不像夕阳一样通红，一点也不刺眼。她是那样的清新、美丽，她使我的人生从此不仅有暗夜，还多了一片晴空。

（本文曾经发表于《广州华苑》2007 年第 1 期）

水 金

［印尼］陈爱珠　2005 级 B 班

从前有一位小朋友名叫水金，他妈妈因为生他难产而离开了人世，他爸爸也在他三岁那年因病去世，所以水金只有和奶奶住在乡下，在奶奶的关爱中长大。

水金七岁时很顽皮，每天惹得奶奶很生气，奶奶拿他没有办法，只得由他无拘无束地长大。

十五岁那年，水金还是那样顽皮、不懂事。奶奶去世前对他说了最后一句话：“水金，奶奶希望你有一天会明辨是非，会知道怎样做人，只有这样，奶奶和你父母的在天之灵才会安心。”说完，奶奶闭上了眼睛，永远离开了人世。

水金住的地方依山傍水，水资源很充足，即使是旱季也不缺水。他每次洗澡、洗衣服和饮用都要用很多水，剩下的就倒掉。因为水来得太容易，他不懂得珍惜水资源，把水白白浪费掉。

有一年旱灾，一连好几个月滴雨未下，河水都干涸了，露出白白的河床，他家水槽里的水也剩下不多了。怎么办呢？再过两天不下雨，水就用完了，水金开始着急起来。

过了两天，水槽里的水只剩下一勺子而已，那是用来喝的。又过了几天，别说是洗澡，连喝的水也没了。他口渴难熬，喉咙里像要喷火，只好拖着疲乏的身子到河边找水。一条一条的河道都是干巴巴的，泛着苍白的银光。水金累得不行了，就坐下来喘气，突然看见乌云密布，水金喜出望外。他想，今天一定会下雨的。可是一会儿呼呼的大风把黑云吹走，毒辣的太阳又出来了。

“我的天啊！”他开始流泪，但泪水一流出来就干了。“我渴得受不了了啊！”他又站起来往前走，要走出一公里才能到一间小屋向人们讨水。酷热难熬，走到半路他就跌倒了，昏迷许久他才慢慢睁开眼睛，看到一位老爷爷。

“你醒了。”老爷爷在他旁边用布擦了擦他的手。

“爷爷，请您给我一杯水喝好吗？”爷爷给他拿来一杯水，水金一口气把水喝了。“爷爷，请您再给我一杯水喝吧。”爷爷又去给他倒了一杯水。“爷爷，求求您再给我一杯好吗？”喝完第三杯水，他流眼泪了，对爷爷说：“爷爷，多谢您了！”

爷爷热情地拍了拍水金的肩膀，问道：“孩子，你叫什么名字？”

“水金。”他答道。

“是谁取的名字?”

“奶奶。”水金突然放声大哭，哭得很伤心。

“你有什么心事就讲出来。什么事让你那么难过啊?”

“我错了！我错了！我小时候就失去了父母，不知道妈妈长什么样子。每次问奶奶，她就说妈生了我就去天堂了，说妈有事不能回来。我常常说要见妈，她不肯带我去。后来我知道妈生了我就去世了。是奶奶瞒着我，所以我生奶奶的气。”

“奶奶这样做是为了你好，怕你受不了这么大的打击，你不要怪她。”

“所以我天天惹奶奶生气，她说不可以的，我偏偏要做，不听话。我现在后悔也来不及了，奶奶已经不在了。”水金低着头哽咽。

爷爷说：“人的一生就像一场戏，人往往不懂得珍惜那些已经拥有的东西，大自然给我们的恩赐，我们都要去珍惜它。你不珍惜它，即使你走遍世界每个角落，也找不到的。你还年轻，知错就改，不知者不罪。你也不要责备自己了。好好做人，生活才有意义。你的父母、奶奶在天之灵也会很高兴的。只要觉悟了，还能改过来。”爷爷摸着水金的头亲切地说：“傻孩子，知错能改金不换啊。”

水金听了高兴地回答：“真的吗?”水金握着爷爷的手说：“我会记得您说的话，从今以后不再浪费东西了，要学会珍惜所拥有的东西。”

（本文曾经发表于印尼《坤甸日报》，2006 年 8 月 26 日）

教师点评：

这篇故事主题明确，有一定的深意，用一个人的成长故事来表现珍惜现有的立意也是比较妥当的选择。可是，本文在表达方面还有明显的不足，从而影响到了整篇文章的效果。主要不足如下：水金这个人物形象塑造得不鲜明，尤其是对得到教训前的水金没有具体生动的描写，只有情况概述，使得内容空洞，不吸引人。叙述方面详略处理不是太恰当，与主题关系不密切的部分可简单写，如水金身世；与主题密切的部分应写仔细些，如水金的不懂事。本文语言流畅，作为留学生，能写出这样的文章很值得肯定。

（王　晶）

悲惨的爱情

［蒙古］江宇静　2005级B班

这是一个寒冷的冬天，到处一片白茫茫。天阴沉沉的，刺骨的北风刮到脸上像刀刃划到脸上一样痛，马路上的雪被来往的车辆轧成冰，滑得要命。

"轰"的一声巨响，发生了一起令人听了就心酸的交通事故，两辆中巴相互碰撞得几乎不成形了。就在这其中的一辆中巴里坐着一位英俊的小伙子，那天是他和女朋友的二十四岁生日，他们是同年同月同日出生的。这对情人青梅竹马，是人们非常羡慕的一对情侣。在这特殊的日子里，那位男生原本打算向女友求婚，但不幸的是就在这幸福时刻将要到来之前，却发生了这样的事情。在男生出车祸的时候，他的手机和那闪闪发亮的求婚戒指被甩到了地上，手机一直在不停地响着，其中的一条短信是这样写的："亲爱的！你在哪里？今天对于我们两个来说可是一个非常特殊的日子，一定不能迟到哦！不见不散，永远爱你的人。"这条短信写得那么亲切，那位女生是那么期待能赶快和男友见面，共同度过一个难忘的生日，但男生却永远回复不了女生发来的这条短信了，那闪闪发亮的求婚戒指再也没办法戴在女生的手指上了。

当女生正在发呆等着男友时，电话铃声突然响起来，是男生家里打来的，她似乎已经有了一种不祥的预感，怎么都不想接听这个电话，但犹豫了一会儿，还是拿起了电话。打来电话的是那位男生的父亲，从电话里听到的是悲惨的哭泣声，女生听后用颤抖的声音问了一句："伯父，发生什么事了？"男生的父亲许久没说一句话，过了几分钟，才吞吞吐吐地把噩耗告诉了女生，女生听到这个消息时，全身好像脱了骨一样，她的手机摔在了地上，整个人也昏倒在地，就这样昏迷了好几天，昏迷时一直在喊着男生的名字。男生的葬礼她也没能去，连最后一面都没见到。

当她醒来的时候，她什么都没问，伤心过度的她突然号啕大哭起来，整整哭了一天一夜，因为她怎么也忍不住内心的悲痛了。

从此以后，这个活泼可爱的女生再也没笑过，也没说过一句话，她每天不是盯着男生的照片发呆，就是拿着男生以前送给她的礼物，把它们擦得干干净净的。每个星期六，她都会到男朋友的坟墓前，陪他坐上几个小时，谁也不知道她心里到底在想什么。

原本可以相亲相爱、白头偕老的一对情侣，却因为这场交通事故被分到了两个完全不同的世界，永远永远地隔离了。

（本文曾经发表于《广州华苑》2006 年第 1 期）

教师点评：

本文语言生动，叙事清晰。开头的景物描写为后面车祸的发生埋下伏笔，结尾处以人物的行为正面衬托悲痛欲绝的心情，很好地运用了铺垫与衬托的手法。

（常芳清）

接 受

［印尼］邓舜心　2005级B班

我叫云婧婧，今年17岁。我有一位既优秀又漂亮的姐姐，叫云姝姝，今年21岁。她获得了美国密歇根大学优秀音乐学家的奖学金，在那里留学。今天姐就要回来了。已经住在美国两年的她不知有什么变化。姐，我好想你！

我和爸妈坐在沙发上边聊边等。"叮咚"，门铃响了。佣人安妮赶忙去开门。从外面听到安妮的叫声："大小姐回来了！"我们急忙走向大门，看到一位脸上充满笑容的美丽姑娘正向我们走来。她长长的腿下穿着一双高跟鞋，使她外表更加美丽。她又黑又亮的长发好像告诉我们她活得很幸福。我高兴地抱着她说："姐，欢迎你回家。有了你，我这位美女总算有了对手了！"一丝笑容从她脸上掠过，大家也笑了起来。

"来，我给你们介绍我的男朋友。歌，进来吧！"

男朋友？姐怎么没跟我说过？难道……我还没搞清楚，一位高大的男子就走了进来。我吃了一惊！不是因为他太高太壮，而是因为他实在太黑了。脸上只剩一双眼睛有光亮而已，连他的嘴唇也黑红黑红的。

"伯父伯母，小妹妹，你们好。我叫歌吟善，来自非洲。"他用走音的普通话自我介绍，笑起来的时候才看到他的一排白牙。唉！还真有一套，怎么在美国却学会讲汉语了呢！

"知道我们在家是讲汉语的，来之前他就求我教他几句常用语。爸、妈，这就是我常跟你们说的那位好汉！"姐说道。

呦！好汉！姐还真的瞎了眼，怎么美国那么多帅哥，她却偏偏选了他呢？还不告诉我，这是怎么一回事呀？随后的时间对我来说变得很无聊，他们说的话题，我一点都不感兴趣。

我也不太想跟姐多说了。真是好久不见，一见就变啊！我还真搞不懂，我这大美女姐姐怎么会爱上丑八怪！

他在我们家已经住了三天，但我都不理他，不是我不会说英语，而是我不想跟他说话。每次他跟我说话我都假装没听到，有时我还想故意惹他生气，但他一次也不曾生过气，反而对我处处忍让。但是，我还是不能接受他。

我最喜欢的时间就是睡觉了，因为不用看到他！有一次在梦里，我来到一个陌生的地方，在我眼前是一片大海。过了一段时间，我才知道我是在码头边，好多大船停在旁边。站在我面前的是一大群黑人。每个路人都盯着我，有些对我笑，有些向我挥手，但我面无表情地看着他们。我带着不知往哪去的心情一个人往前走。

我一个人坐在沙滩上，心里空荡荡的，看着大海，看着点点的星星在天上闪烁。我走到海边，跨进小船，划呀划呀，划到离海边很远了，突然一股大浪打过我的船，海水好像在涨潮一样，使我的船摇得特别厉害，眼还没来得及眨，船就翻了。我喊出了平生最大的喊声，但那喊声好像被浪声吞没了一样。看到我这个样子，天上的星星一动也不动，就这样看着我被海浪卷走了。

我不知道后来发生了什么事。一睁开眼，我看到一艘用木头做的小船，是个小型的海盗船。在我旁边站着个小伙子，一看到我睁开眼睛，他就对着我笑，说："Thanks God you finally wake up. Yesterday was too terrible."一个小时后我才搞懂原来我是在非洲，而这个小伙子是昨晚救我的救命恩人。他名叫 Sean，是个长得又高又黑的非洲人。这房子是他和几个朋友建的，是他们的集合点。房里的小船也是他们用木材建的，真是有技能的少年啊！

一碗粥摆在我面前，味道还真不错。看不出这位只大我两岁的小伙子还真有本事！知道我身体没什么事了，他就带我去海边熟悉一下环境。因为他特别喜欢船，我就给他取了一个汉语名，叫"舢"，和他的英语名发音接近。得到汉语名，舢非常高兴。太阳公公晒得特别热，我们的友情也热了起来。舢是这个世界上我遇到过的最温和、最优秀、最忠实的好汉。

好汉？我好像在哪里听过这个词。慢慢地从我耳边流过悠扬美妙的曲调。"婧，起来吧，已经快10点了。"妈妈的叫声使我从梦中醒了过来。我摸一摸我的脸，怎么有泪珠呢？原来我在梦里。

我走出房间，看到姐和歌在那一弹一唱的，真是般配的情人啊！我走到他们中间，陪歌一起唱歌——My Heart Will Go on。我向歌微笑了一下，我和他之间的关系就开始缓和了。

爱情就是这么盲目，如果我们不知他们的爱情故事，肯定不会明白为什么美女会爱上丑八怪。

总而言之，我也要去找我的"舢"。

（本文曾以"改观"为题发表于印尼《印广日报》，2006年8月24日。收入本书时作者做了修改）

教师点评：

这是一则虚构的故事。自己亲爱的姐姐找了一个非洲黑人男朋友，引起“我”的巨大反感。这一冲突的解决是做梦。俗话说“日有所思，夜有所梦”，作者能够把梦的情景重现出来，而且刻画得如此美丽动人，作为一个留学生来说实在难得。本文最大的优点是对漂亮姐姐及其男朋友的对比刻画，给人的印象非常深。本文故事离奇，文笔相当不错。

（李玉军）

猫咪恋

［柬埔寨］谢巧美　2005 级 B 班

夏天的一个中午，太阳火辣辣地当顶照着，似乎一丝微风都从未刮起过，两旁的车辆迅速地开过，行人道的人们也像在跟车子赛跑似的，走得特别快，大家都想躲开这个酷热的太阳公公。

正当大家都想赶快钻进空调房时，背着沉重的书包，戴着无框的眼镜，头发稍长，身高一米八几的蓝也正加快脚步，不过他的目的不是回家，而是到他每天都要来打工的地方——便利商店。

蓝十八岁，乐于助人是他的优点，善良是他的本性，性格活泼的他深受众人的喜爱。不过很不幸，这么好的一个人竟然从七岁那年起就失去了双亲。从小就失去父母的蓝生活全靠年纪已过半百的老奶奶来负担，所以蓝从十五岁开始就懂得自力更生，白天出来打工赚钱，晚上还得去学校读晚班。

今天的蓝还是跟往常一样来到了打工的地方，换好了便服在收银台前听着歌，随着音乐的播放他轻轻地扭动完美的身躯，这时突然出现了一位稀客，这位稀客是蓝的同班同学，也是蓝注意已久的女生。

长发飘逸的她有双水汪汪的大眼睛，樱桃般的小嘴，长得十分可爱，不过可爱的她却一直把自己封闭在自己的世界里，从不曾打开过自己的心，也从不曾和任何一个人说过半句话。所以跟她同班已久的蓝也只知道她叫雪，今年十七岁，是位大企业家的千金，其余的兴趣、爱好都一概不知。

蓝趁这个好机会想了一个跟雪搭话的办法，他朝雪的方向走去，装出一副跟雪很熟的样子对雪说："嗨！小姐，我是这里的服务员，也是你班上的同学，很高兴你会光临我们的便利商店，有什么能为你服务的吗?"雪一眼就认出了蓝，但她还是不理不睬，只是随口回答了两句，就继续找自己要的东西。蓝也不好意思再聊下去，只好回到自己的岗位上。雪找好了东西后走到收银台前给蓝结账，结账时蓝不时地向雪微笑，可雪一眼也没看蓝，一直把注意力放在她身旁的那一粒糖上。结完了账，"一共一百五十五块"，面带微笑的蓝对雪说，雪拿出钱付给了蓝，付完钱后的雪竟然意外地跟蓝道了个别，让有些失落的蓝惊喜不已。

走出便利商店的雪没有直接离开，她眼光正注视着旁边的水沟，水沟里传出了阵阵的猫叫声，雪随着声音走去，果然看见一只受了伤的小猫咪。

雪把脏兮兮的猫救了上来，把它抱在怀中并跑回便利商店对蓝说："蓝，这只猫受伤了。"蓝望了望雪，又看了看猫，露出帅气的笑容说："没问题，有我在，一切问题都不存在。"蓝先把猫咪弄干净，然后往它身上的伤口擦了点药，擦完药后又给猫喂了食，蓝用手轻轻地抚摸猫咪，这时雪突然主动开口说话了："我从小就很喜欢养小宠物，不过身体较弱的我对小宠物的毛过敏，所以我爸爸不准我再养任何一种小宠物，但如果我不把这猫咪带回家，那它该怎么办呢？"蓝停下了在猫身上抚摸的手，回头看面露担忧的雪，并对她说："那好吧！这只可怜的猫就包在我这个大好人的身上吧！我会把它养得肥肥胖胖的，你放心吧！"听到蓝的回答，雪高兴得跳了起来，并面带笑容地问蓝："真的吗？太好了，那我以后能常常来看它吗？"蓝轻轻地点了点头，雪再次跳了起来并带着欢呼的呐喊声，蹲在地上的蓝用含情脉脉的眼神望着雪，心中也随着雪的兴奋而兴奋。

随后的几天里，雪几乎天天都到蓝打工的便利商店，就算不买东西，她也天天准时报到，而蓝也天天把猫咪带在身边好让雪能天天看到它，这样一来，对蓝也有好处，他在与雪的聊天中逐渐了解了雪。

时间在愉快中过了一个多月，蓝对雪的感情也越陷越深，不过蓝实在不敢对雪表白，因为怕雪对自己根本没感情，而今天的蓝终于鼓起了勇气准备跟雪说出心里话，不过等了一整天雪都没有出现。下了班后的蓝也没有回家，他站在便利商店前等了一个钟头、两个钟头，三个钟头都过去了，雪仍然没有出现，蓝带着失落的心情低着头走回了家。

到了家后的蓝赶紧给雪打电话，电话打通了，正等待对方的回应。"喂"，声音很弱，弱得几乎听不见，不过蓝还是听得出这是雪的声音，他赶紧说，"是雪吗？你怎么了？为什么声音会这么弱呢？为什么今天没有来看猫咪呢？"蓝一口气问了好几个问题，让电话另一边的雪顿时不知先回答哪个问题才好，雪长长地叹了一口气才开始说："今天早上本来打算去看猫猫的，不过太匆忙，跑下楼梯时竟然摔了下来，现在在医院，不好意思，今天一定是让你白等了。"蓝听到后简直快急疯了，他在电话里大叫："你怎么不及时打电话给我呢？那你现在在什么医院，几号房间？我马上过去。"雪听到蓝紧张的声音不禁笑了，也一一回答了蓝的问题。

挂了电话后的蓝像火箭般迅速地赶到了医院，跑进了雪的病房。雪看到蓝上气不接下气的样子，便对着蓝露出了可爱的笑容，蓝心痛地看着雪受伤的脚，眼泪在眼眶里打转，然后对雪说："你怎么这么不小心，为什么要这么匆忙呢？不管你迟到多长时间我都会等你的！你知道吗？你这样我的心比你受的伤痛上千百倍啊！"听着听着，雪的眼泪从光滑的脸颊上滑落了下来，她好像明白了蓝真正的意思，她叫蓝过去她的床旁，轻轻地吻了蓝的脸颊，然后说："我发现我已经喜欢上你了。"蓝接受雪的吻后又听到本来自己该说的话却被雪抢先说了，他只好什么都不说，用温暖的双手紧紧地抱住雪，这时他们彼此之间不用再多说什么，他们已了解了对方的心意。

从那天开始，蓝跟雪就成为一对幸福快乐的小恋人了。

（本文曾经发表于《广州华苑》2006 年第 2 期）

教师点评：

这是一则小巧浪漫的爱情故事，“猫咪恋”这个题目也与文章的整体风格十分相配。当然，故事情节有些老套，还不够吸引人。作者显然是受了某些电视剧、小说内容的影响，还未能走出那个模式。不过，一个留学生能尝试自己虚构一个童话般的故事，并用语言、动作、心理描写等手段去塑造一些人物形象，这已经是难能可贵的了。文章所营造的整体气氛还是十分符合爱情小说的要求的，应该说是比较成功的习作。

（喻　江）

上帝的谈话

［缅甸］林敏玉　2005 级 B 班

阿雷是一个小偷，可以说，他的“专业技术”已经到了炉火纯青的地步。在同行业中，在同出一门的师兄弟中，他都是唯一一个没有被逮住过的人。因此，在这一行中，他的声望相当高。他也曾口出狂言：天下没有他拿不到的东西，也没有他进不去的房子。

这天，他在仰光的酒店里喝酒，正巧碰到了他的朋友阿明，一个不久前才从监狱里放出来的师弟。他们拥抱了一下，然后两个人边谈边喝酒。阿明告诉他，在这座城市的教堂对面的那条街有一家门牌号码为 CL112 的人家，家里有几百万缅币，并问阿雷：“你敢不敢去?”阿雷微笑着说：“为什么不?”阿明提醒：“可是这家养了一只很凶的狼狗。”阿雷也很自信地回答：“这不是问题，我的朋友。”

第二天晚上，阿雷就带上了他的万能箱，走向那一家。让他感到奇怪的是，整条街都是黑黑的，只有街中的一家亮着门灯，而这家正是他要找的那一家。

他先把安眠药涂在肉上，扔到狗面前。不一会儿，狗倒下去了。接着他熟练地打开了门。屋里的人都还没睡，但这不影响他的工作，因为他是一个出色的小偷。凭着熟练的技术，他很快拿到了钱，确确实实是几百万缅币。他很奇怪，家里有这么多钱，可是为什么没有好好保护呢?这勾起了他的兴趣。他把耳朵凑到外屋门边，想弄清楚到底是怎么回事。

这时屋子里传出了一个苍老的女人的声音：“老头子，咱们是不是该花钱请一个保姆啊！咱们的眼睛都瞎了，总这样过下去，也不是个办法啊!”

阿雷心里一惊：既然是瞎子，那又为什么整夜亮着门灯?这就更加勾起了他的兴趣。

一个老头子紧跟着回答：“是啊，老婆子，应该这样。可是，咱们现在的日子都不好过了，哪来的钱请保姆呢?”

“儿子空难后，航空公司不是赔了钱吗，为什么不用这些钱?”

阿雷的心一沉，但继续听了下去。

“你疯啦，老婆子！你怎么忘了，我们不是说过用这些钱给仰光的孤儿院盖一栋房子吗?”

阿雷的心一震。

“是啊！我都忘了。老了不中用了。可是咱们也得交电费啊！门口的灯整夜亮着，很耗电啊!”

“没关系，只要别人在这条街上走路不摸黑就行了。你也知道，这条街上的路很难走的，又是夜里，万一行人跌了跤怎么办？还有咱们的‘儿子’小黑，虽然每天都要喂它骨头，但是只要咱们每天多糊两个小时的纸盒就行了，这日子还能过的。有了小黑，就不用担心这条街有强盗了。”

后来，老妇人还抱怨自己说：“年轻时为什么只生了一个儿子呢！早知道今天这样，还不如当初多生一个呢!”

当晚，阿雷坐在门口流了一夜的泪。他也是一个孤儿，是被人收养的，但他不喜欢新爸爸对他的管教，一怒之下，跑出来干了这一行。

第二天，老夫妇的门口留下了两样东西，一样是他们的几百万缅币，另一样是一个很特别的万能箱。

从此，在仰光这座城市里，再也没有人见过阿雷。他神秘地消失了，谁也不知道他去了哪里。

（本文曾经发表于《广州华苑》2005年第2期，收入本书时有修改）

教师点评：

本文是一则富有教育意义的小故事。它写了一个小偷入门偷窃，却被一对盲人夫妇感化的经过。最突出的手法是通过设问的方式一步一步地把读者引入到作者想要的效果中去：这对夫妇有很多钱——钱是儿子遇难的赔偿金；不请保姆——省下钱来盖孤儿院；一对盲人却门口整夜亮着灯——为行人提供方便……

同时，作者还故意在开头对小偷行窃技术的如何高明做了铺垫，这就更衬托出这个故事的教化意义非同寻常。文章写法新颖别致，值得学习。

（李玉军）

看到什么就梦到什么

［柬埔寨］王康俊　2005 级 B 班

我在一个偏僻的山区走着，好像迷失了方向，前后又没有人家，天色也慢慢变黑了，弯弯的明月对我笑着，闪闪的星星也跟我打着招呼，四周寂静无人，只听到昆虫声从两旁的草地里不停地传出来。

突然间，前面出现了白色的影子，又有点闪光，我就往前走，走近了才发现是一个穿白色衣服的小孩，年纪不大，无精打采，脸色很苍白。我好奇地问他："小孩子，这么晚了你还在这，是不是也迷路了？"

他摇摇头说："不是……我不是迷路，我只是在这里走走，散散步而已。"

我继续问："那你的家就在这附近了，是吗？在哪呢？"

他用手指向右边，我就转头望过去，没有什么灯亮着，只看到一片迷蒙的黑影，就回过头来想问一问小孩，他却不见了。我心想："他回去了？会这么快吗？又没有发出什么声音，真奇怪！"我就决定到那边去看个究竟。我穿过草地走到离路边 50 米左右的地方，发现有一个小土丘，心里就有点儿害怕，再转过身想回到原来的地方，眼前突然出现一位老婆婆，把我吓了一跳。老婆婆面带笑容对我说："年轻人，迷路了？"

我回答："是，我迷路了。"

老婆婆接着说："那你到我家去过夜吧！反正在这里方圆十几公里内都没有一户人家，只有我们一家三口人住在这儿的。"

我问道："刚才那个小孩是你的孙子吗？那还有谁呢？"

她回答："是的，那小孩是我孙子，还有我老公。"

我又问："那他的父母亲呢？为什么不跟你在一块呢？"

她回答："他们俩在城里工作，一个月只能回来一次。"她继续说："好了，跟我来吧！我带你去我家。"

我就跟在她的后面一直往里边走。这时突然刮起了大风，我用手遮住了眼睛。过了一会儿，风停了。我把手放下来，那位老婆婆又不见了，只见到两个比刚才大一点的土丘。这时我的心跳越来越快，汗也越来越多。突然在我身后响起了一个陌生的叫声："喂！年轻人，你来这里干什么的？"我回过头去，看见一位老公公手中握住一把斧头，神情很严肃。见到他后，我转头就跑。那位老公公边追我，边叫："别跑！别跑！给我站住。”我也边跑边喊：“救命啊！救命啊！我见鬼了。”

这时候，我醒了，想起自己刚刚读了一本鬼故事书，觉得很累，然后就睡着了。想不到的是，自己做梦会梦见鬼，真是很恐怖。

（本文曾经发表于《广州华苑》2006 年第 1 期）

教师点评：

这是一篇写梦境的文章。作者一开始并没有说明自己在做梦，而是直接切入梦中故事。随着梦中故事的离奇发展，让人越来越感到惊奇和神秘。加上作者对环境、人物特点细致入微的刻画和描写，更使人有一种窒息的紧张感觉。到最后，作者笔锋一转，揭示出谜底，才让人终于松了一口气。这样的写法值得肯定。

（李玉军）

流浪歌

［泰国］许玖宝　2005 级 A 班

冬天的风刮起来了，我的上牙也在和下牙打架，我真讨厌冬天。我很希望在路上走来走去的人把他们的旧衣服扔给我一件，让坐在路边的我能够熬过这寒冷的冬天。有些人喜欢冬天，可对我这种无家可归的人来说，冬天简直是白色魔鬼。当一阵阵的寒风刮来时，我的皮肤就好像被它刮透了。风越刮越大了，我的身体也不停地发抖，寒冷的天气快要把我冻成僵尸了，可是天气的寒冷也没有人心的冷漠可怕。一天又一天过去了，冬天还在不停地打击我，我抓紧自己身上的破烂衣服，把身体缩进这破烂衣服里。这条路上人很多，车也不少，在街上走路的人，他们迈着匆匆忙忙的脚步，三步并成两步，连看都不看我一眼。开车的人也开得很快，一到绿灯时就像野马似的奔过去。他们都是为了赶回自己那暖暖和和的房子，钻进熟悉的被窝里。我只能在这路边坐着，用颤抖的声音唱歌，希望用我的歌声来换钱换饭，可我的歌声都被汽车声盖过了。

“当!”最好听的声音响起了，有人把一块钱的硬币扔进了我的杯子，我抬起头看，拜了拜她，她的这一块钱能让我的生命延长。今天我在这里坐了整整 4 个小时了，可我的“钱包”里只有 3 块 2 毛钱。我肚子咕咕叫，对面的那条路有一家卖馒头的饭店，我身上的钱能买到那家饭店的几个馒头。我拿起“钱包”艰难地起身，很用力地用拐杖支撑着自己的身体，大滴汗珠从脸颊上滴下来，我终于站起来了。我慢慢地向前走，步履蹒跚。过了这条马路我就能填饱肚子了。

突然好像从远远的地方传来了“砰”的一声，我从地面被推上了天空。我感觉自己好像很轻，轻得像一根羽毛。接着人们尖叫，我尽力想睁开眼睛，可又觉得眼皮很重，我一时失去了意识。风吹来血腥味，我躺在马路上，泪水蒙住了眼睛，眼前的景象都很模糊。我脑海中突然浮现出父亲、姐姐、弟弟和她……

我的人生就像一场戏，我不知道自己是从什么时候开始演这场戏的，只知道从记事起我就在一个不正常的家庭长大。父亲是个瞎子，自从父亲变成瞎子后，母亲由于受不了这痛苦，离家出走了，剩下我那可怜的父亲和我的弱智姐姐还有我和弟弟。我们家四口人靠要饭生活，每天都要走很远很远的路，只为了拿人家吃剩下的饭。那时我还不满八岁，我跟着父亲走遍了天涯海角。有时候我一个人进村里要钱、要饭，村里的孩子们看到我就向我扔石头，他们喊着臭乞丐、瞎子的儿子、肮脏鬼等。我只能忍受，只能低下头，用两只手挡住自己的头，不能还手，否则我们家就没饭吃了。有谁知道他们的那些话深深地刻在了我的心里，痛得让我无法说出来。我就是在这样的环境下长大的，走到哪就睡在哪，哪天拿不到饭就只能喝河里的水凑合。

十七岁那年，我到了一户人家门口要饭，门打开后，走出来一个大男人，他看到我就哈哈大笑起来，用瞧不起的眼神望着我，说了几句脏话，还向我脸上吐口水。我生气极了，但只能忍住。正当我转身要走时，出来了一个妙龄女孩子叫住了我。她的脸蛋鼓鼓的、红红的，就像刚刚开放的桃花。她的眼睛晶亮晶亮的，眉毛像一对优美的弯弓，美极了。我被她深深地吸引住了。她用不满的目光望着她身边的那个男人，我后来知道他是她的哥哥。她走过来用她那纯白的手帕擦我的脏脸，那时我觉得好像世界都在为我欢笑，时间也停了下来。她叫我等一等，过了一会儿她又出来了，手上还拿着一盒饭，送给我。我从那儿走出来时感觉双脚很轻，好像我把灵魂忘在那里了。我知道这就是爱，我爱上了她！我当然知道自己是谁，也知道她是谁，所以我的爱只能这样了。我每天都到这村里来，只是为了偷偷地看她，她的温柔和善良使我越来越深地陷在爱情里。那一个月以来我感觉自己有了活力，只要哪一天见不到她，我就坐立不安。有一天我看到她和一个英俊的男人在一起，他们俩很快就要结婚了。知道这消息后，我突然感觉好像天都塌下来了。我心里很矛盾，明明知道自己和她不是同一类人，就如两条平行线，是始终无法相交的，我有什么资格为这件事而伤心呢？

那是冬天的一个傍晚，我去敲她家的门，我望着她。她送给我一个苹果，还是那么温柔、那么善良，接过她给的苹果后，我的心充满着爱，我的眼眶充满着热泪，我对她说："谢谢。"这是我最后一次来看她。回家的路很黑，风越刮越大，我越走越没劲，我觉得世界上的一切，都没有我的份。回到家看到瞎子父亲在喂我那弱智的姐姐，我弟弟去讨饭了，还没回来。我无力地坐下，长时间忍住的眼泪也慢慢地流了下来，我这次真的没力气去忍住那些泪水了，泪水就像瀑布一样涌出来。我心里的最后一点希望也没有了，我望着父亲和姐姐，低声地说："对不起。"那是我对家里人说的最后一句话。可怜的父亲在喂十九岁的姐姐，这是我看到家里人的最后一幕。话音一落，我马上从那个地方拼命地跑了出去，我眼前的路很模糊，因为被泪水遮住了。

我到了一个城市，在这个城市里，可以看到许多乞丐与穷人，许多无家可归的人，我就是这城市里的一分子。二十二岁那一年，我到一户人家里偷东西，被主人发现，他把我的腿打断了，从那时起，我就只能靠一只脚和拐杖走路，靠在路边唱歌生活。我讨厌透了这世界。

冬天的风刮来了，我的鼻子又闻到了血腥味。我很困，天也很黑，什么都看不见了，什么都听不见了，我就要离开这美妙的世界了。再见了，蓝色的天空。在很多人的注视下，我慢慢地闭上眼睛，泪水也慢慢地从眼角流下，我用力地张开嘴巴轻轻地哼着歌……

流浪的人在外想念你，
亲爱的妈妈。
流浪的脚步走遍天涯，
没有一个家，
冬天的风啊，夹着雪花，
把我的泪吹下。
走啊走啊，走啊走啊，
走过了多少年华，
春天的小草正在发芽，
又是一个春夏……

（本文曾经发表于《广州华苑》2007 年第 1 期）

永强家的故事

［印尼］陈爱珠　2005 级 B 班

天上布满了乌云，太阳也不知道去了哪里。小鸟不再唱歌，树叶不再跳舞，花儿也不再向路边的人招手。

在一间房子里，弥漫着宁静的气息，床上躺着一位年轻的女人，她叫美丽，她得了癌症。

“永强，请你答应我最后一件事。”美丽说。

“你说吧！我什么都会答应你的。”

“如果我不在了，你要娶金珊为妻。”

永强低下头，一言不发。一是因为妻子会随时离开他，二是因为他们的女儿茉莉才八岁就要失去母亲的疼爱，三是因为妻子叫他娶他们的保姆金珊。

“永强……”

永强回过神来，握着美丽的手心疼地说：“好，我答应你。”虽然永强心里不愿意娶金珊，但为了不让亲爱的妻子担心，他只好答应了。美丽放心地笑了。

再看看那还小的女儿，美丽又难过起来：“茉莉，过来！妈妈看看。”美丽热泪盈眶地说：“妈妈对不起你，再也不能看你跳舞，不能看你长大了。妈妈会去很远很远的地方。茉莉要努力读书，听爸爸的话。”茉莉用小手擦去妈妈的眼泪。虽然还小，但她既机灵又懂事。她哭着说：“妈妈，茉莉会努力读书，会听爸爸的话。妈妈不哭，茉莉爱妈妈。”

美丽转过头对永强说：“永强，谢谢你给我的爱。我也……很……爱……你们……”美丽断断续续地说完了最后一句话。

为了完成美丽最后的心愿，也为了女儿茉莉，永强不久就和金珊结婚了。但他只能让金珊丰衣足食，对她没有任何感情。

金珊是在穷人家长大的，一直梦想嫁给有钱人。因为有了钱就不必辛苦工作，可以吃好穿好。她也算幸运，被人介绍给美丽当保姆。好心的美丽从来不把她当成仆人，而是当成妹妹。美丽发觉金珊勤快，会做家务，也会带小孩，而且看得出来她喜欢上了永强，所以她才会向永强提出那样的要求。

自从嫁给永强，金珊就开始变了。她已经不是美丽认为的那种人，一天到晚只爱打扮，花钱如流水。她不仅不照顾茉莉，还把她当作仆人，拖地、扫院、洗碗等都已经成了茉莉的日常工作。

有一次茉莉在抹桌子的时候不小心把花瓶打破了，正在房间闲睡的金珊迅速跑了出来："天啊，我最喜欢的花瓶！"她瞪着茉莉："死丫头！"说着，一把揪住茉莉的耳朵，揪得茉莉大叫："姨……原谅我！原谅我！"

茉莉的生活越来越困难。有时候回到家鞋子还没脱下，扫把、拖把等已经在门边等着她。她如果还没打扫好屋子就不能吃饭。

有一天永强故意早点回家，想给茉莉一个惊喜。回到家他悄悄地开门走进去。这时候他看到茉莉穿着校服正在拖地。他很生气地冲进房间，当他看到金珊正在镜子前面打扮，便咬着牙说："金珊你怎么可以叫茉莉拖地？"金珊却假装什么都不知道："什么？拖地？她自己要拖的呀！"

永强冲了出去，什么话都不想说。茉莉看到爸爸走来，高兴地说："爸爸，你什么时候回来的？"永强把茉莉手里的拖把抢过来扔掉，他抱着宝贝女儿走到院子里坐下，然后举起左手拿着的东西，说："看！爸爸带了什么？"

茉莉看到有生日蛋糕，有她最爱吃的糖果，还有洋娃娃，她兴高采烈地亲了爸爸的脸。永强看着女儿开心的样子，心里觉得很愧疚。他问茉莉是不是金珊对她不好，茉莉只是默默地看着蛋糕，摇摇头不说话。

有一次，金珊因为瞒着永强跟她的朋友赌博，输了很多钱，心情很不好。茉莉走过来问："姨，我可不可以吃冰箱里的糖果？"

金珊没有反应。

茉莉又问了一次，金珊大声喊道："你给我闭嘴！"茉莉吓了一跳。

金珊继续吼道："你叫我什么？姨？你再叫一次！"看到金珊生气时可怕的样子，茉莉低着头不敢再说话。

"你叫不叫我妈妈？"金珊推着茉莉，"我从来没有听过你叫我妈妈，你叫不叫？你到底叫不叫？"茉莉还是不愿意叫。

金珊狠狠地打了茉莉一记耳光。茉莉流下了眼泪，金珊却哈哈大笑着离开了。

茉莉从没跟她爸爸讲过金珊是怎么样对待她的。她懂得爸爸工作很忙，不想再让爸爸烦恼和难过，但有一天早上要吃饭的时候，永强发现茉莉还没下来吃饭，就问："茉莉呢？"

"那个孩子肯定还在睡觉呢！"

永强站起来推开椅子跑到楼上茉莉的房门外，说："茉莉吃饭了！"没有声音。他再敲门："茉莉陪爸爸一起吃饭哦。"还是没有声音。永强把门推开，看到茉莉还在睡觉。"茉莉，起床了！"永强看到茉莉脸色苍白，一摸额头，发现很烫。"茉莉，你怎么啦？"永强马上冲出房间，从楼梯跑下去找退烧药。这时候金珊站在门口一点也不着急，说："只是发烧嘛，急什么？"

永强没有去上班，虽然手机一直响，但他都不接。他坐在茉莉旁边想花多点时间照顾她，每次看到茉莉他就会想起深爱的妻子美丽。

到了下午，茉莉的烧一点儿也没退，永强心急火燎地开车带茉莉去医院。

“你的女儿不可以太累，因为她疲劳过度，需要多休息。”医生说道。永强听了很难过。医生给茉莉打针时，永强睁大了眼睛，他不敢相信他看到的景象：茉莉的屁股上留下了很多被打的伤痕，脚和胳膊上也有许多被拧过的伤痕。看到这一切永强的心好像被刀刺了似的疼痛。

永强回到家，先抱茉莉回房间睡下，然后怒不可遏地把正在看电视的金珊拉进卧室。他打开衣柜把金珊所有的衣服扔在地上，大声喊道：“你给我滚！你现在就给我滚!”金珊从来没见过永强这么凶。“我为了美丽，为了茉莉娶了你。你要什么我都给你。我只希望你能好好地爱茉莉，给她温暖和幸福。可你不但不给她温暖和幸福，还欺负她。她只是一个小孩!”

“我哪里欺负她啦?”金珊还在狡辩。

永强非常恼火：“你没有？茉莉身上的伤还不够证明吗？你以为我还会相信你?”

金珊这时开始害怕了，跪在地上，抓住永强的脚：“永强，我以后再也不会这么做了。你饶了我吧！你让我留下来吧!”

“我再也不想看到你。你留下的不是蜜而是毒。我想美丽是看错人了!”说完，他把金珊赶走了。

永强坐在茉莉的床边，眼前空荡荡的。

“美丽原谅我。我相信你在天堂能看到我们。我这么做是因为茉莉的痛苦就是你的痛苦，也是我的痛苦。我要茉莉的生活充满爱，就像你在的时候一样，我答应你我会另找一个好的保姆给她。我会让她幸福……”

突然，茉莉的手碰到永强的手。“爸爸，茉莉好饿。”

永强赶紧摸了摸茉莉的额头，烧已退了。这时他才安下心来。

“好！好！茉莉等一下爸爸。”永强亲昵地摸摸茉莉的脸，疼爱地说：“爸爸很快就给你做好吃的。”

然后两人都看着对方笑了。

（本文曾经发表于《广州华苑》2006 年第 2 期，收入本书时有删改）

一只舞鞋

［印尼］秦仙霞　2005 级 A 班

春天来了，窗外的花草随着风儿轻轻地飘动，仿佛在温暖的阳光下起舞。舞厅里，十几个女学生正跳着芭蕾舞，白色的纱裙像云朵一样在空中飘来飘去，舞鞋在地板上滴滴答答跟着节拍器的敲击声跳跃，我的手指也在黑白的琴键上跳着舞，传出优美的旋律。

回想起来，我来这个芭蕾舞班实习也快一个月了。即使这样，我还是很少和她们交流，每次弹完三个小时的琴就走了，总觉得很单调，很无聊。

墙上的钟“叮当”了五次，音乐和舞蹈都停了下来，今天的课结束了。大家跟平常一样，高高兴兴地收拾东西，有说有笑地往门口涌去。我也忙着收拾，准备回家。突然，一个清脆的声音止住了我的动作：“请问，你可以再弹一下刚才的曲子吗？我还想再练一会儿。一次而已，再弹一次就行了。”她用一双炯炯有神的大眼睛望着我，我看着她那副又可怜又可爱的样子，不由得答应了她。

打开琴盖，我为她重新弹了一次。这时我发现，她跳得很认真，每一个动作都很到位，脸上露出温柔的表情。她的一举一动给人一种说不出的美感，很有魅力。我弹完了，她就笑着对我说：“谢谢你！”我说：“不客气。”

从那天起，下课后我们就经常在一起练习，我弹琴，她跳舞，慢慢地我们成了好朋友。

她叫娜达莎，今年 18 岁，5 岁开始跳芭蕾舞。她留着一头棕色的卷发，大大的眼睛，高高的鼻子，红润的嘴唇，白白的皮肤，是个开朗活泼的姑娘。她脸上总挂着甜蜜的笑容，大家都很喜欢她。她的母亲是位有名的芭蕾舞者，可惜在她 8 岁时，母亲在一起交通事故中去世了。虽然她很伤心，但是她还继续跳舞，因为这是她唯一能感受到与母亲在一起的方式。她希望能像母亲一样，做一个有名的芭蕾舞者，也希望在芭蕾世界里找到自己的爱情。

自从认识她以后，我也觉得这个工作并不像以前那么无聊了，也开始认识班里的其他学生。

有一天，老师突然带来一位男士，我们都认出他是当代一位著名的芭蕾舞演员，名叫马克。他长得又壮又帅，很受欢迎。他来的目的是为下个月的一场芭蕾舞剧《天鹅湖》挑选一位女主角做他的搭档。这是一个难得的好机会，除了可以施展能力，还能得到去巴黎学舞的奖学金，每个人都很激动。

接下来的一个星期，马克跟我们一起上课。他想在了解每个学生的情况后，再进行考试挑选。马克仔细地观察每个人，这时他看中了娜达莎。她的舞在人群中是那么的出色，果然在挑选考试后，娜达莎被选中了。她很高兴，因为这离她的梦想越来越近了。

三个月的时间很紧，大家都认真地准备着。马克和娜达莎更不用说了。在短短几天内，他们就互相了解了对方的任何手势和动作，配合得很默契。由于常常在一起，两个人的关系越来越亲密，最后真的成了男女朋友。

娜达莎对我说："虽然我们认识的时间很短，但是我们的感情是真实的。我和他在一起，觉得很开心。"

表演的日子终于到了，后台的舞者都很忙，有的打扮，有的做热身，可是，怎么不见娜达莎呢？时间快到了，她还是没来。这时候，老师走进来说："娜达莎今天来不了了，表演也取消了。"我们都很吃惊，但老师就是不肯说出原因。后来才知道，娜达莎那天早上被一辆摩托车撞了，脚伤得不轻。虽然还能走路，可是没办法再跳舞了。

第二天，我去医院看她。走到她病房前时，我听到男人说话的声音，是马克。他平淡地说："你真让我失望。你不仅破坏了我的表演，还毁坏了我的名誉。你现在这个样子，还让我同情你？你不配！"说完，他就离开了病房，越走越远，头也不回。

我进去时，娜达莎还呆呆地半躺在床上，伤心地哭着。她脸色苍白，眼泪一滴一滴地流下来。见我来，她说："我不能再跳舞了。这简直是场梦！我真没用！"

我安慰她说："你别这样，你是个很有才的人。"

"不！不能再跳舞，什么都没有了！"

"有！你还有将来，你还有希望，你只是一时找不着路。"

听了我的话，她不哭了，也不说什么话。

娜达莎的脚伤好了以后就退学了，她想离开这里，重新开始。临走前，她把她第一次演出穿的那双粉红色的芭蕾舞鞋送给我一只，另一只她保留下来，说是做个纪念。从此以后，我再也没有见过她。

直到八年后的一天，我在路上看见娜达莎和一个六七岁的小女孩儿经过。我走过去打招呼，她竟然还认得我。我看着小女孩儿说："这是……"

她满脸幸福地介绍说："这是我女儿。"

我对她说："你女儿真漂亮。这几年过得怎么样？"

她说："非常好。记得那一天离开的时候，我心灰意冷。没想到，不久我却遇到了他。他并不是我梦中的白马王子，可是他鼓励我再跳舞，是他让我再次相信爱情，和他在一起我觉得很幸福。我们婚后不久，上帝就给了我们最美的礼物，我们的女儿。"

"太好了，恭喜你！这么说，你继续跳舞了？"

她笑着回答："对。虽然医生告诉我不能再跳芭蕾舞了，可是仔细一想，其实我没有残废，我的心一直在跳舞，只要有信心，我还是可以的，我用自己的方式来跳舞，来跳属于我自己的舞蹈。"

她的回答令我印象深刻。

此后，每次看到那只舞鞋，我总会想起她；每次遇到挫折，或者不开心的事，我都不会灰心，因为我心里有希望。

（本文曾经发表于《广州华苑》2007年第1期，收入本书时经作者再次修改）

意难忘

［泰国］马晓铃　2006 级 B 班

在一列开得飞快的火车上，胜天、胜志和阿水三个好兄弟正在通过火车窗往上爬，火车的速度加上外面猛烈的风差点把胜志刮下来。在两个哥哥的帮助下，胜志终于也爬到了火车的车顶上。火车顶上面摆满了无数值钱的木头。

"喂！你们三个想干吗?"突然不知道从哪里传来这句话。

他们三个东张西望找那个人。这时保卫这些木材的肥猪从后边也爬了上来，后面还跟着一群小伙子，手上都拿着刀和枪。原来他们老大阿炮已先派他们来等胜天他们三个了。

"你们想这么容易就把这些木材偷去？先回去做梦吧！我们炮哥花了不少钱才把这些木材砍来，要是让你们三个占这么大便宜，那一定不是炮哥了！哈哈哈……"

"肥猪啊肥猪！那今天我们就要让你好看，让你空着手回去见你们炮哥!"

话还没说完，他们双方就开始在上面打架。胜天他们一边打一边把木头推到火车旁边的河里，肥猪看场面不好就命令手下开枪，但胜天三兄弟动作很快，谁都没有中弹。就在这时，他们看准机会从火车顶上跳到接近火车的山路上。

他们连忙赶到了河口，捞上刚才推下去的木头，把木头装到大货车上，回山下把这些偷来的木材卖掉。正在他们回家的时候，突然下起了大雨。

漂亮优雅的王老师带着一群可爱的小学生在路边躲雨，胜天看到了就叫停车，他们跳下去把王老师和小朋友们接上车一起送到学校去。

小朋友们都下车了，只剩下王老师，这时胜天伸出手表示要帮王老师，王老师抬头一看，就在这下着满天雨时，胜天对王老师一见钟情。

那天晚上，胜天他们三个都来到了"小南国"这家酒吧，正在他们豪爽地喝着酒时，阿炮和手下们也来了。他们一齐坐在同一张桌，开始喝起了酒。

"王胜天！你还是好好地把那些木头交出来吧！免得大家都不高兴!"阿炮用冰冷的语气说。

"你想得太美了吧！炮哥，比起当年你让我们全家落到那么惨的下场，这只不过是开始而已。"

两瓶酒没喝完阿炮就要向胜天开枪了。这时房门一开，门口站着一位年轻貌美的姑娘，里边正要打起架来的人都愣住了。

“炮哥，我想你们都是聪明人，有话好好说嘛！在这里杀了人，对你这大人物一定没什么好处的，你说是不是啊！”丽珠慢慢地说。“哟！是什么风把这位美女吹来的啊！你要我不开枪，可以，但你必须把这瓶酒喝光，要是你还可以继续这么清醒镇定，好端端地走出这门的话，那么今天我就先放过他们。”

丽珠毫不犹豫地把这瓶酒喝完。她还是能保持自己稳定的情绪，自信地走出门去。胜天他们马上跟出去。

“丽珠，刚才真是太谢谢你了，要不然我们三兄弟可能就白白送命了。”

“胜天，我们是朋友嘛，还要谢什么。”丽珠答道。

其实丽珠早已暗恋着胜天，可胜天一点都不知道，一直把她当作好朋友。

一个月过去了，胜天常常去偷看王老师教书，直到被王老师发现了，他们俩开始交起了朋友。胜天一回到家就常把王老师的事讲给妈妈听，慢慢地妈妈也喜欢上了王老师，她叫胜天一定要请王老师来家里吃饭。

王老师终于答应胜天来吃饭。经过这次见面和聊天，胜天妈妈更加喜欢王老师了，甚至想娶王老师作儿媳妇，所以妈妈就开始问起王老师的家庭背景。王老师是一位千金小姐，妈妈早在她儿时就去世了，只剩她跟爸爸两个人，爸爸是一位大老板。

胜天妈妈听了更加喜欢，每天都跟胜天说这件事。一天，双方一起出来吃饭，胜天跟妈妈先到，王老师跟爸爸随后到。这时想不到的事发生了，胜天妈妈一看见王老师的爸爸就晕倒了，胜天马上送妈妈回家，临走时还向王老师跟她爸爸道歉。

妈妈醒来后，大哭了一场，胜天很困惑。妈妈接着还命令胜天从今天开始再也不许去见王老师，再也不许跟她联络，胜天更加疑惑不解。原来王老师的爸爸是胜天的杀父仇人。后来王老师也知道了这件事。她非常惭愧，于是几次去向胜天妈妈负荆请罪，但胜天妈妈不愿意接受。这使王老师非常伤心，于是也对爸爸产生了一种不解的隔阂感。胜天也非常痛苦，他折不断对王老师的感情。另一方面为了孝顺妈妈他也不敢去找王老师，但他心里非常想念王老师。

经过一年的努力，王老师还是得不到胜天妈妈的原谅。她做出很多事替爸爸向胜天家请罪，但一无所获，后来王老师做出了最后的决定。她不知道应该怎么做才能替父亲洗罪，于是决定跳海自杀。她想，用一条命赔一条命也许才对得起胜天全家。

一个苍凉的早晨，王老师来到海岸边。她静静地站在那里，眼泪不断地流下。一转眼王老师消失了，只留下那悲哀的影子。

王老师的死使很多人都格外伤心，尤其是她爸爸。她爸爸不仅是伤心，而且还对胜天家又有了仇恨。胜天也伤心万分。

就在这时候曾经救过胜天的丽珠为了安慰胜天就常来找胜天。她为胜天付出了很多。胜天妈妈看到了也喜欢丽珠。一是丽珠是一个女强人，什么事都会，算是上得厅堂，下得厨房；二是为了让胜天忘掉王老师，所以胜天妈妈就支持胜天和丽珠在一起。

有一天胜天在“小南国”喝酒不肯回家，他妈妈就逼胜志带她老人家去找胜天，但胜志不肯，说东说西，就是不让她去。他妈妈很生气，一个人找到“小南国”去了。为了找胜天，她到了那里，每个房的门都去开，就在她快要找到胜天时，她看到了丽珠正在陪客人喝酒。

“丽珠！是你吗?”

“伯母!”

“你怎么会在这里呢？胜天呢!”

“胜天他……我……”

“原来……原来……你不是我想象的那个丽珠，为什么？为什么?”

回到家后胜天被妈妈打骂了一顿，仍然叫他跟丽珠分手。要不然她要亲自去找丽珠，叫丽珠再也不要跟胜天来往了。

“胜天，你怎么会跟这种酒楼女人在一起，还来骗我说丽珠是什么好女人，这根本就不是。那种不清白的女人怎么能做我们家的儿媳妇呢？要是不听就算你对我们祖宗不孝。你也不要再叫我妈妈了。”

“妈！丽珠真的不是你想的那种人，她真的是好人，而且现在我们已经相爱了，你说怎么分手?”

“好啊！好啊！你既然认为女人比妈妈还重要，那你就去吧！我从来没有过你这没出息的儿子，老公啊！老公！我对不起你，也对不起我们祖宗……”

事情过后几天，丽珠来跟胜天商量这事，他们俩都不想分开。他们想方设法，结果就偷偷地在外面建了一座他们的房子，就这样过了两年躲着胜天妈妈的生活。

这两年胜天依然孝顺妈妈，所以他妈妈毫无怀疑，直到有一天阿炮碰到胜天妈妈，故意带她到胜天跟丽珠的家。妈妈看到胜天跟丽珠在一起十分生气。这次决心要跟胜天断绝母子关系，还骂了丽珠一些讽刺的话让胜天跟丽珠十分难堪。

胜天妈妈为了这件事故意把自己折磨病了，胜天马上回家照顾妈妈，还答应了妈妈跟丽珠分开。这次又是因为胜天的一片孝心，他的爱情被放弃了。丽珠对胜天的做法非常不解，为什么不找别的办法来解决呢？而且他们现在的关系明明是夫妻了。他们有了自己的房子，两人还一起办了一个小公司。“就因为孝心吗?”胜天就放弃了一切。

丽珠是个强人，她不再犹豫了。于是带着胜天还不知道的她肚子里的孩子出国去了。胜天再次为离去的爱人悲伤，而且他还不知道丽珠已经有了他的孩子，要是知道，胜天肯定不会让丽珠走。

五年过去，丽珠在国外生下了一个可爱的儿子，还办了一家公司。她现在已是一个出名的大老板。胜天在国内也有了自己的事业，生活很顺利，但他的心里一直想着丽珠。他决定要出国去找回丽珠。他用了很长时间才打听到丽珠的消息，而且知道他有了一个儿子。胜天非常惊喜，想马上就找回丽珠和孩子来团圆。谁知道他妈妈比他还快，她也知道了这件事，所以亲自去找丽珠，想跟丽珠要回她的孙子。因为这五年来胜天一直不愿意跟别人结婚，他只等着丽珠，所以胜天妈妈一直很想抱孙子，抱着孙子来拜祖宗。

“丽珠，这几年过得好吗?”胜天妈妈问。

“很好，谢谢您的关心。”

“这是我孙子吗?让我抱一抱可以吗?”

“不，他不是您孙子，他只是我的儿子，跟你们王家一点关系都没有。”

“丽珠不要骗我了，他长得这么像胜天，怎么会不是我孙子呢！一定是的。”

“无论如何，我们母子俩跟你们王家什么关系都没有，请你回去吧！不要打扰我们平平静静的生活了。”

“不，他是我孙子，就得跟我回王家，他是王家的后代，我们不能没有他，我求你让他跟我走，你需要什么我都愿意给。”

“你不觉得你们王家太过分了吗?当时，你是怎么样看不起我，怎样逼我离开了胜天，难道你都忘了吗?到现在你还敢来跟我要我儿子，你还当我是人吗?”

“丽珠，我知道当年我不应该那样，我承认我错了，我对不起你，我现在向你道歉，但这孩子你就给我吧！算是看在胜天的份上还是给我这快要回老家的老人吧!”

“现在你说什么都没用了，请回去吧。我们母子有我们的日子，你们也有你们的，所以我们之间不需要有这样的关系。孩子是我的，我会尽力养好他。请你走吧！管家送客。”

“是，小姐。老太太请。”

“丽珠，丽珠我不会这么简单就放弃的，我会再来的……”

胜天知道这件事后非常生气，还说了老妈几句。他认为他老妈不应该这样做，这实在太绝了，其实他是想花时间慢慢地求回丽珠和儿子，可是现在他老妈又破坏了他的诚意。他想现在要是直接去找丽珠，一定得不到丽珠的原谅反而会让丽珠更生气，所以他决定过一段时间再去。

不料丽珠已猜到胜天会来，所以她决定卖掉房子、公司，带着儿子从日本去了美国。这次她的行动谁都不知道，所以胜天来找她们的时候，已经找不到什么了。

胜天十分伤心，像火在烧他的心似的。他心灰意冷，再也不知道去哪里找他们了。他的婚恋几次被母亲破坏，但那又怎样?他不能抱怨什么，因为那是他尊重敬爱的母亲。他只能暗暗地伤心，埋怨他的命运。

几年过去了，胜天还在不停地寻找他的妻子和儿子，但是什么消息也没有。他还是不放弃，要继续找下去……

（本文曾经发表于《广州华苑》2009 年第 2 期）

雨中的情人

［印尼］黄碧音　2006 级 B 班

今年的下雨天怎么那么冷？一滴一滴的雨下个不停，回忆也一滴一滴地浮现在我的脑海里。当回忆起快乐的事时，人会顿时停止呼吸，然后又慢慢地吐出一口气来，刹那间，脸上也露出了笑容。当回忆起难过的事时，人也会顿时停止呼吸，然后又深深地叹了一口气，脸上也带着伤心的模样，摇了摇头。

还记得在二〇〇一年三月的小雨里，一个人在××街散着步，淋着毛毛雨的我不知不觉走到了迷你公园里。平时在这个时候公园里很热闹的，但是今天怎么变得很静了呢？走了半个小时的路，脚一定会酸的，于是我就坐在小湖边的凳子上。发呆的我连毛毛雨停了都不知道。当我回过神时一只狗在我的面前走了过去，我蹲下去摸这只狗，突然前面出现了一个影子，抬头一看，真不敢相信站在我眼前的竟然是我在初中时一直暗恋着的学长。看我吓了一跳的模样，他先开口和我打招呼："好久不见。"短短的一句话让我高兴到只能点点头应一声："嗯。"心里又想确实好久不见了，从毕业典礼至现在已经两年多了。我低下头来又摸摸他的狗。他又说："你一个人吗?"我又回答一句："嗯。"当他又要开口问我时，突然下起大雨来了，于是我们不得不跑到一个小零食店里避雨。雨越下越大，我们也慢慢地聊起来。我们的故事就是从这场雨开始的。

日子一天一天地过去，我们几乎每天都在这个迷你公园里见面。他遛着狗，我散着步。我发现我们越来越谈得来，好像有说不完的话。就这样过去了三个月，在六月的时候，他突然说要去留学。我的心好像突然停止了跳动，难过地对他说："这对你来说是最好的，我会深深地祝福你。"从那天以后我们再也没见过面。过了一个星期，一天晚上八点，我在做作业，听到电话响我就马上接了起来。一个男生的声音说："如果你方便的话可不可以出来一下?"听到他的声音从电话里传出来，我没多想就马上答应了他。

换了衣服以后我手里拿着一把雨伞就出去了。在家附近的公园里他淋着雨等着我的到来。看到我，全身淋湿的他面带着笑容，又悲伤又快乐的笑容。当我向他表示要和他共用雨伞时，他摇着头表示拒绝。他说其实他最喜欢下雨天，他最喜欢淋雨。说完以后他看了我一下，然后把双手伸展开来，头仰望着下雨的天空。他接着说："我喜欢下雨天，看雨从天空落下来，一滴又一滴地落下，这让我可以慢慢地回忆，回头看。”在发抖的他又接着说：“我喜欢淋雨，当我伤心时用它来把我的伤心冲掉，当我快乐时它可以使我更快乐。如果可以，我下辈子要当雨。”他说着说着，注意到了忍不住要哭的我，他把我的雨伞拿掉叫我和他一起淋雨。就这样我们俩淋着雨，一句话也没说，一直慢慢往我家走去。到我家门口时，他突然说：“明天我要走了，我父母已安排好，我到英国去留学。”我的心像被针刺了一下，痛了好久才能说出话来。

我伸出手来想对他表示祝福，祝他一路顺风，不管他在哪儿我都会永远支持他。他握住我的手说：“谢谢你，你知道吗？认识你我很快乐！不管我的人在何方，在多么远的地方，但你该知道我的心永远在你左右。”说完这句话他又说：“再见，到那儿时我会跟你联络。”然后转过身往回走。站在家门前的我将暖暖的眼泪和冷冷的雨混成一块，我就这样一句话也没说地看着他的背影慢慢地消失在雨中。

两个星期后，情绪低落的我放学回家。准备吃午饭时，妈妈告诉我刚才有一个男生打电话给我，他说他是AA。听完后我高兴地跳了起来，把妈妈给吓了一跳。一天又一天的等待，等着他的再度来电。两个月后我们搬家了，搬到另一个城市里。家都搬了，电话号码也换了，这表示我真的没有希望了吗？

二○○二年三月的小雨里，我又打着伞一个人散步，不知不觉又走到迷你公园里，走到一个凳子旁我顿了一下，看到一个男人怀里抱着小狗，不是他！又想起去年在迷你公园里的巧遇。那时多幸福啊！过了一会儿突然下起了大雨。我想起当时跟他告别时他说的话，于是我把雨伞放下，自己一个人在回忆公园里淋雨，希望雨也能把我的悲伤冲掉。

一年过去了，雨永远冲不掉我的悲伤，因为我不愿把这些美好的回忆给忘记掉，他的离开是为了我们彼此的好，我应该快快乐乐地等着他回来，舍得让他离开就表示全心全意地祝福他。

二○○五年的假日，我们全家回到以前住过的小城市过春节。我心里高兴地说：“终于回来了，我亲爱的家乡。”想念家乡的食物，家乡的天空，我回来了！正月初三时我一个人去朋友家拜年，回家路上我经过迷你公园，顺便进去。坐着，想着，过了一会儿，当我要走的时候，突然听见远处有一个男人叫着我的名字，当他走近我时，我真不敢相信他就是我一直在期待着的学长。这次我不是因为难过而说不出话来，而是因为太高兴才说不出话来。我们又这样在迷你公园里散步，因为实在太多话要说了，所以不知不觉又绕了公园三圈。他送我回家时，才向我提起去年他有回来找过我，但我已经搬家了，所以失去了联络方式。他还对我说：“这个月十四号我们出去约会吧！我想跟你说些话，就约在你住的城市的迷你公园里。”

情人节到了，天气很晴朗，我带着愉快的心情去约会，只是路上遇见了车祸，听说那个人在过马路时被撞了，脑浆四溢，死状极惨，但我也没多理会。走到了说好的地点等着他。五个小时过去了我还在那边等他。当我已灰心地要走时，突然他出现了，他紧紧地拥抱着我。过了一阵子，脸色苍白的他说：“我全身很痛，仿佛无处都是刺丝，全身都是洞。”我看到他的裤子的膝盖部位擦破了，问他发生了什么事，他只摇摇头，然后交给我一个东西，原来是一条项链。这条项链很别致，玉坠子可以一分为二，是一个也是一对，它的中间有点红，会发亮。他说：“请你把这条项链好好地保存着，这是我母亲的遗物。真希望你能帮我保存着，因为我恐怕不行了，我要走了，我要去一个很远的地方，这是我们最后一次见面。”雨又突然下起来了，雨和眼泪都把我的眼睛蒙住了。

已经过了三天，这几天我都在默默地哭，一直在想他为什么要这样做，心里又一直有奇怪的感觉，觉得好像永远都不能再看到他了。因为怕自己会越想越多，所以我决定打扫房间。整理报纸时，我看到了十四号的报纸，不知道为什么我突然间想看它，于是我就坐下来看，当我翻到第八页时，那里有报道在迷你公园的交通事故。我看了报纸上登的那张照片，他是我的学长。因为我不敢相信，所以我仔细地看它的内容。我的心突然黑暗起来，泪水慢慢地流出来，心如刀刺般痛，痛得让我无法呼吸。

我晚上十一点才睡觉，平时很少做梦，但是在这种情况下我却做梦了。我梦见我和学长在迷你公园里见面。他穿的衣裳也是那天穿的。他的脸比那天更苍白，他很瘦，看起来又很累，他冰冷如雪的手握住了我的手说：“不要哭，不要哭，你的每一滴眼泪都会伤害到我的心。你不要怕，你不会寂寞的，因为我会永远守护着你。”他说完这一句话时，我的眼泪一直在流，流个不停，我实在忍不住要说出一直藏在我心里的话。当他流着红红的眼泪说“我的时间不多了，我得回去了”时，大哭起来的我终于把那句话给说出来了，我大声地说：“我爱你，我会永远爱着你的。”

看到他的脸越来越模糊，我抓住他的手，叫他不要走，但我已经无法抓到他的手了。我不断地叫他的名字，叫他不要走，但他只微笑着一直往后退地飞上天空。他的身影慢慢地消失在天空的海洋里。

醒过来时我还在叫他的名字，脸上湿湿的我还是在哭着。在我的耳朵里还听到他说：“我也爱你。”可能这句话是他的最后一句话。

想起这个悲伤的爱情故事，回忆起往事的我回过神来，看见外面的雨还是下个不停，我顿时也真想化成大雨。

（本文曾经发表于《广州华苑》2007 年第 1 期）

听见你的声音

［印尼］林思意　2012 级 A 班

汪涵在《开讲啦》节目中曾经说过：美国有一位著名艺术家叫作约翰·凯奇，他在一九五九年的时候写过一部钢琴曲，名字叫作《四分三十三秒》。作品详细描述的是：演奏家站上舞台，打开琴盖，放上琴谱，端坐好了以后，四分三十三秒之内，手指头没有触碰琴键一下，只一直静静地坐着。头十秒大家都在等待，认为有可能这个钢琴师在酝酿情感。过不久，慢慢地有一些躁动，有人打哈欠了，各种各样的声音都出现了。到了四分三十三秒时，钢琴师起来收起琴谱，然后盖上琴盖说："我的演出完毕。"然后就走了。全场觉得很莫名其妙，但是安静下来以后，所有的观众都体会到，虽然那一刻什么声音都没有，但是他们听到了琴键以外的音乐，自己的心跳、呼吸、小声的议论、些许的烦躁，所有的这一切仿佛变成了《四分三十三秒》当中的音乐的每一个组成部分。

现实生活中的我们仿佛那部《四分三十三秒》琴曲。我们可能一直在期待着某种美好的声音，但是有时候却因为等待，而忽略了周围的声音甚至我们自己内在的声音。

当我静下心真正去思考什么是"声音"的时候，才发现自己人生中曾经有很多美好的声音，有很多次的"四分三十三秒"，却几乎都被我忽略了。父母的温馨与疼爱的语言，兄弟姐妹和谐共处的声音，童年和朋友一起玩耍那纯真的声音，长大时朋友的一声问候，老师的教导与关怀，身边每个人的关心，甚至是陌生人的一点微笑，这些一点一滴仿佛是我人生中的琴曲。

还记得自己的一个经历，是一个唤醒自己内在声音的经历，甚至是教会了我该如何用心去发现身边每一个声音的经历。自己从中领悟到了一个真理，当我们用心和用一双美好的眼睛去发现周围时，那么每一件事都有可能是我们人生中的美好声音，能让生命更快乐，活得更有价值的声音。

曾经遇到过一个特殊的小孩子，当时那个小孩快乐的眼神，灿烂的笑容，单纯的举动，成为我一辈子难忘的回忆。

那是三年前的事了，但当我又再想起时，那件事仿佛昨天才发生似的。二○一一年八月二十三号的那天，我刚好从雅加达坐飞机回去日惹。我坐的是早上七点的飞机，所以很早就得起床，准备赶路。到了机场，向妈妈和大哥告别之后我就马上去办理登机手续，不久就进了飞机。那天可真有好运气，因为坐了好多次飞机，但从来没坐过前端，那天我的位置是前端左边第二排。在印尼，飞国内的飞机一般比较小，里面只分左右边，而在左右边的每一排只有三个位置。

当飞机还没起飞时，我发现飞机上的空中小姐跟右边第一排的人说了一些话。仔细一看，原来那边坐了两个妇女还有一个小孩。根据飞行规则，小孩子是不允许坐在第一排的。空中小姐邀请他们移到第二排。可那年龄大概有 7 岁的孩子就是不肯。他的反应和其他一般的孩子有很大的差异，个性很倔强，不肯就是不肯，甚至旁人说的话也当耳边风，似乎一点都不理睬。

旁边的母亲一直甜言蜜语地劝他，但他还是硬着不要。最后用了好多方法来哄他，才能把他说服。

我仔细地看那个小孩，那特殊的面容，头颅小而圆，眼距宽，眼裂小，外眼角上斜，鼻梁低平，外耳小，有时候还会流一点口水。我才发现原来那个小孩是我们常称呼为“特殊的天使”的小孩，他患了唐氏综合征，难怪刚才会有非一般的反应。患唐氏综合征的孩子特征为智能障碍，不管在什么场合他们都随时会有不同的反应。他们终于移到了第二排，也就是跟我同一排。我在左边的第一位，他在右边的中间，但互相还是可以看得到。我的心里产生了一种悲悯的感觉。我只觉得为什么有些人一出生就那么倒霉患了那种病。我稍微知道的是因为他们在妈妈的肚子里时发生了一些不益的事，造成生出来不能健康成长。那时候我刚好在读阿姜布拉姆写的书，很巧合的是我打开的那页正好是阿姜布拉姆写他在服务唐氏综合征患者的经历。阿姜布拉姆写了他在服务过程中的一种态度，刚开始他抱着一颗不是很乐意的心，心里有些不满，可是陪了那些孩子一段时间后，原本的那颗心逐渐转为一颗爱心，从此他便开始用真心和爱心来对待那些孩子。那段经历让他体会到了人生的许多道理。他说从那些小孩的身上学到了真正的快乐。读完了那篇文章，我也为阿姜布拉姆的爱心与精神所感动，然后我把书合上，之后不知不觉往那个孩子的方向看了一眼。当时那个孩子也正好在看我，可是让我万万想不到的是，那个孩子居然向我翘起两个大拇指，还给了我一个灿烂的微笑，仿佛一阵轻风吹拂着我的脸庞。我整个人都愣住了。一个不正常的孩子竟然有那么动人的一幕。我其实有点不相信，但看了我旁边的两个人都睡着了，我才敢肯定那小孩确实是对着我笑的。害羞的我，也还他一个小小的微笑，但我相信这个微笑他是完全看不出来的。我的微笑加了很多成分，里面有犹豫、胆怯等，而那个孩子的笑容是如此的单纯、直爽，是像天使般善良的表情。反思了一阵子我才后悔自己那么胆小，即使他不是向我笑的，但我大大方方地给他一个微笑也不是什么错事。

事情都过去了，但那个小孩给我留下了很深刻的印象。小孩的心灵永远是那么的单纯、善良。他传递的那种无声的声音，让我学会了一个单纯的微笑，也能把快乐带给别人。那简简单单的道理，有几个人能体悟和感受到呢？我相信能够用心去发现和感受到的人，就是最幸福的人。

我们身边有很多这样的“四分三十三秒”，它有可能在四分三十三秒之内，也有可能在四分三十三秒之外。它都是无声的声音，关键只在于我们要用心去发现才会听得到。

“金黄瓜”的故事

［印尼］杨玉英　2010级C班

在中爪哇的一个农村，有一个老太太叫诗利尼。她觉得很孤单，因为她没有孩子，丈夫也已经去世了。她很想要一个孩子，因此只能向上帝恳求，让上帝给她一个奇迹。

有个晚上，她做了一个很奇怪的梦，梦里有一个很大的妖怪让她去家附近的森林中找一棵大树，并告诉她这棵大树下面有一个包，里面就是她非常想要的东西。第二天早上醒来，她对梦中的情景半信半疑，但是她还是去了那个森林。在一棵很大的树下，她果然发现有一个包，心里就充满了好奇。她以为包里面有孩子，打开一看，原来只装了黄瓜籽。

“这黄瓜籽有什么用?”当她在想的时候，她的后面突然响起了笑声。她一转身，就大吃一惊地喊：“求求您啦，不要把我吃掉!”原来是诗利尼梦里的那个妖怪！只见这个妖怪笑着对老太太说道：“哈哈，老太太，不要害怕！你不是想有个孩子吗?”老太太紧张地说：“对……对，妖怪先生。”妖怪答道：“如果这样的话，快把黄瓜籽种下去！这样你就能得到一个女儿。但是千万不要忘记，女儿长大以后，你要把她交给我，我要吃她!”因为诗利尼好想有个孩子，所以她就很快地回答：“好，没问题，我愿意把她交给你。”

说完之后，妖怪就消失了。诗利尼一回到家，就把黄瓜籽种在她家的院子里。每天浇水、施肥……盼呀盼，两个月以后那棵黄瓜树开始结果。奇怪的是，只结了一个黄瓜。那个黄瓜一天比一天大，比一般的黄瓜都大得多，颜色也很特别，是金黄色的。等到黄瓜成熟后，她把黄瓜摘回家。当她把黄瓜切开的那一刻，竟然从黄瓜里面传来了婴儿的哭声。她仔细一看，发现里面躺着一个女婴，正哇哇大哭。诗利尼看到这一切，心里高兴得说不出话来，她给婴儿起了个十分特别的名字——金黄瓜。

诗利尼很疼爱金黄瓜，把她当作自己的亲生女儿抚养，金黄瓜也慢慢长成一个既漂亮又聪明的女孩。可是，有一个晚上，诗利尼又做了一个梦，那个妖怪来找她，提醒她：“不要忘记，下星期我会来带走你的女儿。”从那时候起，诗利尼每天心事重重。金黄瓜知道她的母亲有心事，就问：“妈妈，最近你有什么事吗?”诗利尼本来不想告诉她的女儿，因为她不想让她的女儿难过，但是因为金黄瓜一直问她，求她说出来，她只好对金黄瓜说：“对不起，妈妈瞒着你一件事。”金黄瓜问：“什么事?”诗利尼说：“你该知道，你不是我生的孩子。”然后诗利尼把一切都告诉了金黄瓜。金黄瓜听了，脸上露出似信非信的样子，然后说：“我不要跟妖怪走，我要永远跟妈妈在一起。”

为了不让妖怪把她的女儿带走，诗利尼想了一个办法。在妖怪来到她家的那一天，她让金黄瓜假装生病。妖怪问她：“你的女儿在哪里?”诗利尼说：“对不起，妖怪先生！她得了重病。您再等三天吧，我先把她的病治好。”“你要保证，过了三天你一定要把她交给我。”诗利尼回答：“我保证。”说完，妖怪就走了。诗利尼想办法拖延了时间，对女儿说：“明天我去找隐士，他以前是我丈夫的好朋友，可能他会有办法帮助我们。”

一大早，诗利尼就出发了，去山上找到了那个隐士，并把自己的遭遇告诉了他。听了诗利尼的话，隐士就拿给她四个小包，分别装着黄瓜籽、针、盐和虾酱，然后对她说：“把这四个包交给你的女儿，告诉她当妖怪追她的时候，就把这四个包里的东西倒出来。”诗利尼对隐士深表感激后就马上赶回家，把四个小包交给金黄瓜，并告诉她几个小包的用法。

三天一晃就过去了，妖怪又来到诗利尼的家，要带走金黄瓜。诗利尼叫金黄瓜假装跟着妖怪走。出门时诗利尼悄悄地对金黄瓜说：“女儿，不要害怕！如果妖怪要吃你，就用我给你讲过的方法。”

妖怪看金黄瓜已经长大了，迫不及待地想把她吃掉。正当妖怪要抓她的时候，金黄瓜开始拼命逃跑，妖怪在后面紧追不舍。金黄瓜先打开了第一个小包，把里面的黄瓜籽倒下来。真奇妙！她周围一下子变成了一片黄瓜园，茂盛的藤蔓将妖怪缠住了。可是妖怪很快就从茂密的黄瓜园冲了出来，继续追赶金黄瓜。金黄瓜一边飞快地跑，一边把第二个小包拿出来，将里面的针都倒出来，结果针一下子变成了一群又高又锋利的竹子。尽管妖怪的脚被扎得血流不止，但他还是从竹林里跑了出来。金黄瓜看那个妖怪还在追她，就赶紧把第三个小包的盐扔在地上，结果地上的盐一下子变成了一个又深又宽的海洋，将妖怪淹没了。可是，过了一会儿，妖怪又从大海里出来了。金黄瓜心里紧张极了，因为现在她只剩下最后一个小包了。眼看妖怪就要到她身边了，她把第四个小包拿出来，把里面的虾酱扔到了地上，结果地上的虾酱竟然变成了一片沸腾的泥浆池。妖怪一下子就陷入泥潭之中，越挣扎就陷得越深，不一会儿就完全被淹没了，金黄瓜也终于得救了。

金黄瓜高兴地跑回家，和诗利尼紧紧地拥抱在一起。从此，她们过上了幸福的生活。

（此文发表于《广州华苑》2012 年第 1 期）

男女山的美丽传说

[柬埔寨] 黄明忠 2011 级 C 班

磅针省（KAM PONG CHAM）是柬埔寨国内的 24 个省之一，是柬埔寨橡胶种植中心，也是国内重要的河港。在去磅针省的七号公路西边，距离金边市区约 140 公里处，有两座小小的山峰特别有名，可谓家喻户晓，柬埔寨人民分别称它们为“男山”和“女山”。

男山距离七号公路较近，山头也不太高，远看是一个平顶的山丘，汽车可以穿过一座风格奇特的山门和山道进入山顶。女山位于男山的后边，距离七号公路要更远一点。从男山到女山要过一条小山沟，红土道路狭窄崎岖。女山下面有一个小小的停车场，山脚周围是稻田和茂密的树丛。在男山和女山的山顶上，各有一个巨大的凹洼坑，酷似巨人的脚印。男山山顶上的是左脚印，女山山顶上的是右脚印。相传这是释迦牟尼佛祖路过时，大脚分别踩在男山和女山山顶而留下的，从此在柬埔寨就有了“男左女右”之说。

为什么两座山分别叫“男山”和“女山”呢？这要从一个传说说起。据说很久很久以前，柬埔寨的男人和女人们都很能干，也不断地在各个方面进行竞争，特别是在婚嫁迎娶的问题上，究竟是应该“男人迎娶女人”还是“女人迎娶男人”，双方各持主张，相争不下。

一天，男人和女人们决定以垒土堆山的形式来做出决定——双方约定在第二天的早晨太阳出山前，谁垒土堆山垒得高就算胜利，胜利的一方以后就可以迎娶对方。

约定开始后，男人们便抓紧时间，热火朝天地干了起来；女人们也不甘示弱，紧张有序地垒土堆山。傍晚时分，男人们垒的山已有了坚实的基座，而女人们垒的山才刚刚高出地平线。男人们此时心花怒放，相信胜利一定属于自己。当天完全黑下来后，男人们一个个筋疲力尽、疲惫不堪，但仍在咬牙坚持；而女人们仍然是不紧不慢，循序渐进。

时间不知过了多久，突然在远处山边森林的尽头，一片光明，犹如晨曦。男人们见此情形心中大喜，以为天快亮了，再看女人们堆积的山只有男人堆的山的一半高，便坚信女人们在天亮之前是无论如何也赶不上男人们的，于是，一个个放松神经，倒头便睡。见此情景，女人们进一步加快了堆山的速度，很快就超过了男人们堆的山的高度。这时，雄鸡高唱，天色渐亮，女人们叫男人们快快起来，到女山上看日出。这时，男人们才知道自己输了，却对此丈二和尚摸不着头脑。原来半夜的时候，女人们在远处的森林里用火把和“孔明灯”照亮森林，让精疲力竭、头脑昏沉的男人们以为那是旭日的晨光，于是一个个都安心睡去。利用这个时间差，女人们抓紧堆土，结果用智慧反败为胜。

从此以后，柬埔寨的很多婚礼便都在女方家主持操办，这个习惯延续下来，流传至今，在乡下和金边市区的一些华人家庭里尤其如此。

（本文曾经发表于《广州华苑》2012 年第 2 期）

雪中的悲剧（改写）

［蒙古］白·白格勒玛　2005 级 B 班

大地一到了这严寒的季节，一切都变了样，蒙古以往像海洋般的天空也变成了灰色，好像刮了大风之后，呈现出一种混沌的气象，而且整天飞着清雪。人们走起路来是快的，嘴里边的呼吸，一遇到了严寒好像就冒着烟似的。在白雪像巨人的羊毛毯子覆盖着以往广袤碧绿的寂静的原野时，正在家中望着窗外的我，也忍不住想进入属于自己的暖被中，享受床带给我的柔软，很快我便在这柔软的抚摸下，进入了我的另一个世界中去了……

下着的雪开始细而密了，简直像一张灰色的帷幕，穿过帷幕向前望，只隐约看见黑暗中惨白的影子。雪，它下得很密，仅能看得见不远处的东西，无论向上还是向下，向左还是向右，或者向前，到处只看得见一张绵绵不绝的雪幕。我闯到了那张帷幕中，闯到了一个深山中，在茫茫一片中，我突然看到了一盏幽暗的烛光，再往前去，又看到了在那小木屋中的一个人影，那人影显然是一位老爷爷，我便好奇地走进屋去看。老爷爷正在开心地砍柴烧炭，虽然他的脸上带着笑容，但再仔细一看老爷爷像是已经累到了极限，两鬓花白，手指全黑，衣裳单薄，于是我走进一步问老爷爷："您为什么在这么冷的天还穿得那么单薄，这么晚了还在辛苦劳动呢?"但我却没有勇气问老爷爷的生活这么苦，还哪儿来的笑容啊！老爷爷对我说："你没有看到今天的雪会下一夜吗？一夜的雪明天一定会很冷，所以我的炭也会很快卖出去，这样我就可以拿赚来的钱买暖衣、吃饱饭啊!"这时我才明白老爷爷是以卖炭为生的，他这么辛苦也只是为了吃饱穿暖。

第二天一早老爷爷带我一起走出了这个深山，当老爷爷告诉我就快要到市南门时，我才发现我来到了中国的古代唐朝，我大吃一惊，以往只能在中文课本中读到的唐朝景象，如今就在我眼前。我们赶了一上午的路，牛似乎有些累了，我和老爷爷也开始有些饿了，但炭没有卖出去，我们就没钱填饱肚子。冬阳升得老高，我们找了一处地方休息，这时突然有两个骑着马的人走向我们。我好奇地问老爷爷："他们是谁啊？爷爷您认识吗?"老爷爷告诉我："他们是宫里来的太监，你看他们的穿着!"我便把目光再一次转向他们，一个身穿黄衣，一个身穿白衣，他们对着爷爷拿出了公文，说是皇上下了命令，便无情地把爷爷的炭车拉走了。爷爷的一车木炭足有一千斤重，那两个太监却只留下了半匹红纱和一丈绫子，当作是木炭的价钱，爷爷是多么的舍不得啊，但在他们的强势剥削下却又无可奈何。我为爷爷感到不服，想去反抗，但被爷爷冻肿而又起满茧的苍老的手拉了回来。被爷爷这一拉，我又回到了现实中……

我哭着醒来，嘴里还一直叫着爷爷，这时才发现刚才的一切只是一场噩梦，而这场噩梦使我进入了昨天在汉语课上学的那篇唐朝诗人白居易写的《卖炭翁》的故事之中。我虽已醒，但还在想着爷爷，爷爷往后的生活怎么过？想到他那夜里满怀希望的笑脸，我不禁又一次落下了眼泪。同时我要感谢爷爷教会我的一切，在那样苦的日子里还会给自己前进的希望，还可以露出那么灿烂的笑容。再回过来想一下我自己，已经在这么幸福的环境里，却还一直抱怨着世事的不公，我应为这一切感到忏悔，为活在21世纪感到庆幸，为未来而去努力……

（本文根据唐代诗人白居易的《卖炭翁》改写而成，曾经发表于《广州华苑》2007年第1期）

游　记

中国西安六日游

［印尼］邓舜心　2005 级 B 班

2006 年 10 月 1 日宁静的凌晨，我们暨南大学华文学院的七位学生，拿着旅行箱跟五位陪送朋友挥手后就乘两辆的士奔往本部。本来是要求五点集合的，但四点半我们就到达本部的体育场了。那边一个人都没有。怕找错集合地，我们就打电话给老师。老师挺关心我们的，怕我们着急就赶忙过来了。不久，大家都来了。因我是副团长，所以要先确定人数，点好名后才上车。点名时我发现很多名字我不会念，真是不好意思。

我们在机场等了两个小时，因那时西安天气突然变化，飞机延迟起飞。

我们十二点到了西安机场，愉快的旅行就要开始了。出机场时，我们的广州导游——高导帮我拿了旅行箱，但出机场时不见他拿，我就连忙找，原来是老师帮我拿了。这些小细节让老师们给我留下了好印象。我们上车时一位美丽善良的西安姑娘当我们的本地导游，她让我们叫她于导。她是一位很优秀的讲解人，对中国特别是西安的了解很深，知识很丰富。听她讲解使我感觉到我对中国实在是一知半解，真不好意思称自己是华人。

第一天到西安碑林游玩，我们拜托别人帮忙拍合照。人们看到我们的横幅，其中有一位说他是暨大 2002 届的校友，于是他就和我们一起合照了。没想到，暨大的校友是那么的光荣！晚上到西安秦大饭店时，我们虽然身体很累了，但心里还挺想出去玩儿的，可导游说明天的路程会比较辛苦，所以我们就不出去，十点钟就睡了。这使老师对我们也有很好的评价，很放心我们，知道我们是懂事的大学生了。我们也很高兴不用让老师操心，可以减轻老师当领队的负担。从此，我们与老师也有了很好的合作关系。

第二天我们在车上做了自我介绍，也唱歌打发时间。乘了三小时的车我们终于到了黄帝陵，看到很多老树，有的甚至 5000 岁了，也看到了黄帝的大脚印，然后我们去黄河壶口瀑布。远看好像河里冒出烟来，近看才知道是因为河水正在高涨，水都喷上来了。黄河的水果然是黄的。我与穿着西安当地服装的两位老人拍照时，他们好像很害羞，盖着脸不敢看镜头。

晚上我们到了延安的农家窑洞用晚餐，挺有趣的，就和我在电视上看到的一样。

然后到了杨家岭窑洞过夜。延安的 10 月就已经像广州的冬天那么冷了，虽然天很晚了，我们也都很累了，但因好奇，我们还是在窑洞周围到处拍照。但我个人感觉窑洞好像有点恐怖，睡觉也不敢关灯，洗澡时也不敢关门。晚上我们从朋友房间回房间时有点害怕，都赶快跑回房间。但无论如何，住在冬暖夏凉的窑洞真是一个很有趣的经历。

第三天我们参观了一系列名人的旧居，如毛泽东、刘少奇、周恩来等。旅游团特地为我们安排了一个讲座。讲座人讲得真不错，给我们讲了延安精神，要我们学习延安当时艰苦奋斗的精神。我们都听得似懂非懂的，老师说得对，我们都是“上车睡觉，下车拍照，回去什么都不知道”。

第四天我们实现了到西安的主要目的，参观秦始皇兵马俑。秦始皇真是厉害，怎么能让他的人民做出那么逼真的兵马俑呢！那里的讲解员小王真有趣，他说，关于那些兵马俑，他知道了别人不知道的秘密，那就是它们都是单眼皮的。据说在秦代，单眼皮的人才是美的，不知道是不是真的。我对观看兵马俑的不满是我们只能在上面观看，因为还有很多兵马俑还没修好，加上专家说那些兵马俑若照到阳光会褪色，所以弄个屋子保护它们，这使我们感受不到当时的自然环境是怎么样的。从那儿，我们去了秦陵地宫。里面坐落着秦始皇的小型宫殿，里面的东西还挺精彩的，只是因为光线暗显得有点恐怖，好像进了鬼屋似的。

离开秦始皇宫殿以后我们参观了华清池，终于能够看到以胖为美的杨贵妃了！当我们看到她的雕像时，感觉怪怪的，因为她没有我们想象中的那么胖。看到我们糊涂的表情，于导解释说，当时人们认为的胖其实是指丰满，她说杨贵妃大概有 165 厘米高，130 斤重，正好跟我差不多，好高兴哦！在那儿有个小站，只要五毛钱就可以感受自然温泉水了。我们在里面像泼水节那样用水泼朋友，连老师们也跟我们闹着玩儿，大家都很开心。接着，我们去了苹果园，感受亲自摘苹果的滋味，挺好玩的，苹果也很便宜，一斤才一块钱。晚上我们在旅馆玩警察与杀手的游戏。从玩这游戏起，我们同学之间也更亲密了。我也开始记得他们的名字了。但因第二天必须五点半出发，我们玩到十点就去睡了。

第五天，刺激的时刻到了。我们必须爬两千多米高的华山，但之前要坐缆车到半山才开始爬。我们爬的是西峰，也叫莲花峰，上下的台阶比较小，有些地方甚至要扶着铁栅，一不小心就会滑倒。老师说，走路不看景，看景不走路，那是对的。我们必须专门停下来看景才行。在这，我们使劲地给自己和朋友加油，为了到达山顶而加油。老师们也很细心地照顾我们，一前一后地照顾我们，不想让任何一只“绵羊”被落下。我们终于爬到山顶了，但想在山顶待久一点也不行，因为肚子饿了。下山时，我看到好几位老人肩挑着两个装满东西的篮子上下山，我为他们鼓掌表示赞许。我们这么年轻才爬了一半山就唉声叹气了，而老人们每天必须爬这座山，任劳任怨，真不容易啊！我们从八点爬到下午一点多，虽然很累，但心中充满欢喜。

晚上我们吃西安的特色点心、凉菜和著名的羊肉泡馍。高导也买了葡萄酒给我们。菜基本上都很好吃，只是我们南方人不习惯吃北方的菜，所以感觉怪怪的。于导说的羊肉泡馍也没我们想象中的那么好吃。老师说这是因为于导是西安人，所以很爱西安，西安的一点一滴她都很喜欢，很珍惜。于导也教了我们怎样写非常复杂的“biang”字，是西安人自己创造的一个字，她说我们在任何一个字典里都找不着这个字。是这样写的：穴字头下面最左边有个“月”，月右边分成两行：“幺言幺”和“长马长”，都是繁体字。再往右有一个立刀旁，穴字头外面有个“辶”，中间夹个心。够复杂吧？若你们想知道怎么写就去西安旅游吧！我们吃完之后就去看仿唐歌舞。她们还跳千手观音，大家都拍案叫绝。我看到欣赏者大部分是老外，他们对中国文化都很感兴趣。我因之前喝了一点酒，所以看歌舞时不能全神贯注，很遗憾。他们演完时我们都上去跟他们拍合照。

不知不觉，时间慢慢地溜走了。快乐的旅游将要结束了，我们真舍不得。早上起床我发现自己过敏了，因为平时没喝过酒，所以不知道自己对酒会过敏，但没关系，不是大问题，我还撑得住。最后一天比较轻松了，导游带我们去参观明城墙和大雁塔广场。用午餐之后去了帝王夫妻合葬墓和永泰公主墓。我们在车上时老师要我们一个个上前分享自己旅游的感想。讲完后，有的同学睡觉了，而我们几个调皮的虽然很累了，但还继续玩警察与杀手游戏，而老师们选择看《家》这部电影，大家都很投入。

到机场已经下午六时了。在机场用完晚餐，我们就跟可爱的于导告别了。每个女同学与她拥别时都很舍不得，因为我们25位同学、3位老师与两位导游之间都产生了很深厚的感情。最后还拍了个合照，我们到哪儿也离不开照相的。

九点二十五分到了广州机场，每个人的心都还惦念着美丽的西安。老师与朋友们决定先送我们回华文学院后才回本部，真让我们感动啊！几千个谢谢也不能回报母校给我们这么好的机会和世界各地来的暨大同学一起旅游。我在旅游中学到的比上课学到的要更丰富、更真实、更深刻。这次旅游收获大极了！

如果你们问我是否还想去西安旅游或和暨南团一起旅游，我会不假思索地说：“肯定！”我还想带我父母去呢！

（本文曾经发表于印尼《国际日报》，2007年6月17日、24日，略有删改）

我登上了华山

［印尼］萧金珠　2005 级 A 班

今年的国庆假期（10 月 1 日到 6 日），我跟学校的同学一起去了西安。在西安的那几天我们参观了很多地方，但给我印象最深的是华山。

早上八点多，我跟朋友开始登华山。因为我从来没登过山，所以我登山比他们更有精神，使他们落下很远。我就在山梯旁边停一阵儿等他们来，他们都到了后我们才一起继续爬。

爬了几个小时我们也还没到山顶，我觉得很累，也有点儿无聊，不想爬了。这时我已是气喘吁吁、汗流浃背，腿脚也开始发软。这哪里是登山，简直是登天！我一手扶着旁边的梯子扶手，一手支撑着膝盖，艰难地往上爬。每爬一步，不仅脚要用力蹬，胳膊要用力拉，就连牙齿也要用劲儿。两条腿重得抬不起来，背上的包就像一块大石头。加油！加油！朋友们都互相鼓励，我终于没有放弃。

终于，中午十二点多时我们登上了华山顶！

在华山顶，我和朋友们以及来自四面八方的游客一起观赏壮丽的奇观。我抬头仰望天空，是一片静静的蓝色。我心里只觉得高兴、轻松、平和、自由，感觉自己好像小鸟一样，可以自由地飞了。我看左边右边全部都是大大的、高高的石头，真是醉人的美景啊！欣赏了以后我觉得攀登华山的艰辛是值得的。因为没有那么艰难的攀登，我就领略不到华山风景的奇观！一瞬间，我似乎明白了很多道理。我们面对困难的时候要尽量克服，之后我们才能体会成功的快乐。你们觉得呢？

教师点评：

本文从登华山的无趣和劳累开始，作者写道："每爬一步，不仅脚要用力蹬，胳膊要用力拉，就连牙齿也要用劲儿。两条腿重得抬不起来，背上的包就像一块大石头。"这样的描写非常形象和生动。但更重要的是，作者在朋友们的鼓励和支持下，挺过了难关，终于在险峰欣赏到了无限风光，从而深刻地揭示了本文的主题——不论做什么事情，都有一个"先苦后甜，苦尽甘来"的过程。

（宗世海）

华东之旅

［印尼］黄小铦　2005级A班

暑假未到之时，我的脑海里头已经盘算好了，要利用这次暑假游览上海。不光在脑子里准备，我把一切都提前预备好了——钱、行李、旅行社的电话号码等。我打算一放暑假就直接拨打旅游公司的电话号码预订，当时的念头坚定不移，什么也拦不住我去上海玩儿的小计划！

不知不觉期末考试已考完了，剩下的日子就是假期喽，整整一个月的假，真叫人兴高采烈。我坐在书桌前，一系列五花八门的“假期计划”在我的脑海里跳着莎莎舞呢！此时，正沉浸在幻想之中的我突然被一个朋友的叫声拉回了现实世界。

“小铦，小铦，有好消息，有好消息！”

“好啦好啦，干吗这么激动，什么好消息啊?”

“你上次报名的那个夏令营活动——你入选了，去上海！”

“啊，我的天啊！！！”

就这么简单，我的美梦实现了。

七月二十四号一大早，当宿舍里的舍友们还在打呼噜做美梦时，我就爬起来了，窗外的太阳也同样还没现身，还在睡懒觉！

八点零几分时我们已经到了暨大邵逸夫体育馆的正门。对了，我是和一个朋友一起来的，幸好她也是去华东路线的幸运者之一，是自己人，她是我的同班同学，而且是印尼同胞。顺便补充一点，我们这一次的团队由3位老师以及27位学生组成，我是其中来自印尼的侨胞。

我手上的表显示时间已经九点半了，大家也陆续到了，大家来得真是“及时”，因为旅游本子上也是这么写的——九点半集合。至于我们俩来得太早，那是由于我们来自暨大华文学院的缘故，对暨大本部不熟悉，宁愿早到也不迟到嘛！

坐了两个小时左右的飞机，我们终于抵达了南京机场。一个举着旅游旗的年轻姑娘及一辆蓝色的大巴迎接我们的到来，旅游车一路开往总统府。

“1912年1月1日，孙中山在此处宣誓就任中华民国临时大总统，并组建了中国历史上第一个共和制的国家政权……”我们一面走一面听导游姐姐讲解。

晚清与民国展，洪秀全与天朝宫殿历史陈列，清朝两江总督署史料展，革命的先行者孙中山展，国民政府五院文物史料陈列以及总统府文物史料陈列等都是总统府里的展览集萃，数不胜数的珍贵文物和史料都工工整整地在那里摆放着。

参观了总统府之后，我们直接奔赴民主革命先行者孙中山先生的陵墓——中山陵。最后爬了不少楼梯才成功地踏进最顶上的一个祭堂，此堂里安葬着孙中山先生的遗体。团友们围绕着里面一个圆形的圆圈，圆圈里头一米深左右有孙中山先生躺在棺材上的雕像。根据导游的解释，在雕像的下面五米深处才是孙中山先生的遗体。看起来孙中山所埋葬的地方的设计的确与众不同，极其独特。至于遗体埋在五米多深的地方，是为了让来看望他的同志们，因位置原因自然地往下低着头看，以表示对孙中山的敬意。

晚上是逛夫子庙的自由活动，虽然带有“庙”字，但其实夫子庙已经是一条步行街了，街上两侧都开满了商店。我们逛了一会儿，买了一点儿土特产就回宾馆休息了。宾馆就在跟前，步行五分钟就到。

第二天早晨，旅游车把我们拉到了阅江楼。今天太阳晒得猛烈，我头上戴了一顶棕色帽，身上穿了一件长袖衣，为的是预防紫外线。在这么热的天气下穿长袖衣，难免会引起大伙的好奇心，甚至有人真的来问：“穿长袖不会热死嘛?”

阅江楼共有七层，我逐层参观，给我印象最深刻的是三层大厅正中的一幅巨画，那是中国最大的景德镇巨幅瓷画——《郑和下西洋》。画高 12.8 米，宽 8 米，全景式地描绘了 1405 至 1433 年间郑和下西洋的这段辉煌历史，我在那里拍了几张纪念照。

下一站就是华西村，中国最富裕的村庄，是全国农村走共同富裕道路的典型。在车上，导游姐姐讲解了一大堆华西村的来历。说实在的，导游姐姐所说的我没百分之百听懂，因为汉语毕竟是我的第二语言，所以听力水平不免会有限制，不过我发觉这个导游的确是个天才，嘴巴所吐出来的话既流畅又动听。每一次参观某某景点之前，她都会事先给我们介绍景点的历史、风光等，而且到了那里还会不停地讲解，充分地满足了大家对景物的好奇心。我去过北京和桂林，带团的导游爱偷懒，讲解得很少，使得旅游不愉快。

11：52 我们到了华西村。用完午餐后有另外一个专门的导游哥哥带领我们去访问农民人家。从我们进入华西村的那一刻起，我就晓得这个农村是天下独一无二的，我有生以来还从没见过如此美丽、繁荣、统一的村庄。

“哇!”大家脱口而出这一惊叹词。那时我们正在华西村里的一个农民家，一个超级完美的家，我甚至怀疑这样一个奇迹村庄为什么还以村庄身份存在呢？就如同打扮贫穷的一个千万富翁一般，着装破烂，而身上的财产却世世代代都花不完。

接着我们去华西村附近的一个公园，那里有一个玻璃室，各式各样的植物都种得井然有序，一进门我的目光就被一个 200 多斤重的巨型南瓜吸引了，我等不及要在南瓜旁边摆个可爱的姿势了，可不能错过和超级南瓜合影的时机哦!

后来导游说我们得抓紧时间赶到灵山大佛欣赏大型的佛事表演了，到了目的地大家快速进入大门，精彩夺目的表演正在进行，我把眼睛睁大，洪亮的音乐，灵活的喷泉，配合得特别默契，使得《九龙灌浴》的表演更加丰富多彩，后面的几分钟我都目不转睛地观赏着，太棒了！

表演圆满结束，我继续往前走，走入了佛手广场，那里有天下第一的佛右掌，导游的一句“好运摸佛掌”竟然让大家纷纷接近大佛掌摸了几下，再往前走就可以见到一个灵山大佛，是神州大地上具有代表性的五尊大佛像之一，佛高 88 米，想亲自在灵山大佛的脚底抱佛脚就得先爬几百个台阶的楼梯，我累得喘不过气来了，还是不爬吧！

回到酒店，冲冲凉，把一整天的疲倦也一起冲掉。坐在床上看看相机里照的照片时，恍然想起了在华西村的事情，想起了华西村的第一人物——吴仁宝。导游姐姐是这么说的：“吴仁宝决定在华西村服务到 80 岁，但因为国家主席胡锦涛曾经向他表示过谢意，而且是两个谢谢，所以他下决心无论如何都要做到 85 岁。”我不由得想，吴仁宝也蛮有趣的，我搞不懂是吴仁宝他想得太复杂了，还是胡主席他说得太用心了，竟然能给吴仁宝下决心的力量。换个立场来说，假如是我得到了胡主席的两个谢谢……我想着想着便睡着了。

第三天我们前往苏州，之前导游先带我们到卖紫砂壶的场地。“喝紫砂壶里的水等于喝健康”这一口号完全打动了我的心，接着就毫不犹豫地掏出 120 元递给服务员，至少用那笔钱换来一套“健康”也挺值的。

在车上我一面往车窗外望，一面听导游的讲解，什么苏州美女啦，苏州珍珠啦。接下来的行程是狮子林与寒山寺。狮子林为苏州四大名园之一，园内有许多古怪的石头，有的甚至看起来像狮子，而所谓狮子林的怪石就是太湖石。

“太湖石的四大特点：瘦、皱、漏、透。瘦就是因为太湖石一般的形状……”导游姐姐一句接一句地讲，而站在旁边的我就“自以为是”地开始对太湖石进行小小的研究。

大家都齐了，司机开车往寒山寺。逛狮子林还不错，说真的我还带了一个包包回来，不是吃在嘴里的包包或戴在身上的包包，而是在头上鼓起的包包，是我头上碰出了个鼓包。肇事者是狮子林的太湖石，我是受害者。当我的头撞到太湖石上的那一刹那，整个人突然间变得麻木，接着就是一阵剧痛了，痛得我连眼泪都无法止住了。万幸有个香港朋友挺身而出，用她带来的油膏，亲手帮我敷在头上的疙瘩上，她让我感受到了乐于助人的温暖。

参观完寒山寺，14：38 我们到达周庄。周庄的声誉闻名全国，在那里我们参观了三个重点地方：张厅、双桥和沈厅。游览周庄，双桥是非看不可的。双桥俗称钥匙桥，因为桥面一横一竖，桥洞一方一圆，样子极像古时候人们使用的钥匙，当地人便称之为“钥匙桥”。之后导游便带我们去张厅和沈厅。“张厅是周庄镇仅存的少量明代建筑之一，原名是……”导游说的话越来越模糊了，一大群人挤在我的周围，张厅里的空气确实逐渐减少了，加上身上的汗水流得像雨水似的，闷得不行了！“沈厅共由三部分组成。前部是水墙门和河埠，中部是墙门楼，茶厅，正厅，后部是大堂楼、小堂楼和后厅屋，整个厅堂是典型的‘前厅后堂’建筑格局……”真佩服导游姐姐，在这么闷热的紧急情况下还撑得住，嘴巴还噼里啪啦地讲个不停。而我本人感觉到鼻子难以呼吸了，从包包里翻出一把5块钱的扇子，手一晃，一股凉风扑面而来，我的鼻子再次获得了呼吸的空气，因此这把便宜扇子成了我的“救命恩人”。

第四天的行程是游拙政园，导游姐姐是这样说的：“拙政园是中国园林的经典之作，是中国四大名园之一。”园林这些地方我去的多了，所以拙政园对我来说有点儿普通，见多不怪嘛。可是从客观角度来说呢，大概是我本身不了解这些园林所包含的价值吧，在这一方面我绝对是头大笨猪啊！

拙政园面积辽阔，独自行走必然会走丢的。导游带我们走一段路，随后大家就自由走了，朋友们三三两两地走自己的路，各奔东西。我们几个人一块儿走，其中一个是来自马来西亚的，另一个是来自香港的，边走边谈，偶尔拍拍照。我们花了大半天时间绕了一大圈，总算走到了出口。

13：00 旅游车驶向了丝绸之都——杭州市。导游姐姐仍照样站在前边哇啦哇啦地讲：“一提起西湖，大家不禁会想起一连串美丽动人的爱情故事，比方说，白娘子与许仙，梁山伯与祝英台……”我右手抓着笔，唰唰地记录下一些小笔记，两只耳朵时刻处于警惕状态，自导游姐姐嗓门里滚出来的声波，直传到我的两耳里，结果就是小本本上的一堆潦草字。

“……醒醒啦，可以起来了，别再睡了，杭州就快到了！”导游姐姐拼命叫醒正睡得香香的我们。

“呼哇！”我揉揉两眼，感觉头重重的。

原来导游姐姐想确定一下大家的意见：“你们想不想去看杭州宋城的盛大表演？保证不会后悔的，门票150块……”

大家犹豫不决时，我心里却只有“去”一个字。难得来一趟杭州，不容错过。

“太贵了！”一个后边的朋友嚷开了，接着大家就开始议论纷纷。

“嫌贵啊？不过你们想想，来到杭州不去看宋城不是太可惜了吗？再说……”导游尽力说服大家，脸上挂着一副拿不定主意的神情。

“嫌太贵是吧，150元换来宋城无比隆重的演出，贵固然贵，但物有所值耶。”我悄悄地自我回答。

“那好吧，我们去六和塔。”摆在眼前的事实十分明显，导游说服不了大家，想去的不如不想去的多。我只好带着一落千丈的心情到六和塔去。

“咳!”我一副闷闷不乐的样子爬上又窄又陡的楼梯，额头上写着“无聊”两个字。正在装修的六和塔，那里啥都没有。

晚上又是自由活动，导游给我们介绍了两个地方——清河坊和武林广场。通过一分钟的快速谈判，我们选择武林广场。今晚的目标是西湖龙井茶，杭州名扬天下的高级茶叶，这一样东西非买不可。坐在杭州的的士上，迅速地观赏一下杭州的夜景，一眨眼就到了武林广场。

“喏!”我兴奋地指着前边的茶叶专卖店，恨不得一步迈过去!

我们和店家进行了几十分钟的“咨询”与“介绍”，考虑一番之后我决定买下一套精品和一罐特级西湖龙井茶叶。到收银台结了账就春风满面地回宾馆了。

第五日。一早起来，时间简直像贼一样，一不小心就给溜走了。今天早上还是老样子，将两个白白嫩嫩的鸡蛋塞进肚子里当早餐，增加蛋白质也好，反正其他的我都吃不下。

吃完早餐以后我们乘车去西湖。导游姐姐说，西湖的美景不仅专属春天，夏、秋、冬三季都有它美丽吸引人的一面，正因如此，西湖一年四季旅客川流不息。到了西湖，导游带我们乘船游西湖，观三潭印月、满陇桂雨、曲苑风荷、孤山、断桥等，还远眺了雷峰塔。

游完西湖我们就去灵隐飞来峰，光听名字就觉得很别致。那里果真有很多好看的：山峰奇秀，而且有许多山洞，洞内雕刻着各种各样的佛像。那里还有广为流传的富贵洞及长寿洞，传说经过这两个洞的人就可以得到长寿和富贵，不过来人只能挑选一个洞。既然来到了我就不客气啦，索性打富贵洞钻出去。后面的旅客也陆陆续续从富贵洞钻上来，可见“富贵”比较受欢迎耶!

接下来导游姐姐带我们去买杭白菊，浙江的特产。之后的行程就是最关键的了——上海!

“我们走的这条高速公路是杭海高速公路。”我一边听一边往外看，杭海高速公路上的广告牌，好似正向我们招招手，就像在欢迎我们的到来，我也迫不及待，上海，我们来了!

旅游车一进入上海市，我不由得把眼睛睁得圆圆的，紧紧地注视着上海市的每一个角落。上海的摩天大楼与古老建筑显得很协调，这两种不同时代的建筑物美化了当今的上海市。“上海是中国规模最大的城市，也是中国最重要的文化、经济、金融、工业和通信中心，这一切导致了上海人的生活节奏相当紧张，也自然而然影响到了上海的市内交通……”导游姐姐所说的我都在网上查过了。

到了酒店，肚子已饿得呱呱叫了，看桌上摆着香喷喷的饭菜，还有鱼，还有虾，口水差点儿没滴出来。就这样，大家一起动手夹菜吃，鱼和虾都被大家一扫而光。这一餐是旅游中吃得最好的一餐了，好满意哩!

之后的安排是去看黄浦江的夜景，旅客的队伍长得像一条巨龙似的，排了大半天，好不容易才轮到我们团。游船从外滩浦江游览码头开始，一直到吴淞江口，全程30多公里。游船顺江而下，旅客们在船上欣赏外滩上灿烂华丽的西式建筑，多么让人陶醉的情景啊！沿途而下可见共青森林公园，闸北发电厂的宝塔形水塔和吴淞口西炮台址。我欣赏着眼前的景象，加上悄悄吹来的晚风，这一夜再完美不过了。

游完黄浦江，导游还带我们去了一个地方，可惜我不记得那个地方叫什么名字了。

“嘀嘀嘀——嘀嘀嘀——”我设的手机闹钟把我吓醒了。我爬起来，傻傻地待了一会儿才彻底清醒过来。对啦。今天是最后一天喽，不知为什么，在我内心深处，真的很想广州，很想宿舍，很想朋友们！

早餐后参观一大会址，那是中国近代史上具有重要意义的地方，是中国共产党的诞生地，里面的一切都在介绍中国共产党诞生的历史以及成立后的革命活动。人人都在认真听讲解，而我感觉到脑袋瓜里好像空荡荡的，这个脑袋对中国共产党的历史一无所知，正如一只听到琴声的牛一般，我一副似懂非懂的样子，但还是拼命地听下去。

上完这堂历史课后，导游就带我们去城隍庙商城逛街。那里有超多卖小商品的店铺及饮食店，我们在人群中挤来挤去，顺便欣赏欣赏那里的特色建筑，我们还经过一家“南翔馒头”店，听说那里卖的小笼包远近闻名。最后就走到了一个卖珍珠项链的小摊，我们略微看一看，结果我又心甘情愿买下了一条项链和一包珍珠粉，最惨的是钱包里的人民币都荡然无存了。

然后我们乘车去往上海88层标志性建筑金茂大厦。第88层的观光厅装饰豪华，全部采用进口天然大理石，在那里可以静静地观赏上海市的景象。之后我们就去亚洲第一湾，顺便到外滩，最后往南京路去。最后一个行程都逛完了，换句话说行程到此结束。

在上海机场，大家纷纷跟导游姐姐告别，其实我有点儿舍不得她，这趟旅行可以说多亏有她，才能一帆风顺地结束。

我们乘晚班机返回广州。在飞机上，我跟坐在我旁边的一个香港朋友聊得很投机，我们一直聊到飞机抵达白云机场，大家平安地回到了广州。通过这次夏令营活动，我得到了很多知识，获得了许多体会，也结识了不少朋友，一举三得。

最后，只想对老师们以及朋友们的照顾，由衷地表示感谢，非常荣幸能认识大家！

一次难忘的旅行

［印尼］郑惠友　2005 级 A 班

这件事情发生在两年前，那时我正在印尼雅加达的崇德学校读书。

一辆巴士正走向山顶，前后都没有车，很安静。司机旁若无人地开着车。但是，巴士里面却相反，就像市场一样热闹。这是我们学校——崇德学校第一次举办三天两夜的旅行。几个月一直在学习，让人感到非常单调。出去一下，轻松轻松，让我们回去的时候，又有精神学习，所以，学校就带我们去顶山旅行。

我们一直等着这一天，终于到了旅行的一天，大家都觉得很开心。我们都买了很多小吃，准备了衣服等。我也带了各种各样的游戏，以便在无聊时，我们可以一起玩。大家一路上都不停地唱歌、大喊大叫、玩游戏、互相分小吃。我们都觉得很开心，连司机和老师也跟着我们一起唱歌。巴士里的气氛很热闹，一路上都充满笑声。我们的车也好像跟着我们一起笑，摇来摇去，跳舞似的。

走啊走啊，车子终于慢慢停下来了。同时，大家都站起来，拿自己的东西，然后有秩序地下了车。我一下车就呼吸到了新鲜空气。“啊，真舒服!”我对自己说。我去过顶山好几次了，但不知怎么，我觉得那天的顶山格外漂亮，天气也很好。一看顶山的风景，一切单调的感觉都没了，真让人感到很惬意。

学校组织的这次旅行不仅仅是给我们欣赏风景，也想要锻炼我们的能力。比如，锻炼如何做一个领导，体验团结，学习怎样解决问题等。在那儿，我们也谈论事情，比如“父母给我们的爱”“老师的教育”“朋友之间的关系”等。所以经过这次旅行，我们可以学到怎样做一个更好的人。

这次旅行，老师们和学生会已经安排了很多好玩儿的游戏，包括看篝火、“Jerit malam”（看我们是胆子小还是胆子大的人）、爬山等。其中有一个对我来说很好玩儿的游戏。大家都坐在一起，围成一个大圆圈，然后一位老师站在中间，音乐响起的时候，她就丢一个东西到一位学生的身上。拿到那个东西的同学就继续丢，到音乐停的时候，最后拿到那个东西的人就被罚。有各种各样的惩罚方式，如唱歌、跳舞、跟一个男生或女生表白等，对我来说最可笑的惩罚是用屁股写名字。这种惩罚真好玩儿，看到被罚的人屁股扭来扭去，大家不由得哈哈大笑起来。

第二天晚上，我们的活动是看篝火。我们围成一个大圆圈，边唱歌边慢慢绕着篝火转。大家握着旁边人的手。那时，我感到很温暖，看大家那么团结，心里可舒服啦！走啊，走啊，我的头越来越晕了，觉得好像被一种魔法拉进了另外一个世界一样。火慢慢地熄灭了，同时，大家也停了下来。看着那熄灭的火，我的心也突然冷了起来。我想到明天我们就该回家了。那时，我很希望时间能停下来，我真舍不得离开这个地方。这么漂亮而有趣的地方，谁能舍得离开呢？那天晚上真的给我留下了很深刻的印象。虽然只是很短的时间，但能使大家团结起来，真令人高兴。

第三天，也是最后的一天，活动内容是爬山。我是倒数第二组，我们互相都不认识，我只认识一位同学，他也是我的同座，其他的都是从别的班来的初中生。出发时，我跟我的同座一起走，但不一会儿，他就跟其他男生走在了前面，所以我只好跟初中的女生一起走。过一会儿，不知怎么，大家都熟悉起来了。大家边走边唱歌，个个都很活泼。不知不觉，我们就到了第一个岗。那儿都是坟墓，真恐怖。那时还是五点钟，但是因为有很多人，所以我不怕。过了第一岗，路就更难走了，不仅难，而且也很危险，因为路的两旁都是山谷。因为昨晚下雨了，所以路有点儿滑。走了半天，突然我们迷路了。应该往左走，但我们往右走。迷路的时候真可怕，因为我们差点掉进山谷里去，好在我们没继续走，不然那走在前面的几位初中女生都会掉进去。她们因为被吓到就哭了起来，我那时也想哭，但因为我自己觉得我比她们年龄大，该镇静，所以只好安慰她们。虽然我自己也很怕，但假装不怕的样子。最后的组也像我们一样，迷路了，但因为他们大部分都是男生而且身材也高高大大的，所以对他们来说，要爬上去是比较容易的事情，而我们组大多数是初中生，男的只有几个人，再说他们都瘦瘦矮矮的，怎么能拉我们上去呢？所以，最后我们两个组团结起来，互相帮助，以便大家都能爬上去。我真感谢帮我们的人，没有他们可能就会发生意外。

回到宿舍，大家都是一身泥浆，非常脏。我需要洗一个多小时才能洗干净。洗好澡后，我和我的组集合在一起。大家都议论着迷路的事情。其他同学也跟着听我们迷路的故事，甚至老师们也想听我们的故事。但他们都不敢相信我们的话，不相信我们能走那么危险的路。不信就不信，反正我们自己知道真正发生的是什么。真奇怪，虽然我们的组最倒霉，但我觉得我们是最团结的组。从那时候起，我们的关系便更好了。这就是悲极生乐。我可能一辈子都不会忘掉这件事情。

吃完饭后，我们就该回家了。虽然大家都很累，但是都觉得很开心。大家玩儿得太累了，一路上都在睡觉。我旁边的人也睡得非常香，他一路都靠着我的肩膀睡觉，弄得我不能睡。但我自己心里觉得很激动，想着很快就回到家里了。我的嘴已经很痒了，迫不及待地想告诉家里人我旅行的故事。这真是一次令我难忘的旅行。

教师点评：

本文详细、清楚地讲述了自己去旅行时发生的事情和心理活动，运用了很多修辞手法，如比喻等。文章的描述非常细致，让读者有身临其境的感受，并随着作者的描述时而开心，时而又为作者担心不已。文章叙述简练，用词准确，并且还活用了一些词语，比如“悲极生乐”等，是写得较为精彩的一篇游记。

（刘文辉）

游巴厘岛

［印尼］秦仙霞　2005级A班

暑假前，朋友约我回印尼时去巴厘岛旅游，顺便陪他回乡。我想这个主意不错，就答应了他。因为巴厘岛是印尼最著名的旅游胜地，不光是印尼国民，世界各国的游客都经常光顾。

从雅加达出发，坐了两个小时的飞机，我们就到达巴厘岛了。下飞机后觉得气候很不一样，虽然阳光很强烈，但天气还是很凉快，而且可以感觉到，巴厘岛的空气很好、很干净，不像雅加达，很多污染。

办好入住手续时已经是傍晚了，朋友就带我去库塔。库塔有个步行街，晚上特别热闹。这里聚集了很多来自不同国家的游客，所以感觉不像在印尼。步行街两边有很多商店、旅馆、咖啡馆等，布置得很特别，有很浓郁的当地风格，蛮有趣味。走完步行街就到了库塔海滩，晚上光线比较暗，看不清东西，但能感受到海水特别猛。海滩一带比较安静，只有几个人在散步。往天上望，可以看到明亮的月亮。

在巴厘岛期间，朋友带我去玩了很多地方，其中印象较深的是塔拿·罗特（Tanah Lot）海神庙。塔拿·罗特海神庙是巴厘岛最重要的海边庙宇之一，始建于16世纪。该庙坐落在海边一块巨大的岩石上。从海岸到海中的神庙要经过一条小石子路，浪潮大的时候，这条路就会被海水淹没。在这座神庙附近，偶尔会看到一些黑黄条纹的海蛇，巴厘岛人相信它们是神庙的守护者。回到岸上，我们继续前行，经过一处陡峭的绝壁，向一块高地走去。路边的风景很好，风很大，在耳边呼呼地吹着。走上那块高地，视野开阔：往前看，天海无际；往下看，海水的颜色从浅到深，层层渐进，漂亮极了。

后来，我们还去了阿拉斯·凯达顿（Alas Kedaton）猴林，这也是印度教的神庙之一，因为当地人相信猴子是神仙的化身。走进一座不大的森林，发现森林里住着很多猴子，没有人敢打扰它们。相反，猴子会在游客身旁窜来窜去，有时还会抢东西，所以朋友告诉我要把随身带的贵重物品收好。

到了巴厘岛不去看夕阳的话就太可惜了，所以我们也去了沙奴尔（Sanur）海滩。早就听说沙奴尔海滩的夕阳很美，果然如此。太阳落下时，整片天空都是红色的，配上海水的金黄色，就像一幅画一样，令人陶醉。我们慢慢地走在沙滩上，回头一看，脚印已经不见了，原来是被那小小的波浪给冲掉了，就像我们的烦恼和疲劳一样，在一刹那间消失了。

回来之前，我们还去了登巴刹的购物中心。那边有各种各样的手工艺品卖，有贵的，也有便宜的。很多游客在那儿讨价还价，我也加入其中，买了一些纪念品。游览了一个星期，我们就回到了雅加达。

去巴厘岛对我来说是一个难忘的经历，如果可以的话我还想再去。遗憾的是，很多海滩和个别自然景观已经不像以前那么漂亮了。原因呢，不是自然因素，而是人为破坏。我希望可以尽量减少这种情况，也希望经过大家的努力，把那些地方的美景恢复过来。

（收入本书时作者进行了修改）

拥抱大自然

——中山、开平文化考察记

［印尼］杨丽欢　2013级A班

智者乐水，仁者乐山。古代诗人喜爱描写山水，现代诗人喜爱描写爱情，而我这个年轻的学生则喜爱旅游、考察古迹。静静地欣赏着自然灌溉的风光，静静地感受着人类携手创下的奇迹，静静地呼吸着自然与人类结合的气息。我要学会懂得它的美，保护它的美，拥抱它的美。

在返回广州的车上，脸上有些疲惫，心里却依旧充满喜悦地倚靠在座位上，而后习惯性地从包里拿出手机，点击谭维维的《如果有来生》："以前人们在四月开始收获，躺在高高的谷堆上面笑着，我穿过金黄的麦田，去给稻草人唱歌，等着落山风吹过。你从一座叫'我'的小镇经过，刚好屋顶的雪化成雨飘落，你穿着透明的衣服，给我一个人唱歌，全都是我喜欢的歌，我们去大草原的湖边，等候鸟飞回来……"

渐渐地，我喜欢上了这样静静地往玻璃窗外风景望去，听着优美的音乐，看着美丽的大自然的感觉。我真的没有发呆，而是回想这两天的行程，愉快、有收获的行程。

2015年4月18日，初夏的早晨，仿佛害羞的少女，委婉中隐藏着她的激情与澎湃。天气影响人心，人心影响天气。我相信，大自然与人类是紧紧相依的。果然，过了一会儿，天气如书本一样华丽地翻开下一页，那是可爱的蓝天白云，那是淘气的阳光，那是小绵羊一般温柔的微风。

我还记得，"根在五邑"这四个字所带来的感动和好奇，犹如一位和蔼的老者躺在"江门五邑华侨华人博物馆"的大厅墙壁上。那是华侨的顽强的奋斗、坚忍的意志，那是华侨爱国爱乡的精神，那是丰富多彩的侨乡文化。

我还记得，看到刻在墙上的那首诗时，淡淡的纠结、忧郁骤然涌起。内容是："木楼永别返香江，从此兴邦志气扬。告我同胞谈梓里，稍余衣食莫飘洋。"刹那间便想起王力宏那首《落叶归根》里的词："远离家乡不甚唏嘘，幻化成秋夜，而我却像落叶归根坠在你心间，几分忧郁、几分孤单都心甘情愿，我的爱像落叶归根，家唯独在你身边。"这种归属感，我又何尝不曾有过呢？

我还记得，那古老的碉楼别墅，高高地、庄严地屹立在一望无际的田野中央，就这样一座一座拔地而起，虽有些零散，却有零散中的唯美和独特。周围的池塘、花草、蝴蝶围绕着它也围绕着我。我无尽头地跑啊跑，穿过一个个神秘的高墙厚壁，还有那绿油油的田野、静幽幽的水池，仿佛有人一直在后面远远地追赶着我，却不会有人找到我。如此美的建筑，真是不枉被世人誉为“华侨文化的典范之作”与“令人震撼的建筑艺术长廊”。

我还记得，我一边听着讲解员的讲解，一边游览观看时的心情和感觉。这情景曾经在梦里见过似的；又仿佛以前自己就在那里，那模糊的记忆已经被时间冲淡了；脑海里会浮现出一幕电影的画面，自己则是电影里的女主角，曾在那里徘徊过、等待过，换来的却是岁月的沧桑、憔悴的面孔。不是的，也许是环境的沧桑和唯美引起的忧伤。

我还记得，江水围绕着的“赤坎古镇”。那两旁整齐的骑楼、正中央的孔桥、明镜一般的江水、一个挨着一个的店铺、沿街众多的侨乡特色美食和风味小吃。走在这样热闹的街上，感受着开平市的古老文化和本土独有的风景，不知道有多么美！如果时光能倒流，我真想回到当时的中国看一看，体验一下，游玩一下。

我还记得，玩累了、饿了时吃饭的味道，玩得心情愉悦时吃饭的味道，和小伙伴们围坐在一起吃饭的味道，那是最棒的一次盛宴；吃着开平的特色美食，感受着开平侨民的亲切和热情，那是最特别的一次文化交流。

我还记得，在江门银晶国际酒店的场景。过于兴奋的小伙伴们都聚在一间房里嬉戏玩耍，我也不例外。那是青春的热情，年轻的淘气；孩子的顽皮，童年的任性。我们疯狂，我们贪玩；我们守纪，我们乖顺。

我还记得，中山华帝股份有限公司为2008年北京奥运会生产制造的火炬“祥云”。那经过一次次勇敢的实验而完成的火炬，那经过一个个步骤、一个个部门而完成的火炬；那一排排精致的奖杯和证书，是整个公司专业化、高品质、高技术、高档次的证明，是中山市的荣耀。看着那曾在奥运会现场挥舞过、闪耀过的火炬，心里的崇敬和佩服便熊熊燃起。

我还记得，孙中山先生题写的“天下为公”的牌匾，还有勇敢的试飞者宋庆龄为丈夫而写的“孙中山故居”牌匾，格外庄严。那是孙中山先生的伟大历史，那是他爱国、革命、不断前进的精神。那中西合璧的楼房，仿佛在对世人诉说中西文化互相交接的方式，体现了孙中山先生的革命思想。

我还记得，导游的悉心照料，旅程的收获，体验开平和中山独有的文化特色所带来的感受，这些都深深地烙印在我心底。

总有那么一道风景，望去的那一瞬间是那么美；总有那么一个地方，去过的那一次，是那么令人眷恋；总有那么一件事物，体验的刹那间，是那么奇特。

老师说：“这两天的行程怎么样？是快乐还是感慨？如果都有，那么你就是真的在旅游。”我也深有同感，我觉得旅游的意义更多的在于收获。而更让人身心愉悦的是大自然的宽广，大自然的不朽，大自然的美丽。它那宽广和不朽的美丽其实也有值得人类去学习的地方，假如你感受到了，那就去学，何乐而不为呢？

这两天的行程，真好！能感受到并且表达出来，“独乐乐不如众乐乐”，能够分享喜悦，真美！可是百闻不如一见，若能亲身体会才最好不过。中山、开平实践考察之旅，那些独特、奇妙、唯美，我会记得……

（本文曾经发表于印尼《国际日报》，2015 年 8 月 31 日）

肇庆两日游

［印尼］杨丽欢　2013 级 A 班

在广东学习已有一年半的时间了，这个周末，我和同学们一起去游览了广东历史名城——肇庆市。

早上八点，我们在学校南门集合后便坐上了前往肇庆的大巴车。一路上，同学们个个一副睡不醒的模样，无精打采，唯独我显得既兴奋又好奇。导游不停地介绍着肇庆的历史和文化，我才知道肇庆市有着悠久的历史和美丽的风光，巴不得车开得快一点，早点到达。

到达肇庆后的第一站是鼎湖山。据导游说，鼎湖山的得名有二说：一是因山顶有湖，湖水清澈，四时不竭而称鼎湖山；二是因这里有三座山峰，形成鼎足之势，加上山顶有湖，宛若古鼎而称鼎湖山。鼎湖山是岭南四大名山之一。鼎湖山自唐代以来就是著名的佛教圣地。公元 676 年，智常禅师在鼎湖山西南之顶建了白云寺。明代崇祯年间，有和尚在莲花峰建起莲花庵，不久又改莲花庵为庆云寺。到了清代，庆云寺规模越来越大，成为岭南四大名刹之首。

到了鼎湖山的售票处前，只见一个巨大的砚台庄严地屹立在广场中央。砚台是中国的文房四宝之一，而这里就是著名的端砚（“端”指端州）的出产地。进入景区之后，远远看见一尊大鼎。站在大鼎的脚下，我抬头望去，感觉自己很渺小，实在太令人震撼了！绕过鼎，只见前面是高高的青山，青山下有幽静的湖，湖中是一潭碧水。鼎湖山，原来你竟是这般美！

接着我们就登上了鼎湖山，并特别游览了其中的庆云寺。置身景区的我，一边欣赏着美景，一边听着导游的讲解，好像穿越了时空一样。我喜欢这种感觉。探索拥有悠久历史的古迹，倾听古老的神话故事，感受历史的古今变化，呼吸新鲜的空气，真令人陶醉！

参观了庆云寺后，导游带着我们步行下山。大家一起聊天、拍照，不停地释放着欢声笑语，犹如悦耳的旋律一样，温暖了微冷的冬天，也温暖了我们的心灵。

到了山脚后，我们去往下一站：七星岩。据说七星岩景区由五湖、六岗、七岩、八洞组成。这里湖中有山，山中有洞，洞中有河，美如人间仙境。不知不觉，天色渐晚，天气也渐渐冷了起来，坐在船上，吹着刺骨的冷风，大家不由得哆嗦起来，缩紧了脖子和身子。然而天气影响不了我们的好心情，我们还是充满了兴致。

第二天，我们还游览了砚洲岛和包公祠。传说，砚洲岛是砚化成的，所以叫砚洲岛；而包公祠的建立是为了纪念和感谢历史上的包拯为当地人民做出的贡献。包公祠是典型的岭南建筑，走进祠庙便能感受到浓浓的岭南文化气息。祠中枯萎的莲池，凄凉中带着一种沧桑的美感。

相聚总是那么快乐，而快乐的时光总是那么短暂。在“渔民新村”餐厅吃完午餐后，我们便带着满足、愉快和些许疲惫乘车返回广州了。

这两天的旅游，让我大开了眼界，大饱了口福，领略了博大精深的中国文化，真是受益匪浅！

（本文曾经发表于印尼《国际日报》，2015 年 1 月 5 日，收入本书时有修改）

厦门五日游

［泰国］陈美心　2015 级 C4 班

2014 年 7 月 15 日，是我跟姐姐一起去厦门旅游的日子，我的心里充满了欢乐。坐在飞机上，我十分高兴地往窗外一看，只见白白的云朵，像一团团棉花飘在空中，有的像狮子，有的像小狗，有的像雪糕，有的像花朵，太美了！

第一天，我们首先去厦门中山路步行街。在这里不仅能够品尝到厦门最地道的美味小吃，还能购买到丰富多样的纪念品。听导游说，中山路是厦门最老牌的商业街，人流大、商品多、名气大，不论过去还是现在，人们一提起厦门，必说中山路，就像纽约的曼哈顿、东京的银座、香港的中环、北京的王府井、上海的南京路和广州的北京路。到了厦门，中山路是不能不去的，因为它代表了厦门的繁华。中山路的楼也非常漂亮。我们在中山路买了很多东西，拍了很多照片。

第二天，我跟姐姐坐上大巴，绕着厦门岛游玩了一圈。这天，阳光灿烂，海风习习，蓝色的海面上不停地来往着七彩的游船和红色的货船。环岛路上的风景非常漂亮，途中我们经过了黄厝海滩、椰风寨和厦门大学，都是很美丽的景点。

第三天，我跟姐姐去了鼓浪屿。为什么叫“鼓浪屿”呢？因为那里的浪打在沙滩上会发出“咚咚”的声音，很像打鼓发出的声音，所以就叫“鼓浪屿”。鼓浪屿是一个海上小岛，岛上绿树环抱，海浪拍岸，海水清澈，景色迷人。这个岛没有汽车，游人都是步行，所以没有污染。我跟姐姐爬上了岛上最高的地方——日光岩，听说这里也是厦门市最高的地方。我们看到有很多新郎和新娘来这里拍婚纱照，于是我对姐姐说：“姐姐，我结婚的时候，也要来鼓浪屿拍照。”姐姐笑着说：“好！我们一起来吧！”

第四天，我们去了植物园。这里有非常多的珍奇植物。比如说一种叫作“大丝葵”的树很高，而且两头细中间粗，样子很奇特。还有一棵高大的菩提树，据说佛祖释迦牟尼就是坐在这棵菩提树下修行的。我们坐在树下乘凉，尽情呼吸着新鲜空气。游完植物园以后，我和姐姐接着去厦门大学校内玩。听说厦门大学很美，果然如此。厦门大学的校园非常大，教学楼都很有特色。我觉得自己很幸运，可以来厦门大学看看！从厦门大学的一个门出来后，过了一座天桥，就到了白城海滩了。这里的人非常多，其风景就像是一幅美丽的画。我跟姐姐在海边跑着、跳着，玩得特别开心，海边留下了我们快乐的身影和幸福的欢笑声。

第五天是旅游的最后一天，导游带我们去了胡里山炮台。这里的炮台可多了，听说都是用来抵抗倭寇的。参观完胡里山炮台后，导游就带我们坐船看厦门的全景。在船上我一直晕船，一直想吐，真是倒霉！下船以后，我们就去吃海鲜，厦门的海鲜特别好吃，那天我吃了个够！

离开厦门之前，我跟姐姐又去中山路买了很多衣服和特产。我爱上了厦门，还想在厦门玩、吃、逛街，不想回家；但是时间到了，我们只好依依不舍地离开了厦门。再见啦，厦门！

7 月 20 日，我和姐姐回到了泰国，但是厦门这个美丽的海滨城市让我久久不能忘怀。啊，厦门，那洁白的云、那轻柔的风、那湛蓝的海，无一不让我留恋。我心里想，我一定会再来的，厦门！

（收入本书时有较大改动）

游桂林山水

[老挝] 阿碧赛　2015 级 C1 班

去年，我刚来中国留学时就听朋友说中国有句话叫“桂林山水甲天下”。什么意思呢？朋友解释说：“‘甲天下’就是天下第一，说的是桂林山水是天下第一的美景。”听了朋友的解释，我心里顿时便觉得痒痒的。今年“十一”长假，我终于实现了自己的愿望，约了几个好朋友去了桂林，游览了桂林的美景。

桂林在中国的广西壮族自治区，那里的天气跟老挝差不多。我到了那里游了两天，去了很多地方。

第一天，我们先去了阳朔县的十里画廊景区。那里群山绵延起伏，绿树成荫，阳光明媚，白云朵朵，空气很新鲜，看起来非常舒服。十里画廊景区很大，有传统的水车群，传统的捕鱼、农田耕作等项目，还有美丽的田园风光和各具特色的大小溶洞等，一天的时间根本玩不过来，所以我和朋友根据景区地图的指引，选择了我们最喜欢的田园风光线路，又租了两辆自行车，沿着小道一路骑行。只见路两旁风景优美，绿树环绕，我们两个人都很陶醉，不时地停下来拍拍照，心情无比舒畅。风呼呼地吹着，鲜花和小草飘来飘去，好像在跳舞；鸟在树上叽叽地叫着，好像在唱歌；蝴蝶飞来飞去，在忙着采集花粉。远处有高高的山峰，看起来非常陡峭，我想如果有人爬到山上，十有八九会掉下来。

第二天，我们去了美丽的漓江。我们乘着木船在漓江上观赏桂林山水，看见了秀美的青山和静谧的绿水。桂林的山真的秀美，色彩明丽。早上太阳升起，往远处望去，云雾缭绕，绿树红花，让我感觉不像在现实生活中，而好像在梦里一样。黄昏时分，夕阳缓缓落下了，山的倒影好像温柔的少女在等待心爱的情人，特别忧伤。桂林的水美得让人心动。我从来没看到过这样美的水，水面静静的，感觉不到水在流动；水非常清澈，清得可以看到水里的游鱼；水的颜色碧绿碧绿的，好像一块巨大的翡翠；水面上还有可爱的小鸭子，一对对地在游玩嬉戏，看起来很令人羡慕。中国有一句古诗：“舟行碧波上，人在画中游。”大概说的就是这里的景色吧！

游览的时间很快结束了，我和朋友依依不舍地回到了北京。

直到现在我还时时回想起在桂林游玩的情景，非常怀念那段愉快的时光。桂林山水名不虚传，我建议大家都去看一看，一定不会后悔的。

（收入本书时有较大改动）

散　文

街　头

［柬埔寨］谢巧美　2005 级 B 班

夏日的微风把街头的尘土一卷又一卷地卷起来。酷热的太阳也使出浑身气力，像一个火球般把大地晒得难以忍受。受足了热气后的大地，不能与太阳搏斗，只能不停地燃烧整个街面。被燃烧的街面受足了气后也不甘示弱地发出一阵阵热气表达着它的抗议。莫名其妙的人们不知道它们三位到底发生什么事情，只感受到太阳喷火般恐怖的热。这时幸运的人有空调为他们降下热气，减缓汗水在脸上滑落的速度。但行走在街头的人们呢？何来空调解暑呢？只能借着街两旁的大树遮住因太阳与大地的斗争而发出来的热气。被晒得汗水无法再阻拦的人们，双手再怎么擦也擦不掉那滴滴如珠的汗。

搏斗了一整天的太阳终于也筋疲力尽了，慢慢地从天空的中央降落到山的背面，从强烈的日照也稍转为温暖的阳光，它把天空染成一片金黄色，这也代表白天的时光即将结束。

夜晚的街头，靠两旁似照非照的路灯来点亮街头，这反而更添加了街头的孤单。善良的月亮姐姐用柔软的眼神看着那只有孤独一人的街头，她怜爱的眼光把街头照出了新的生命力。街头有了月亮姐姐的陪伴后，便不再有那让人心凉的寂寞眼神了。偶尔一辆飞奔而过的汽车，带来了阵阵的响亮声，也打扰了月亮姐姐与街头的二人世界。随着微风轻柔地吹过，两旁的树轻轻地甩动着那长满叶子的树枝，印在街头上形成了各种各样的图案，更增加了一份美好的景象。

不管再怎么不舍，还是得跟月亮姐姐说再见。凌晨的街头每个人的脸上都写着："又是拼搏的一天了，只有靠今天的努力才能换来明天的舒适。"坐在摩托车上的阿姨急匆匆赶去买菜，三轮车的车夫也正努力地在街头寻找着客人，坐在舒服的汽车里的有钱人也照样要工作，每个人都为了自己美好的明天而忙碌着。来来往往的汽车一辆又一辆都在街头上飞奔而过，谁也不认识谁，每个人都在街头擦肩而过，但是心中的目标却是一致的。

今天的街头不像过往那样晴朗，一大片乌云把蓝天和白云掩盖住了，街头也开始祈祷着：下雨吧！为人们带走一些暑气吧！上帝还是善良的，像在回应街头似的发出震耳欲聋的雷声。下雨了！雨水落在街头上，当汽车行驶过时溅出的水花如一串串珍珠般美丽，行走的人呢，就变成了落汤鸡了。不过这凉爽的雨水反而让他们的心情爽朗起来，边走边踢着街头的雨水。

雨过天晴，下完雨的街头空气清新，两旁的大树也像是刚洗过澡似的，每一片叶子都洗掉了积了多月的尘土，亮得发光，而流下来的水滴在太阳的照耀下形成了五颜六色的水晶。

街头也就像人生的大舞台一样，有烦躁的时候，温暖的时候，忙碌的时候，也有下雨的时候，但是总会“雨过天晴”的。一年三百六十五天，一天一种颜色，就算是碰到了黑色，也是一种体验啊！

教师点评：

《街头》是一篇写得十分巧妙的美文，立意巧妙，语言优美。作者分别描写了夏日的街头、夜晚的街头、雨天的街头三种情景，使用的语言十分贴切，把夏日的炎热、夜晚的柔寂、雨天的清爽描写得形象生动，充满真实的生活气息，让人有似曾相识的感觉。作者最后点明主题，有画龙点睛的效果。

（喻　江）

秋　景

［柬埔寨］王康俊　2005 级 B 班

今年初秋，我、她和朋友们一起到野外度假两天，他们每个人都带着自己喜欢吃的、喝的，只要喜欢的全都带去，而我，只带了两本故事书和足够两天吃喝用的东西而已。

去的车上乱哄哄的，有些人唱歌，有些人说笑，还有些人谈情说爱，这些唱笑声充满了车里的每一个角落，只有我在默默地看书，看得十分入迷。

三个小时后到达终点，车停了，他们飞快地从车厢里跑出来，带着快乐的心情和美好的梦想来访问大自然。我是最后下车的人，我肩膀上背着一个包，手里握着两本书，慢慢地下车。

眼前望去，茂密的树林、绿色的草原、新鲜的空气，潺潺的流水声、唧唧的鸟叫声，这些声音合成一曲既浪漫又动听的乐曲，传入了我的双耳，飘浮在耳中，不肯消失。

晚风轻轻地吹，我在帐篷里躺着看书，倏忽间，听到幽咽声随着晚风吹了进来。这位女生的哭声，我又耳熟又好奇，这时我的心变得忐忑不安，不得不到外面去看个究竟。我便走了出去，真是不相信自己的双眼，竟然是她在树旁坐着哭，哭声断断续续的。我匆忙走过去，蹲下向她问道："你为什么哭呢？有什么心事吗？"她看着我，一声不吭，继而号啕大哭，并用双手紧紧地抱住我，是很紧很紧地抱着我，这种感觉我从来没经历过。

过不久，我再问她："是不是伟明抛弃了你？"她含着眼泪点点头。那时我的心很乱，又高兴、又伤心。高兴的是她抱了我，让我感受到幸福；伤心的是伟明抛弃了她。无缘无故他为什么抛弃她呢？我握着她的手想带她去见他，但她撑着不肯走，眼神好像恳求我似的。然后对我说了一句话："没有永恒的爱情，也没有不变的秋天。"听到这句话之后我的心平静了下来，只好陪她坐在那儿聊天，聊了一整夜。那晚，我们俩聊得非常投入。

第二天早上，她不跟伟明在一起了，就陪我一起吃早餐，一起到河边钓鱼，一起到丛林捉蝴蝶。那是多么难忘的一幕，让我刻骨铭心，永远不能忘怀。

教师点评：

本文写了一个女生失恋后的情态，但作者却把它放在一次旅游中，放在一个美丽如春的秋天里来写，更加反衬出人物内心之激烈的矛盾和冲突。“没有永恒的爱情，也没有不变的秋天”作为点题之笔，更是经典。不过，即便如此，作者还是相信“秋暖花开”。情和景如此美妙地融合在一起，给人的印象非常深刻。

（李玉军）

香蕉树

［印尼］张晓丽　2005 级 B 班

香蕉树是很特殊的，它事实上是草本植物，因为有和树相似的枝叶，于是自然而然地被称为树。

我老家种有很多香蕉树。还记得父亲第一次从爷爷那里带回几棵香蕉树。当时我感到奇怪，为什么父亲把它的叶子砍掉呢？而且它又没有像其他果树那样有很多小根，叫它怎么活下去呢？虽然那时候还小，对什么新奇的东西都想要知道为什么，但那时我并没有直接问父亲。父亲把它们种在路边。父亲一边种，我一边帮父亲浇水。父亲把它们的块根一个一个地埋在地里。两棵树距离大概两米长，就好像士兵一样在那里排着。过了几个星期，这些树日复一日地长出新的叶子。又过了几个月，很快就长得很高了。因为我们家那里的土壤肥沃，所以长起来的香蕉树又粗又高。它的每一片绿叶，都像风帆那样善于捕捉最弱的微风。因此，当轻风吹拂的时候，它的叶就会摇动。更使我陶醉的是雄风吹动的时刻。此时它的树叶会发出阵阵拍打的响声，因此很难保留它的完美。除了刚出生不久的，大部分叶子都像乞丐一样穿着破破烂烂的衣服。

无论是潮湿还是干旱，香蕉树都无所谓。它本身储藏着大量的水分。它从来都不怕孤独，因为到半辈子的时候，就会有小的香蕉树从它根前钻出来陪它。

香蕉树结果与其他果树大不相同。之前，它会先长出比较小的叶子，叶脉有点橙绿色。后来，它会慢慢地从它身体里伸出一个绿色的花蕾。随着时间的推移，花苞也慢慢地张开，吮吸甘露和阳光，在阳光和雨露中向游人点头微笑。大概每一天它都会脱下一片花苞，好像在数着一天一天的日子。

结出来的果，就像弯弯的月亮在天空挂着。挂了四个月左右的时间，开始是嫩绿色，之后变成浅绿色，再变成橙黄色。小挂有二十几个，大挂有近四十个。香蕉的身上长着一点一点的黑色小斑点，好像是月亮脸上长出了一粒粒雀斑。

香蕉树从头到尾都有它的用处。树干能熬来养猪，树叶能用来包饭，它的花蕾可以做菜，它的果实能做出各种各样的食品，要炸要蒸都行。

记得小时候，常常到爷爷那里玩儿。有次，在回家的路途中，天空突然下起雨来。那时又没有带伞。我们村里的路两边都长有香蕉树。我急中生智跑到路边摘断一片香蕉叶。这个伞真是有钱都不一定能买到的。到现在，也会有人用这种随时可拿的雨具。所以说，香蕉树有百种用处。

香蕉也有很多种。有大的也有小的，有黄的也有青的，有长的也有短的。就像人一样，有高的也有矮的，营养水平比较高的树就会长得比较健康。香蕉树也分出很多种，有安汶蕉、大蕉、牛角蕉、麻蕉等。

曾经有种香蕉叫作“甘蕉创造出一个奇迹”。当它开花蕾的时候，同时伸出两个蕾来。所以不但我们人类能生双胞胎，香蕉树也同样能生出两个胖娃。所以别看它只是一棵很普通的树，要去研究才能知道它的真面目。

教师点评：

写植物的文章，需要写出植物的生长属性、特点以及用途等，但这种写法也容易流于空泛的介绍。本文却略有不同，它生动地描写了香蕉树生长过程中的情态：在风中摇曳的姿态，开花时的动态，甚至连香蕉树的用处也是通过自己遇雨时的场景表现出来的。全文显得很生动。特别值得称道的是，文中运用了好几处生动贴切的比喻，更是把香蕉树的美丽表现得格外动人。

（李玉军）

纯洁的鸡蛋花

［老挝］曾佩莹　2005 级 B 班

老挝的人民都喜欢鸡蛋花，因为它是代表老挝人民的花，代表老挝人民的热诚坦荡，代表老挝人民的友好情谊，更代表老挝人民的纯洁真诚。鸡蛋花已经是老挝的一种文化象征，在庭院里种植一棵鸡蛋花树已经是老挝人的一种生活方式和习惯了。

鸡蛋花属于夹竹桃科热带落叶木本小乔木，树干像茶杯一样粗，冠大，叶子很宽大，椭圆形，深绿色，簇在一起别有风姿；花很小，五片花瓣轮叠而生，像小孩子玩的纸风车，无花蕊，花瓣小而厚，颜色外白内黄，因其花瓣洁白、花心淡黄，极似蛋白包着蛋黄，所以人们给它取了一个“鸡蛋花”的名字。这种花有两种，一种因花心呈蛋黄色叫黄花鸡蛋花，另一种因花心呈红色叫红花鸡蛋花。鸡蛋花花瓣五片，花香浓郁，花期很长，大概 4 到 10 个月。在夏天坐在后院乘凉，花香迎面扑来，清香优雅，使人置身于一种安逸、舒适、宁静的境界。落叶后光秃的树干弯曲自然，也吸引了许多人的好奇。

鸡蛋花虽外白内黄有两种颜色，但白是白，黄是黄，泾渭分明，互不渗透，两种颜色搭配在一起非常和谐，白色因黄色而显得更纯洁、更闲适，黄色因白色而显得更安逸、更温润。要是少了一种颜色，就会变成单调的小白花或小黄花了。

一朵朵小鲜花开在宽大的深绿的叶子间，就有一种美弥漫在周围，这种美妙的氛围完全是源于纯洁的鸡蛋花。当你身临其境的时候，很难用文字来形容，用娇艳、明艳一类的词，反而显得俗气，减弱了它的美感，降低了它的气质。它的颜色是那样清雅，有莲的高洁、有兰的淡雅、又有梅的品质……

鸡蛋花纯洁、宁静、安闲，老挝人民纯真、美丽、明智。在很多人眼里，这种花是不显眼的，很少人会去欣赏它。其实只要懂得鸡蛋花的内涵，你就会停下脚步，用一种与世无争、不求名利的心态去欣赏它。它那纯洁宁静的心会净化人的那颗世俗的心。如果能做到像鸡蛋花那样，送人玫瑰，手留余香，把自己的美撒播到周围的人群中去，那么人与人之间的相处就多了一份信任和真诚，少了不必要的纷争和误解。

其实每一种花、每一朵花，不管是在树上还是在草原上，都有着自己的优美之处，只是看我们懂不懂得去欣赏。既然上帝让花与我们为伴，那我们为何不好好珍惜它们呢？为何不让它们来点缀我们生活中的点点滴滴呢？人类就是这样“身在福中不知福”！

（本文收入本书时有较大改动）

教师点评：

鸡蛋花是作者心中“最美丽的花”，它不仅代表老挝人民的优良品质，更是老挝文化的象征。作者介绍了鸡蛋花的形状、颜色，语言生动流利，结构层次分明，错落有致；一些比喻句、排比句式的运用使文章显得更为活泼，耐人寻味。文章最后将其笔下所描写的栩栩如生的鸡蛋花提升到文化的高度来分析，增强了文章的内涵和吸引力。

（刘文辉）

梅　花

［蒙古］江宇静　2005级B班

我喜爱各种美丽的花。玫瑰花的舒展奔放，令我为之心动；牡丹花的国色天香，令我为之痴迷眷恋；我也喜欢水仙花的高雅、清逸、芬芳脱俗……然而我最喜欢的还是梅花。

在我上中学的时候，就常常在中文教材或中文电视频道上看到梅花，从那时起我就喜欢上了它。虽然我喜欢梅花，但从未亲眼看到过，也对梅花没有更多的了解，只是知道它花形秀美多样，花色艳丽多彩，而且能在严寒的冬季开得那么让人心动。直到去年寒假到洛阳探亲时，我才真正明白了为什么梅花会被誉为中华民族的精神而被世人所尊重。

姨妈带我去洛阳的公园玩儿，我闻到幽幽的、淡淡的香气慢慢地飘散过来，让人陶醉。我便随着这股令人陶醉的幽香一直走去，当这股幽香越来越浓时，惊喜万分地发现，在我眼前竟然出现了一片花繁叶茂的梅树。这时我深深地吸了一口气，它的香气更浓了，我顿时心旷神怡。我想，观看过梅花的人应该都与我有同感，会感到鼓舞，感到振奋，心中会腾起异样的激动。

因为梅花总是在没有群花的陪伴、没有绿叶的点缀的冬天，为枯黄、冰寒、凄凉的银白色世界添一份暖意，添一道美丽，添一片生机。梅花坚强地挺立在风雪中，它的这种坚强是许多人都比不上的，虽然自古以来也出现过一些有着像梅花一样品质的人，但这种人毕竟还是很少的，梅花的精神还是十分难得的。我觉得我们不仅要向值得我们学习的人学习，还应该向值得我们学习的植物学习。梅花就是其中之一。

当冬天的天气越来越冷时，在冰天雪地里，梅花冒着严寒，独自开放。梅花忍耐漫天大雪的特殊坚韧，在花中是很奇特的现象。梅花的这种忍辱负重、坚韧不拔的精神，非常值得我们学习，它经历了锤炼后会越开越欢，越开越艳，这代表着它最后胜利了。它那绽开的花朵，不正像胜利者的微笑吗？梅花总是无私、无怨、无悔地默默绽放于严寒之中，给人们的生活带来欢乐和美的享受。

梅花不仅美丽，而且让我懂得了很多。其实我们在现实生活中面对邪恶的势力、残酷的现实，也应该毫不示弱，应该坚强、勇敢、自信地去面对一切。一棵小小的树都能在这么残酷的环境下，顽强地生长得那么茂盛，最终获得胜利，何况我们这些有血有肉的人类呢！如果我们遇到一点挫折就轻易放弃，岂不是很没有面子吗？

我爱梅花，我要像梅花一样，向一切困难发起挑战。

教师点评：

本文语言优美流畅，条理清晰，首尾呼应。文章夹叙夹议地写出了梅花勇敢坚强、无私无畏的高尚品质，情景交融，使人读之如闻花香，如见花开。

（常芳清）

思念苹果树

［柬埔寨］陈家宝　2009级B班

春天来了，它给万物带来了新的生命、新的希望。可是，它却又一次给我带来了痛苦，带来了伤心的回忆。

我曾经想方设法逃避春天的到来，逃避那一段陈年往事所遗留的痛苦的回忆。可我的心仍然没有从痛苦中解脱出来，仍然在那儿徘徊。

春天，让我一次又一次地回忆起她，一直陪伴我的她——苹果树。

就是那年春天，我结识了她。

那天，我心情烦躁，漫无目的地走到了我家附近的一座山上。沿着崎岖不平的山路，不知不觉来到了山坡。突然间，微风轻拂，一股清香飘来，我不由自主地停下了脚步。此时的太阳犹如一盏悬挂于空中的大灯，把整个山坡照得明亮耀眼。由于好奇，我不由环顾四周，远远望去，看到了几棵树，有一棵正开着花，雪白雪白的。我下意识地走近那棵树，只见枝繁叶茂的树上开满了小花，香气扑鼻而来。这股浓郁的香气，瞬间冲淡了我心中的不快。不知不觉中，我与树有了心灵的沟通。

我感谢春天，是它让我和她相遇、相知。

之后的日子，我每日与她见面，向她倾诉。她见证了我的成长。

一段时间过去了，百花争艳的季节过去了，秋天来了。她身上的绿装不见了，换上了金黄色的新装。而后，瑟瑟秋风，抖落了叶片，金黄色的衣裳也换下了。此情此景，使我心如刀绞。我开始埋怨自己，没有及时地保护她。我甚至怨恨秋天的到来，渴望秋天远去。

秋天过去了，可冬天来了。雪花飞舞，苹果树在冰天雪地中被渐渐淹没了。秋天的肆意折磨，冬天的百般虐待，她，独自承受着。

终于，北风像一个老人，它开始乏力了。渐渐地，春风来了，冰雪融化了。春风用它神奇的大手，给荒芜披上了绿装，给我的苹果树吹来了新的生命。我喜出望外，有如重获新生……

经冬复历春。我再次独自看望她。但她一直沉睡着，春风再也吹不醒她了。周围的树上开满了花，小鸟依旧在歌唱，但我却觉得这一切都不存在。因为，我似乎看到了当年的苹果树，香气扑鼻……

（本文曾经发表于《广州华苑》2012年第1期）

我的 Kody

［印尼］陈爱珠

我们家的人的爱好各有不同，爸爸喜欢养龙鱼，妈妈喜欢种花，我喜欢养狗，妹妹喜欢养金花鼠。

爸爸不管做什么事情，总会勤勤恳恳地把事情做好。既然喜欢上龙鱼就得给它美好的生活。无论是吃的还是住的，都要使它们开开心心，无忧无虑。

我们家有一个花园。这个花园是在我妈妈的手下变成美丽的花园的。妈妈是个热情善良的人，怪不得花儿都很听话，在妈妈手下乖乖地成长，而且长得漂漂亮亮的。

我特别喜欢狗。狗虽然是动物，但它能为人类做许多事情，比如引导盲人、保卫财产、看守门户、寻找那些被困住或躲起来的人。其实狗起初是用来帮猎手打猎的，后来多数变成宠物了。

狗类也有很多种，比如一些被猎人使用的狗叫作猎犬，一些被警察或者军队训练去找那些被绑起来或躲起来的人的狗叫作警犬，养在家里看守门户的狗或者被当宠物的狗叫作家犬等。

狗白天时视力比较好，但一到晚上视力就不太可靠了。这时候，它们会用灵敏的耳朵去辨别声音的来源。狗高兴的时候会摇摆尾巴跟人类沟通。

狗觉得热的时候，不能像人类一样靠皮肤流汗来散热。这是因为它们的毛皮太厚，而且身上也没有汗腺，所以它们只好张开嘴巴喘气或者加快呼吸，这样热量会从嘴巴或者舌头散发出去。

一谈到狗或者在路上见到小狗时，我就会想起家里最可爱的狗，名叫 Kody。记得 Kody 第一次被姐姐的朋友送到家里来的时候它还很小很小。因为姐姐去过她朋友家，所以 Kody 有点认识姐姐。它只跟在姐姐的身后。我一直没有机会抱那又矮又胖的毛茸茸的小狗，因为这只狗是与众不同的。虽然跟它住在同一个屋子里，但只有一个人被它当作朋友，那就是姐姐。除了姐姐，谁都不敢碰它，每次要靠近，它就会用低沉而有力的叫声警告我们不许靠近，否则别怪它无礼。

有一天姐姐去雅加达上大学了，Kody 比我们还要难过。可能那感觉就像它第一次跟母亲分离似的。姐姐走后，Kody 成天在门口等着，连饭也不吃、水也不喝。我看得很心痛。它滴溜溜的大大圆圆的眼睛好像在怪姐姐没有带它一起走，过了两天它还不愿意吃饭。于是我胆大包天要碰它的爪子。虽然 Kody 已经用它最可怕的声音警告了我不要碰它，但我不理睬，还是要去碰它，Kody 不客气地用它吃肉的尖尖的大犬齿深深地咬了我一口。咬的地方我还记得一清二楚，但我无怨无悔。我知道当时 Kody 的心情不平和，它还小，又没有母亲陪在身边守护它，主人也离开了它，当然心情会包含着愤怒和恐惧。我不灰心，想方设法跟它接近。一天两三餐我把饭菜或者牛奶送到它的面前。后来 Kody 也被我的行为感动了。

不只是人类，动物也会生病。Kody 生病的时候如果是一般的内热，它会跑到妈妈的花园里坐着吃草，但是如果已经是比较严重的病，我们得带它去看兽医。记得那时 Kody 还小，在外面交往又不能分辨朋友的好坏。它和邻居的小狗交往很亲密，然后得了传染病，全身发痒，甚至在身上长了很多小小的虫子。这实在太恶心了。我们请了一位兽医到家。Kody 像平常一样不给别人碰。除了大闹一场还咬了兽医一口。怎么办呢？我们想方设法，最后我好不容易把它放进麻袋里。它汪汪直叫。这时候兽医用他最快的速度给 Kody 打了针。幸好药针很有效，过了几天 Kody 恢复了健康。身上再也没有什么怪虫子了。

还有一次 Kody 咳嗽得很厉害。我和妹妹忧心忡忡地四处找兽医。兽医在我国寥寥无几，好不容易才找到。妈妈开车出去了，我们不假思索，骑了摩托车就溜出去了。我抱着 Kody 坐在妹妹身后，Kody 的爪子紧紧握着我不敢动。到兽医家，因为要打针，所以我紧紧抱着它，还把它的头紧紧摁在我的胸前，让它不会伸颈去咬兽医。这时我听到它在小声地哭，我也发现它不像以前那么凶那么可怕了，或者是因为它病得没力气了，或者它不好意思面对兽医的那两只小狗。Kody 把被打针的右脚踢在我眼前让我看。我知道它觉得很痛，就马上轻轻地抚摩。可爱的小狗显得很娇气。因为打针，所以它一拐一拐地走，我只好把它抱起来。回到家，我按时给它吃兽医开的药。Kody 也像一般的小孩子，不爱吃药。聪明的它知道什么时候我会把药送到它的嘴里，于是到处躲，无论怎样叫它，它总不会走出来冒险的。为了让它马上恢复健康我不得不把它拉出来。药一送到左边，它的头就往右边歪；一送到右边，它的头就往左边歪。它还小心翼翼地咬我。吃好药，我不会忘记给它最爱吃的糖果。良药苦口利于病，吃了药后它也慢慢有好转了。

我这小狗好可爱。它不愿意被绑着。如果绑着不给它自由，它会成天厉声叫唤。

Kody 吃饭的时候不像其他的小狗，盘一装了饭菜就很快吃光。它呀，首先是慢慢地闻一闻，然后转盘子一圈，坐下来再闻，又转一圈才吃一口。吃的时候，它最不喜欢被打扰。如果看到老鼠经过，它会放弃美味的一餐，飞快追去，像警察抓小偷似的。在花园里经常会有猫路过，也不知道为什么 Kody 跟那些猫像有仇恨似的，永远无法解决，每次碰到总是要斗一场。

Kody 也不像一般的小狗那样贪吃。它是一只善良的小狗，每次吃饭，总不会把饭吃光的，而是留一点给那些流浪的小鸟。小鸟也懂得感激，每天早上太阳公公还没出来工作的时候，它们就在我们的杨桃树上排着队轮流唱歌。有时候有些小鸟不耐烦了就抢着唱歌，后来我们的杨桃树一片混乱，“叽叽喳喳”个不停，那是小鸟吵架的声音。下午的时候，小鸟还会到我们花园里玩。有的是特地来练合唱的，也有的是专门来跟我们的小狗玩的。小鸟喜欢在妈妈的花儿那里站着，左看看，右看看，看看四周是否会出现 Kody 来吓它们。

我家也养了两只金花鼠，是妹妹从马来西亚带回来的。妹妹把它们养在一个专门用来养金花鼠的鼠棚里。金花鼠的房子就像我们的房子一样，是有两层的。它们如果要在楼上睡就得爬楼梯，下面一层还有一个小房子和一个专门用来跑步的楼梯。早上和中午，它们睡懒觉，睡得像懒猪似的，无论如何打扰，甚至房子倒下来也不会吵醒它们。但每次醒过来吃了玉米粒后就会手忙脚乱的。其中一个金花鼠喜欢上下楼梯，另一个比较爱美，它一个劲儿地跑步锻炼身体。Kody 之所以不跟金花鼠打架，是因为它们生活在鼠棚里。Kody 只能“正襟危坐”在鼠棚前观察它们。它耳朵边摇边动，头也跟着往上往下动，好像很不理解那些金花鼠在忙什么。有时金花鼠玩得很吵，这时 Kody 因为身体大很多倍就以为自己是大哥，大叫“汪！汪!”意思是“别闹！别闹!”屋子不但不显得安静，倒显得更喧闹。

上帝创造了数不胜数的动物，我们不可否认狗是其中对人类最忠心的动物。我们的性格可以改变，外貌也可以完全改变，别人可以认不出你是谁，但是狗呀，无论你变成怎样，它总会认出你的。如果真正去了解狗的世界，我们就可以从很多方面看出狗的忠心。

背井离乡的我非常想念家乡，想念最亲爱的父母，想念那有着黑黑的嘴巴和大大圆圆的眼睛，穿巧克力色与白色衣服的小狗。

（本文收入本书时有修改）

请别忘记田地里的它

［泰国］张思濛　2011 级 B 班

傍晚，太阳将要落山的时候，阳光铺在广袤的田地里，洒在金黄的麦穗上，看上去仿佛一匹漂亮的丝绸似的。远远望去，在田埂上，一个个淳朴的农民拉着一头头水牛悠悠地走回家，移动的身影渐行渐远，直到消失在一片暮霭之中。这种既平静又轻松的画面，是现在的都市人很难欣赏到的。

种地是泰国农民自古至今的劳作，有一句话说："农民是泰国的脊梁，泰国能发展起来，也是因为祖国是'农业之国'。"泰国能生产世界闻名的稻米，但是很少人会记得陪着农民种地的伙伴，那就是水牛。说起水牛这种动物，现在很多孩子没有见过真正的水牛是长成什么样的。因为当前的科技很发达，农民们为了生产更多的产品，所以使用"铁水牛"——播种机来种田，导致一大批水牛都"失业"了。

但是在泰国的春武里（Chonburi），水牛却是城市之宝，随处可见。这座城市，除了经常有外国人来观光的帕塔亚海滩，天天到这里来看人妖的旅游团，还保留着一个能反映出古代泰国人的思想和生活方式的习俗叫"水牛赛跑节"。

每年的农历十一月十五日是水牛赛跑节。这段时间，农民的播种结束了，接下来就是他们休息和等待收获的时光，这时也是水牛的假期。最初，农民们会用各种颜色的布和珠串点缀自己的水牛，然后把自己家种的水果放在水牛的背上，各自拉着水牛到市场里集合，一起买卖个人的产品。卖完以后，大家就趁着这个机会来聊天，聊聊大家在农耕时所发现的问题。有一个人兴奋地骑着自己的水牛跑去市场，另外的人也感兴趣，所以就骑着水牛和那个人跑。他们想知道谁的水牛更强壮，所以就骑着水牛赛跑，周围的人们也一边看，一边喊着，非常热闹。从那以后，农民每年都进行水牛赛跑。

以前水牛赛跑的规定里有对时间和路线的限制，而且如果在比赛中从水牛的背上掉下来，就算失败。现在的水牛赛跑节不只是让人们来购买东西，还增加了很多有趣的活动，比如泰拳表演、打鼓表演、藤球比赛。人们还举办水牛的穿着比赛，他们会将自己的水牛打扮得很奇异，比如打扮成印度人、泰国的少数民族、泰国剧的男主角、王子等。还有水牛的健康比赛，是比试谁的水牛是最强壮的。在赛跑中，参赛者会设计自己骑水牛的动作，把观众都惊吓得不停鼓掌。

这个习俗虽然很普通，但是人们却能从中发现乐趣。

“这个水牛赛跑到底有什么意义呢？这些水牛有没有马那么好看？”有的人可能在心中有疑问。这个习俗包含了古代人的善良，因为农民通过它，还会记得去感激他们的水牛。他们还记着这些水牛帮了他们不少的忙，所以继续传承这个传统。而且这个习俗也能让人们一起参加活动，使他们更加团结。一头牛，连接的不仅是人与人的关系，更是古老与当下的文化。

所以，请大家不要忽视这些承载文化记忆的习俗，不要忘记田地里的它——水牛。

惜

［巴西］林梦婷　2012 级 A 班

褶皱的一毛人民币静躺在角落里，屋里的一切回声都让我追溯从前。模糊的片段断断续续地闪现在我的脑海里，踏着熟悉的人行道，手里的余温似乎还未退散，路过破旧的老屋，拨开满是蜘蛛网的旧道。我问自己，你记得吗？那一年，我 6 岁；那一年，你 60 岁，我的奶奶。

或许是我早早地到来这个世界，让还未成熟的妈妈措手不及，她的急性子，让她一次又一次地和爸爸吵架，而源头都是我。那时我刚出生不久，妈妈并不知道如何喂我，如何哄我。3 岁那年，爸爸出国了，你来了，你带着欣喜的目光和苍老的容颜，代替爸妈来城里照顾我。

现在我依然记得，在我四五岁时，每天拿着一个小饭碗跟在我身后，给我喂饭的人是你。我依然记得，每天傍晚顽皮的我玩得总不知道回家，这时把我唤回家的是你。我依然记得，每晚搂着我睡觉，给我扇扇子的人是你。我依然记得，我挨妈妈的打时，拼命拦下妈妈的人是你。好多，好多，你留给我的记忆好像足够我回忆一辈子。

你总是在周末提着包袱回乡下，但是总是在前一天带着我去附近的公园，听场戏曲，戏曲一遍又一遍地唱着，你偷偷地递了一张褶皱的一毛人民币给我。那时家里的经济一塌糊涂，你肩负着一个大家庭的梦，在乡下的工地上用年老的身体扛着砖块一步一个脚印地赚钱。而你却为了不让小朋友看不起我，让我偷偷去买糖吃。

在我六岁那年，破晓时分，一阵急促的手机铃声打破了我的梦，让我从噩梦中解脱了出来。回忆着当时恐怖的梦境，我情不自禁地打了一个寒战。妈妈接完电话后，沉默不语，只是吩咐我赶紧起床，然后，又是一阵沉默，甚至让我以为整个世界就只剩下沉默了。我们坐上了回老家的车，想要问妈妈，却因为还小，只能带着害怕的心憋着。我看到妈妈空洞的眼神里只有绝望，从她身上我嗅到了悲伤的气息。气息，眼神，表情，正在演奏一曲忧伤的旋律。浓浓的忧伤，使得我稚气的脸上也多了几分惆怅。

我们踏进老家的门，我着急地寻找着奶奶的身影，却陷入了更大的噩梦——奶奶躺在大厅的床上，一动不动，身上盖着麻布，脸上也被掩上了一块布。我愣在门口，等着有人告诉我，这是梦，待会儿，会有人来把我唤醒。妈妈一下子跪在了地上，哭得不成样子，而我则全身冰冷。妈妈的哭声，一次一次地震撼着我的心。这是梦吧？

“死”这一字第一次在我六岁的人生中出现，我第一次感受到了死亡，但还没学会哭，只是木愣地待在原地，忘了时间，忘了周围的一切。

就在那一夜，下了一场倾盆大雨，就像我的心一样。无数次的呼吸中有您对我的留恋！伸出手想要再次触摸您温柔的脸，可是夜为什么这么黑，您的脸为什么不再有笑容，为何这般冰凉？

在中国学习华文教育的感受

［印尼］杨丽欢　2013级A班

梦想是生命的航标，是理想的翅膀，是通往成功的桥梁。在这个美妙的世界里，人类为了追求更好的生活而努力奋斗；动物渴望自由而安全的生活，花草树木坚强地盼望着长大。而我，从小就有一个远大的梦。

我清楚地知道自己是离开了母亲怀抱漂泊在海外的炎黄子孙。祖父与父亲是多么渴望有朝一日能够回乡啊！他们曾经向我诉说过华人的点点滴滴以及关于中国的一些故事。俗话说："百闻不如一见。"我下定决心，一定要踏上我梦中的土地，亲自感受故乡的亲切与温暖，寻找自己的"根"。因此，我便开始了漫长而崎岖的汉语之路。

高中时，我先后参加了三次中学生"汉语桥"中文比赛。长风破浪会有时，直挂云帆济沧海。我失败过，可我不曾放弃。高中二年级，我幸运地被选上参加寻根之旅"北京夏令营"。当时那梦想实现的心情，我至今记忆犹新。短暂的夏令营活动让我深深地感受到了回家的温馨、亲切以及踏实。告别北京让我恋恋不舍，回到印尼让我挣扎着想再次回到中国。

光阴似箭，日月如梭。转眼间，我挥手告别了承载着太多成长回忆的高中生活。带着喜悦与期待的心情，我申请赴华求学，在暨南大学华文学院就读华文教育专业。当我拿到那期待已久的录取通知书时，不禁手舞足蹈，心花怒放。天边金掌露成霜，云随雁字长。秋天，无数的叶子像千万只蝴蝶一样在空中旋舞的季节。我此刻的心情似乎比叶子的舞姿还优美，比秋天的气候还舒爽。这种感觉就像在明媚的阳光下，花儿在微笑，鸟儿在快乐地歌唱，树叶欢快地摆动着，空中飘落着亮晶晶的泡泡，我在其中轻快地舞动着，希望永远都不要停止那幸福美好的时刻，这种感觉是极其奇妙的。

暨南大学华文学院是个充满爱与温暖的大家庭。在这里，有亲切的老师如同父母一样关心着我，还有善良的看管宿舍的阿姨，以及天真、善良、可爱的同学们像兄弟姐妹一样关心彼此。

一年之计在于春，一日之计在于晨。早上总是匆忙的，我总是在跟时间赛跑，生怕迟到一次，影响一个学期的学业。上课的时候，时而轻松时而煎熬，时而快乐时而郁闷。但无论是轻松快乐还是煎熬郁闷，我总是会去享受和珍惜上课的过程。老师布置的作业比较多，而且有时还会布置比较有挑战性的作业。我们A班的同学喜欢"临时抱佛脚”。今天给的作业今天不做，明天不做，后天依然不做，等到作业要交的前一天晚上才急着做。但可爱的我们总是会尽最大的努力去完成作业。

我是个热爱娱乐的人。开学的时候就加入了华文教育系学生会的文娱部门。我在文娱部门学到了很多之前没有学过的知识，也积累了经验。虽然很忙很累，并且有时夜深了，带着疲惫的熊猫眼的我们还在楼层的角落里开会，讨论活动的安排及工作，但这样忙碌而快乐的日子让我获得了丰富的知识、成长以及无比的快乐。

我也参加了华文学院艺术团的中国民族舞蹈训练。热爱舞蹈的美，喜欢舞姿的表达方式。舞蹈那轻盈的步伐、柔美的动作似云似水，让我不得不陶醉入迷。参加训练很辛苦，尤其是在即将演出的时候，每天辛苦训练，全身酸痛。但我追求自己想要的，做自己喜欢做的。人们常说：“兴趣是成功最好的老师。”不管多辛苦，只要自己喜欢，就会坚持不懈，而且还会从中感到幸福和满足。

除了文娱部门和艺术团，我还参加了素食和谐家庭。每周五晚上，我总是很兴奋。“快乐操”能使身体健康、思想健康。在和谐家庭里，做操时，我们放松身体和心情而充满活力地跳跃，快乐而有节奏地跳跃。有时，我们会唱唱歌，还会互相分享彼此的喜悦。

忙碌而快乐的学习生活很充实，有时忙到房间都没时间整理，衣服没时间洗。而假期则是思念家人的时间，每当放假，不绝的思念不断涌起。每到此时，我的眼泪就像断了线的珍珠一样在被窝里流下，直到睡着。

在这里，我快乐地学习，积极地参加各种各样的活动。我获得的是丰富的知识和成长的快乐。我感受到的是友谊的沟通、信任、正能量以及满满的爱。在这里，似乎没有残酷的现实生活。华文学院这个温暖的家与现实生活划分了界限，保护着我们。

时间总是那么无情，快乐总是那么短暂。有一天，我会因为爱它而忍痛离开它那温暖的怀抱，就像当初离开父母来这里学习一样。落红不是无情物，化作春泥更护花。那时，坚强的我会把她曾经给予我们的耐心教导、善意批评和爱的温暖传播出去。继续她的梦想，实现她的期望，让每个人都知道她的伟大。

（本文曾经发表于印尼《国际日报》，2014 年 2 月 17 日）

在华文遇见你

［印尼］杨丽欢　2013级A班

当秋天的轻风吹起的时候，当金黄叶子离开树枝飘落着地的时候，当亚航飞机降落在白云机场的时候，当新生训练营开幕的时候，我在华文遇见你。

青春的我们总是那么单纯和天真，总会相信只要努力，不可能的也将成为可能，总是那么热情和冲动。

在华文遇见你，我们在教室一起上课，我们来自相同的国家，也有着不分上下的汉语水平，不管是轻松有趣的课还是令人煎熬的理论课，我们都努力地让自己进入状态，专心听讲。我总是比较勤劳，而你却时常吊儿郎当。作业还没赶完的时候你总是会跟我要，而我，虽然觉得这样的你很懒惰，但还是会得意地用“服了你”的眼神把作业本从后面递给你。你知道我不爱喝水，有时会提醒我该喝水了，有时故意早到，把矿泉水放在我的抽屉里。每当发现时，我心里总是暗暗地甜蜜起来，每当手中握紧水瓶的时候，总觉得有你在的地方真的暖心。而每当我害羞地向你道谢的时候，你总是得意扬扬却傻傻地说“没事”。

在华文遇见你，我们都一样积极。一起加入华教系学生会，一起组织活动，一起为活动辛苦工作。我说这是很好的学习机会，你说你只是热爱与人交际和帮助别人。

在华文遇见你，我们一起参加文化考察，一起旅游和学习。一个学期在学校学习压力大了，心闷了，就去看看外面的世界，呼吸新鲜空气，放松自己，让自己在愉快的旅途中学习，回来后就拼命地完成考察报告。我喜欢这种写作的感觉，你煎熬于这种写作的感觉，可是我们的写作能力都提高了不是吗？

在华文遇见你，我总是比你还积极，喜欢参加朗诵、写作等各种才艺比赛。上台之前手机总会响起，微信上总会出现短短几句加油打气的话语，谁知长长的温暖记忆却开始在我脑海里堆起。有时在奋斗中会有人传给我写着“加油”的纸条，有时在台上会看到台下的某个角落里的某个人用紧张的眼神直直地望着我。

每当我在台上穿得美美的时候，你总会安静地看着我，一句话也不说，脸上却挂着一副满意的神情；每当我拿到成绩后，不管好与坏，掌声最响亮的一定是你。我喜欢展现自己的才艺，喜欢这样的挑战方式，你总是说比赛贵在参与和过程，结果一点都不重要。

在华文遇见你，我比你粗心大意，你比我懂得照顾人。我生病时，你会烦我的舍友，把药、纸条和早餐托我舍友传给我。这时的我最脆弱，最想家，我会偷偷地在被窝里哭泣，而看到你送来的温暖时眼泪便停止了。你说，在你眼里我并不脆弱，只是那个时候我最需要你，而你会挺身而出，在我身边照顾我、安慰我，不管别人怎么看。

在华文遇见你，复习周的时候我们和其他小伙伴一起在图书馆赶课程论文和复习。我们在安静的小角落里享受着只属于彼此的空间，不让任何事物打扰。当其中一个人不懂的时候，我们互相请教；当其中一个人气馁的时候，我们互相鼓励。我们在快乐和痛苦中做伴，过得潇潇洒洒，共享人世繁华，轰轰烈烈把握青春年华。

在华文遇见你，经过疯狂的复习和考试后，我们喜欢和小伙伴们一起出去玩儿，在珠江边上骑着自行车，感受着舒爽的微风。有时一起飞速前进，看看谁冲在前方，先欣赏到前方的景色；有时就这样慢慢地、轻轻地踏着车，一边聊天一边玩笑。

晚上的时候，我们喜欢在“第二站”喝饮料，玩目前最潮、最上档次、最有趣、聚会必玩的“谁是卧底”。我们一起了解中国的流行词和许多事物，从中我们的团体关系也渐渐亲近，与其他国家的朋友一起用汉语交流，我们得到的和学到的不是更上一层楼了吗?

在华文遇见你，有人说复习周期太长了，恨不得赶紧考完试，马上回国度假；你说活在当下，享受现在；我说人有悲欢离合，月有阴晴圆缺，每一次相遇都是值得珍惜的。在宿舍前面，在学院南门，在广州东站都会重演无数次分离和重逢的场景。我们一起见证，一起珍惜着和彼此的相遇。

在华文遇见你，我们终于了解了彼此。前世五百年的修行才换来今生的擦肩而过，我们珍惜着这些奇妙的巧合，珍惜着这个珍贵的相遇，珍惜着这些美丽的时光。

在华文遇见你，我知道你不喜欢食堂的饭菜。而我，虽然手艺不好却还是捏一把汗地做出自己最拿手的一道菜给你尝。当我紧张地把刚出锅的菜端到你面前时，你便笑了；当我看到你吃得很满意的时候，我便笑了。你说，这样努力而又紧张的我最可爱，我做的菜很合你口味，是除了你妈妈之外做得最好吃的；我说，虽然折腾了一个下午，紧张了一个下午，可是看到你吃得那么香，一切都是值得的、幸福的。不管你的言辞有没有夸张，我还是觉得这一刻是幸福的。

在华文遇见你，上了一天的课疲惫了，我们就坐在学校南门。我就这样靠着你，看着前面的夜景，有时会有汽车经过，有时微风静静吹过。虽然这里没有家乡的繁星，虽然这里的月亮不比家乡的圆，但是此时此刻的我们能够相知相依地坐在一起，就这样静静地一起感受周围生物的存在，还有许多、许多的美丽，这便足矣。

在华文遇见你，我们一起去学校附近的电影城看一部新上映的电影。我们入乡随俗地了解中国的传统和新事物，感受人生必经的过程与种种故事，也明白了许多理论和哲理。我还记得看《匆匆那年》时你对我说，你想起以前高中的时光了，而我却回答说，以后你会对谁说你想起大学的时光了呢？你没有回答，我知道你不是会给予空头承诺的人，而我是多么希望以后那个人依旧是我。不悔梦归处，只恨太匆匆。人生总是害怕错过却终究错过，人生总是紧紧握住却终究失去，人生总是有那么多的无奈。

在华文遇见你，我还记得珠江的夜景，珠江轻柔的浪声，江上的微风，还有两个甜蜜的身影在江面浮现。

在华文遇见你，我还记得你送过的玫瑰、百合，一束一束插在我喜欢的瓶子里，就这样放在书桌上的角落里，还有那不时散发出的花香，那是一段小故事，属于我们俩的故事。我还记得，你说花开花谢，世间没有长久的事物，所以让人珍惜。我也曾说，花是美丽的，因为它开放时的美，因为它凋谢时的无情，所以它是美丽的、珍贵的。

在华文遇见你，我还记得在宿舍楼前等待我的身影。

在华文遇见你，我还记得下课时从教学楼走回宿舍的路，是你拉着我的手陪我走过的路。

在华文遇见你，我还记得食堂里头的打闹和欢声笑语，是你的体贴和温柔让我如此幸福。

在华文遇见你，我还记得那一张张不再被翻阅的白纸，还有那用完墨水的笔，静静地躺在书桌上。

在华文遇见你，我还记得被冬天的冷风吹过脸颊，是那样的沉默和憔悴。

在华文遇见你，我还记得那执着和坚强的背影。

在华文遇见你，我还记得全部填写在日记里的回忆依然静默着，还有那来不及记起的，甚至快要被无情地遗忘的，都填写在那本青春的日记里。

在华文遇见你，我还记得那些事，曾经的小事……

（本文曾经发表于印尼《国际日报》，2015 年 5 月 11 日）

2040 年再团聚

［印尼］黄嘉玉　2010 级 B 班

“妈妈，欢迎您回家。”女儿佳佳笑着对我说。不知不觉已是 2040 年了。时间过得真快，我今年 47 岁，已经老了。我有两个孩子，一个儿子，另一个女儿。他们都长大了。儿子是我最大的孩子，今年上高中二年级。他的名字叫福帅，是一个长得很帅、很高又很有福气的男孩。女儿的名字叫佳佳，她今年上初中三年级。她很漂亮，很温柔，除此之外还很听话。他们俩真的是我的无价之宝。

我的丈夫是一位印尼华人。他是很好的男人，也很喜欢帮助别人。这也是我喜欢他的原因。我从大学毕业到现在一直当中文老师。上班时，我教高中学生汉语，下班以后还要在家辅导。虽然这样很忙，但我从中得到了很多经验。“妈，您刚回到印尼一定很累。前天您在广州和朋友们聚得怎么样？开心吗？”福帅问我。“能见到老朋友当然很开心。”我笑着回答他。前几天我还在广州，现在已经在家里了。我去那儿是因为要参加“暨南大学华文学院 2010 级学生聚会”。福帅的问题让我想起了前天聚会的情景。我一到广州，就看到眼前的广州比三十年前繁荣多了。我看看我的周围，发现自己不认识广州了，跟三十年前完全不一样了。

我掏出聚会的邀请卡并看了看上面聚会的地点和时间。噢，原来是中午十二点半在我们当时的华文学院教学楼 402 团聚。我把行李放在酒店后，就搭的士去我三十年前的大学——暨南大学华文学院。车很快就到了华文学院。我慢慢地走进学院。我一边走一边看四周，看看我的学院到底有什么变化。校园的景色还是照样漂亮，很多花草树木。教学楼和办公楼比以前高多了。操场也比三十年前整齐。现在每个操场都在室内，这样的话人们在雨天也不会淋湿，很方便。时间还早，才十二点，但我决定要早一点到达聚会的地点。我走进教学楼坐电梯到四楼。到了 402 的门前，我没有直接进去，而是停了一下。因为快要见到老朋友了，我既紧张又激动。我深吸了一口气然后打开门走了进去。

教室里只有几个人，我的注意力被一位非常面熟的女人吸引了。我仔细看她，过了几秒才认出她就是当年与我同屋的何利冰。她穿着一件很时髦的粉红色衣服。

我招呼她说：“利冰，你还是照样喜欢来得这么早。你还记得我吗？”我记得以前何利冰每次都是最早出宿舍房间去上课的。利冰想了一下，然后说："是黄嘉玉吗?"我点头笑着，并问她："你身体怎么样?"她回答说："我虽然五十多了，但身体还很好啊。你呢?"我说："我的身体也很好。"然后我们接着聊天。她跟一个比她大 12 岁的男人结了婚，生了五个孩子。她给我看了她全家人的照片，她的孩子都很可爱。她现在住在印尼西加里曼丹。

不久，有一对男女手牵着手走进了教室里。我定睛一看，原来是许文成和施玉琳。没想到他们真的结婚了，还是那么浪漫地手牵着手。我往施玉琳和许文成的座位走去，和他们打招呼。施玉林一看到我的脸就认出了我，她说："黄嘉玉，是你吗?"我点头，然后问她和许文成结婚的事。看着她的脸一下子红了，我笑了起来。施玉琳是个中文老师，许文成是个成功的商人。"嘉玉。"一个熟悉的声音叫我。我转头一看，原来是一位不太高的女人在喊我。我认出了她，她是我当年可爱的同屋——吴蜜。她穿得很薄又很少，很性感。我问了问她现在的情况，她也问了问我现在的情况。吴蜜现在也住在印尼西加里曼丹。她住的地方离何利冰住的地方不远。她每周末都会去找利冰。她跟一个比她大 7 岁的男人结了婚。婚姻很完满，很幸福。

十二点半，华文教育系 2010 级全部的学生都来了。我和每一个老朋友打了招呼，问了问他们的情况，看一看他们样子，发现他们脸上都长了皱纹。

好久没有见这些朋友了，这次见面的感觉跟以前不太一样。黄莉双现在很淑女，穿着很流行，她的头发很长。她告诉我她的父母终于同意了她和她高中时的男朋友结婚。现在她有了 6 个孩子，很幸福。黄秋美和 2010 级 B 班的爱情王子张志健结了婚。黄秋美搬去老挝了，也加入了老挝国籍。秋美戴着很多首饰，挎着很有名的包包，穿着一双高跟鞋，看起来，他们的经济条件还不错。何歌梦成了一个很有名的泰国明星。她还是那么漂亮，我好羡慕她。刘玲玲成了泰国的歌星，她的声音就像是天籁之音。张思濛毕业以后就去了非洲，成了模特儿。她和一个非洲男人谈恋爱，结了婚。我们班的副班长刘晓燕现在成了越南学校的校长。听说她在学校里很严格，学生都怕她。她还带了纪念品给我们，让我觉得很不好意思，因为我没有带什么礼物给她。黄文光和潘丽君生了一对双胞胎，他们俩都是中文老师。林文明和黄雪玲也是老师，但他们现在已经退休了。何银霞留在广州当商人，她跟几家公司有合作，工作很忙，但很有钱。

其他的朋友大部分毕业以后都回国当了老师，他们都喜欢自己的职业。因为光顾聊天，所以没有注意到时间。一下子就快到晚上了，我们还有许多话没讲呢。因此，我们就决定一起去北京路步行街逛街。我们一起买各种各样的纪念品，一起讨价还价，过得很愉快。

晚上我们在北京路的真功夫吃饭。我们一边吃一边聊天。十点多，我们不得不分开回家。因为我们很久没见面，那天终于能见面，所以分开时依依不舍。我跟何利冰、吴蜜、黄莉双、黄秋美都抱着告别了一下，然后分开了。

那天既快乐又激动，我决不忘记和朋友们聚会的情景。我回印尼之前，也买了一些东西作纪念品送给我的家人，让他们能对广州也有深刻的印象。

（本文曾经发表于《广州华苑》2012 年第 2 期）

茉莉花香·木棉花香

［马来西亚］黄蕴旖　2012 级 A 班

房间里的窗没关上，就让它开着吧。这窗，除了下雨天，似乎都不曾关上。微风迎面吹来。风，香香的，含着家院里刚开的茉莉花的香味，淡淡的，令人陶醉。

坐在靠窗的沙发上，身旁的落地灯发出微弱的黄光，陪伴我的是我那老花眼镜。正如太阳爱白昼，月亮爱黑夜，而我这快满六十岁的眼睛也特爱它那老花眼镜。当它们爱上彼此后，就不曾抛弃过对方。

耳边传来“咿呀”的声音，那是眼前那张大床独有的声音。“还不睡吗?”简简单单的四个字，却包含了深深的爱意。

“我再待一会儿，你先睡吧。”我回答道。

“别着凉了。”他又回我。

“咿呀。”大床又发出那独特的声音，都叫他修那张床，他却总是忘记。每天提醒，我的话也总是从他的左耳进右耳出。但，也谢谢他没将床修好。因为那独特的声音为今晚这宁静的夜添加了几分色彩。

不知道什么时候我睡着了，只知道是他把我叫醒的。“起床啦，别再睡了，时间到啦，早餐做好了。”他什么时候说话变得那么有韵味了?

“嗯。”我回答了他。我的身体是暖和的，不知道他什么时候为我盖上了毯子，只知道窗外面那温柔的阳光打到我脸上，温温的，柔柔的。窗依然开着，房间里弥漫着淡淡的茉莉花香，清新动人。

我洗漱后，换上了新装，站在镜子前，打量着自己。头发是黑的，可那是染回来的。脸上多了几分岁月的痕迹，可那不是我故意要的。身材还算是我满意的部分，可那是我努力保持的。今天，是个重要的日子。

吃完早餐后，孩子送我们老两口到机场。今天，我们将回到我们的大学——暨南大学华文学院。三十年没回，也不知那儿变化如何。家院里那小路两旁的茉莉花，盛开着。白白的花瓣儿，展现着它们最有活力的一面。

“爸爸妈妈，一路平安，玩得开心点。爸，照顾好妈哦。”孩子道。

“会的啦。”孩子的爸立刻回了话。

我笑了，孩子也笑了，孩子他爸也笑了。从孩子的玩笑里，我好像变成了小朋友，需要孩子他爸照顾。我告诉孩子：“回家的路上要小心，车要开慢点。”这孩子是最令我放心的一个。

在飞机上，大家都坐在自己的座位里，手中拿着智能手机玩游戏或看影片，看文字的很少。当然，极少数的人还是拿着实实在在的书本在阅读，而我就是那极少数中的一位。他早就在我旁边睡着了。帮他收起摆在腿上的书后，又顺手帮他盖上了小毯子。

“书别再看了，睡吧，你昨晚没睡好。”他这么一说，都不知道是我照顾他，还是他照顾我。

飞机终于抵达目的地——广州白云国际机场。这里变了个模样，就像它的名字一样广阔了许多，亮丽了许多，就好像站在白云端上观望着世界。时代变了，环境也变了。没变的是我的心，还是和三十年前第一次踏入这里时一样的那一颗小鹿乱撞的心。

第二天，和他一起从酒店走到华文学院。城市的变化日新月异，我差点都认不出我校的南门了。可那五个雕像还矗立在老地方，依然欢迎着五湖四海的朋友前来。

这南门，还是和当初我离开时一模一样，鲜少打开，还真一度怀疑那南门根本没开过一次。我们只好走到校园的西门，从那儿进到我久别的校园。当初毕业时的心情如今如彩画般在我脑海中闪过。那时我真正体会到徐志摩离开剑桥大学时的那一份心情：“轻轻的我走了，正如我轻轻的来；我轻轻的招手，作别西天的云彩。”

重新踏上校园的土地，心情自然变年轻了，仿佛又回到了大学求学的时候。小路两旁的木棉树，挺拔得就像正在为自己的祖国奋斗的青年好汉。木棉树下的小红花、小绿草在叶荫下，幸福地展现自己最动人的那一面。

挽着他的手，走过了校园的每一个角落。那一年，是我和一班朋友走的，如今换成了他，感觉不一样。有他陪伴，我更踏实，更平稳。校园里永远都弥漫着淡淡的花香。是那熟悉的木棉花香。

这校园依旧在幢幢大楼中显得特别平凡，在繁华的闹市中，非常宁静。那办公楼还是老样子，后面第一教学楼变大了，不远处新建了一栋第三教学楼。下课铃声打破了校园的宁静，学生的欢笑声顿时回荡在校园的每一个角落里。原本空无一人的小路，都是学生的身影。

我们跟着这群年轻有活力的大学生来到了学院饭堂。饭堂还是劳累着它自己在为学生服务，这世界使它改变，它变得和我三十年前看到的不一样了。米饭的香味，服务员的笑容，简直是星级的饭堂。我和他坐在饭堂里，看着每一位正在用餐的学生以及教职员，脑海回忆起以前的情景。

从饭堂出来走到学生生活区，望着那全新的宿舍以及设备齐全的运动场所，我不禁羡慕起现在在这里求学的学子们。羡慕他们的青春、他们的笑容、他们的一切。“他们真幸福。”我不禁说道。

“我们也很幸福。”他紧握着我的手说。我真是不知我该羡慕学生们，还是学生们该羡慕我。但是我知道，那是他给我的肯定，给我的安定。

在校园和他晃悠，就找回了当初恋爱的感觉。那一年的那一天，我们也是在木棉花盛开的时候挽着彼此在校园里约会。地上洒满了木棉花，它的甜香味，甜而不腻，香而有意。

我坐在酒店的椅子上休息，戴着我那老花眼镜看着那本在飞机上没看完的书。看着看着，睡着了。

是那，是那淡淡的茉莉花香；是那，是那温暖的阳光；是那，是那柔软的毯子。

“起床啦，别再睡了，时间到啦，早餐做好了。”他那熟悉的声音响起。

“嗯。”我回答了他。刚刚是梦呢，还是我真实的经历？我分不清楚；是那茉莉花香呢，还是那木棉花香？我还在分辨。无论如何，今天，是个重要的日子。

（收入本书时作者进行了修改）

诗　歌

一场夏天的雨，把她烫伤

［马来西亚］谢嘉莹　2006 级 B 班

又到盛夏，雨落的季节。
他会不会按一下脑海里的倒带键，往故事的最初，一点一点溯去？

他喜欢雨季，那是写歌最好的季节。
她不喜欢雨季，那是悲剧发生不可少的情景。
他送她一把红色的伞，想点亮她雨天灰灰的心情。
再大的雨，她都小心翼翼撑着那把红得像血一样的伞到 Studio 找他。
那些年的夜里，他弹吉他谱曲，她练歌填词。
吉他手与和音天使，看似完美的组合。

情人间送伞，总逃不了“散”的诅咒和命运。
他们同台演出的机会越来越少。
她不再当和音天使，
四处巡回的演出让她缺乏安全感。
他继续吉他手的生涯，一贯的潇洒不羁，
他需要音乐和啤酒更甚一个天使。

爱情的死亡时间，盛夏的雨季。
他再次因为演出临时失约。
她忘了带伞，伫立在滚烫的雨里，
除了淋湿的身体，外表一切完好无缺。
他没看见，她的内心碎得彻底。
他们爱情里的永远，就是永远失去对方。

从此，她的世界开始秘密下着一场没办法停歇的滂沱大雨，
于是她活着，用一种死亡的姿态。

（本文曾经发表于《广州华苑》2010 年第 1 期）

你是我心目中无可取代的一本书

［马来西亚］谢嘉莹　2006 级 B 班

小时候，你是一本我尚未阅读的书，我总认为是你限制了我的自由。

你是一本深奥得我读不懂却一定要读的书。

长大后，我假装我读过你这本书。我以为你生命的内容其实就那么浅而易懂。

当我也反复经历人生起起落落，才终于认真去翻阅你一页一页的人生。

读了你大半的人生，你五十多年的生活切片，原是一道道苦涩的菜肴。

除了小学六年的教育，之后尽是柴米油盐的文学，以及为生活而愁的长夜的失眠小说……

同龄的莘莘学子在校园，你在胶园，却同样采摘着新鲜的智慧、收割着芬芳的知识。

我读懂了，学校不是唯一求知识的地方。

你用胶刀刻画你的青春。

用卑微收入写人情冷暖。

把苦涩写成逸乐。

当我的生命尽是消耗在埋怨、追逐和强求上。

我重阅了你这本书。

我还是不能理解你何以能无怨无悔为四个子女劳劳碌碌一生？

你为何背着这么大的负担不走自己原本潇洒而自在的大道？

你用劳碌去体会清闲；用痛苦去体会快乐；用自己的人生去兑换孩子的幸福。

读你，我看见自己的丑陋。我因为骄傲所以谦卑，我为了被夸奖而慈悲，为了成为好人而慷慨善良……

这是读你的副作用。

然而，我愿意这辈子都抱着你这本书不放。

我相信有一天，我会悟了你书本背后的智慧，让你的生命哲学照耀我的生命。

因为，你是我的母亲，也是我心目中无可取代的一本书。

（本文曾经发表于《广州华苑》2009 年第 1 期）

说 明 文

自我介绍

［蒙古］白·白格勒玛　2005 级 B 班

有这样一个姑娘，有着高高的个子，黑色齐腰的长发，巴掌大的小脸；她很喜欢笑，一笑就露出虎牙，显得既俏皮又可爱；她有一双修长的手，喜欢写毛笔字，也喜欢弹钢琴；她还有一双明亮而有神的眼睛，闪耀着蒙古人特有的敏锐和洞察力。这个姑娘不是别人，正是我。

我的名字叫白·白格勒玛，今年十七岁。我虽然生活在蒙古国，但我出生在中国内蒙古自治区的一个小城市。记得妈妈是这样和我说的："妈妈是在旅游时生下的你，到了你一个月大的时候才回到了蒙古国首都乌兰巴托市。"也许就是这样，我和中国比较有缘，所以在我小的时候，妈妈就让我接受了汉语学校的汉语教育。

刚开始学习汉语时我觉得很吃力，但在妈妈的帮助下我的汉语水平稍有提高，慢慢地我开始喜欢汉语，爱上了这个有着悠久历史和灿烂文化的多民族国家——中国。考大学时我选择继续学习汉语，专业是汉蒙、蒙汉翻译。大学毕业没多久，恰好中国政府给中国驻蒙古国大使馆提供了两个到暨南大学华文学院就读华文教育专业的奖学金名额，于是我现在就在中国广州学习了。我觉得这个专业很有意义，将来不仅能让更多的人学习汉语，还可以让更多的人了解中国文化。

接下来，我介绍一下我的家庭。我的家庭共有六个成员：父母、两个姐姐、一个哥哥，当然还有我。我的父亲是蒙古国旅蒙华侨协会会长，母亲则是蒙古国唯一的华侨学校——旅蒙华侨蒙中友谊学校的校长。大姐是暨南大学经济学院的大四学生，二姐是蒙古国立大学的大四学生，哥哥是蒙古人文大学的大四学生。

我的爱好之一是中国书法，但到现在我都还没有机会认真地学习它，希望以后可以学到真正的书法艺术。另外，我也非常喜欢音乐，尤其是钢琴。钢琴是乐器之王，声音非常美妙，让人听了很放松，所以我就学习弹钢琴。遗憾的是我在蒙古文化艺术学院学习了两年钢琴就来到了广州，不能继续练琴，我想我以后还要不断练琴，巩固自己的琴艺。

在暨南大学学习期间，我参加了很多比赛，可以说这些比赛就是我迈向成功的起点。我参加了"亚洲小姐"选美比赛，获得"最佳友善小姐"奖；之后参加了中央电视台主办的首届汉语大赛，获得铜奖；在第六届暨南大学"形象之星"设计大赛中闯入决赛，并成为"魅力之星"。以上这些荣誉让我越来越自信，让我在汉语学习的道路上越走越顺，也让我的人生更加丰富多彩。

这就是我的一个简简单单的自我介绍，希望大家能记住这个爱汉语、爱中国的蒙古女孩儿——白·白格勒玛。

（收入本书时作者有修改）

自我介绍

［印尼］李小薇　2005级A班

听过《小薇》这首歌吗？我的名字跟这首歌一样，也是小薇，全名李小薇。小薇这个名字是我在印尼时的汉语老师给我取的。我是有了这个名字以后，才知道有这首歌的。“薇”是“蔷薇”的“薇”，是一种花的名称，所以上面有个草字头。有时候朋友把我的“薇”字写成“微”，那样的话虽然读音一样，但是意思就不同了。希望你不要写错。

我家有六口人：爸爸，妈妈，两个哥哥，我和一个妹妹。我身高一米五左右，大大的眼睛，翘翘的睫毛，黑黑的眉毛，一头黑发。我性格开朗，喜欢交朋友，也喜欢开玩笑，乐于助人；不太好的方面是我的脾气比较暴躁。我很爱吃素菜，特别是胡萝卜和西兰花。我特别喜欢金毛犬，因为它们非常可爱，长得很好看。有些狗很凶，会咬人，但金毛犬不咬人。我还有很多爱好，比如做手工艺品、清洁房间、练书法、听音乐、做运动。

我喜欢做手工。这个爱好是从小就表现出来的。上幼儿园时老师叫学生们把碎的红色贴纸一块一块地贴在一幅黑白苹果图片上，给我留下了深刻的印象。当时我非常喜欢这些，就认真地贴了。小学四年级美术课有插花活动，我插的花给人感觉很均匀，挺不错的，得到了老师的表扬。初中阶段我做的手工物品较多，表姐给我看她跟朋友买的用流行珠子串的手链，我仔细观察那个链子是怎么做的，然后就去商店买来材料，一试，原来我也会做。学校有布置教室的班级活动比赛，我用泡沫、纸、干的松树花等装饰材料做花环挂在教室门上。我想要一棵圣诞树，可是商店里卖得不便宜，我就自己用筷子、钢丝绳、彩带等做了个小小的漂亮的圣诞树。表姐发现我擅长手工，支持我发挥这个能力，再做一些花环卖给她的同事，用冰淇淋棍子做成台灯卖给我的同学等。

我也很喜欢清洁房间。从小学到高中，学校规定放学后学生们分组轮流值日，要把椅子摆好，把抽屉里的垃圾拿出来，要扫地、擦黑板。老师会提醒或惩罚没完成这项任务的同学。这使得我成了一个爱干净、爱整洁的人。看到乱的东西、脏的地方，我就忍不住把它整理好，弄干净，我周围的人都知道我有这个好习惯。

我的汉语是这样学会的——高一学校有汉语选修课，我上了但是不明白，没学会，一句汉语都不会讲。从高二开始我在外面参加汉语补习，才学会了汉语。那时候一周上六节课，一个班大概十五到二十个人，使用《汉语教程》。刚开始学拼音，常常模仿老师读拼音。老师常常叫我们每个人轮流朗读课文和生词，慢慢我才明白，原来通过多听不但能使我们熟悉汉字的音怎么发，还培养了我们的语感。课本练习我们一般在课堂上一起做，很少有考试。老师经常提问，轮流给我们练习读和说话的机会，读得好、回答得对的学生会很有成就感。作业一般是抄写词语，老师在黑板上用粉笔展示怎么写汉字，要有重有轻，注意什么时候提笔，所以他的大部分学生写的字都挺漂亮。老师常常告诉我们汉字的理据和它的文化背景，令人觉得汉字有意思又好记。因为他教得很吸引人，所以让我爱上了汉语，觉得学汉语比学英语容易。高中毕业我来中国留学，有了更好的学汉语的环境，我的汉语提高了很多。

这就是我的基本情况，欢迎大家和我交朋友。

（本文曾经发表于《广州华苑》2007 年第 1 期，收入本书时作者有修改）

自我介绍

［马来西亚］罗沁仪　2011 级 A 班

20 年前，我出生在马来西亚森美兰一个名为淡边的小镇。从此，小镇上多了一位名叫罗沁仪的客家女孩，而淡边也成了我心中永远的家。可以说，我是个非常幸福的小孩，从出生至今，除了爸妈，还拥有爷爷、奶奶、外公、外婆的疼爱，家中无姐妹的我，在一位哥哥和两位弟弟眼中，也明显比较得宠，但庆幸的是，这并没养成我恃宠生娇的野蛮性格。爸爸是位电器技工，年轻时白手起家创立了自家的电器行，虽然没让我们一家过上奢华的生活，但加上勤俭持家的妈妈，总算把我们兄弟姐妹四人拉扯大了，其功甚伟。

虽然我没有天仙一般的脸蛋，但五官端正、四肢健全，这是爸妈给我最棒的礼物。我个子不高于 156 厘米，体重却不轻于 50 公斤，外表看起来矮矮肉肉的，却跟可爱的胖嘟嘟差了一小截。爱吃是巨蟹座的特征，忍受不了美食诱惑的我，似乎永远都吃不饱，所以我也永远都瘦不了。虽然说减肥是女性的终身事业，但这对我来说没啥意义，或许应该说，我确实没有抵抗美食的毅力，美食当前，吃了再说！

身为马来西亚华裔，我比其他海外华裔要幸运，在国家独立后的这五十多年里，华教先贤们的努力让我们华族子弟从小就享有接受华文教育的权利。华文小学虽为民办学校，学生们却不必缴纳昂贵的学费，因此，大部分的马来西亚华族子弟都能操得一口还算流利的华语。在从小接受华文教育的学习背景下，我对华文有着一股热忱，对中华文化历史也有着浓厚的兴趣。于是，从小学至中学，直到大学先修班，长达 13 年的光景里，我坚持念华文、报考华文。而如今，我很庆幸有机会来到中华文化的发源地——中国，继续修读我深爱的华文。

我个性较为开朗活泼，心情很容易激动，常常不顾形象地展露滑稽的表情及肢体动作，或大展幽默说笑话，希望把周围的气氛都弄得闹哄哄的，让身边的人都打心底开心起来。然而，有时候的我，心情落差很大，一旦没心情，脸上就再也挤不出一丝笑容。这个时候，习惯了我嬉皮笑脸的人总是很容易发现我的不对劲，却又无计可施。这种情况下的我，需要安静的陪伴，或独自一人度过忧郁期，时辰一到就会恢复常态了。

动静皆宜的我，户内、户外活动一样深得我心，我享受独自一人弹琴、阅读、听歌的时光，也热爱外面明媚的阳光，热衷于各种户外活动，尤其是森林探险、露营、郊游等接近大自然的活动，既能舒展身心，还能与大自然对话，感受大自然的美好。我兴趣广泛，好奇心及求知欲很强，总希望自己能拥有十全的生活技能，也因为这样，我享受生活，同时热爱阅读及观察，希望透过书中的文字窥探他人眼中的世界；更希望能走遍世界，透过自己的眼睛把这世间的人生百态看个清清楚楚。

在中学那段青春无敌的岁月里，我把大部分的时光都献给了社团及课余活动，而多姿多彩的团体生活也让我接触了家庭及学校教育无法教会我的生活态度及待人处事的道理，同时也磨炼了我在处理人际关系上的能力。人际关系总是人生里较难修好的一门课，在团体生活里浮浮沉沉的这些年，我有机会学习如何让自己与他人相处，如何与他人相互磨合，如何与他人建立起良好的关系。我总觉得沟通是维持一段良好关系最重要的一环，所以我很爱说话，很爱和身边的人交谈、沟通，分享彼此的想法。

或许从小接触了太多武侠故事里主角们常有的那种义薄云天的浪漫情怀，我很重视朋友间的情谊。对于每一段友谊，我都付出百分之百的真心及诚意。很幸运地，我的朋友们也对我付出了百分之百的关心和爱护。友谊，是除了亲情以外，最能令我动容的关系，也是占据我生命版图很大比例的一个部分。

对于这个世界，或许我知道的仍然太少，但我总相信，只要心中有爱——亲人间的关爱、朋友间的友爱、种族间包容的爱、国家间平等的爱、生命间慈悲的爱，这个世界就会很可爱。我正努力地寻找生命的真谛，而身为一位未来的教育工作者，只有我自己懂得更多，才能让我的学生从我身上学到更多。

（收入本书时作者有修改）

自我介绍

［蒙古］江雪妮　2012级A班

公元1996年6月3日下午三点左右，随着东来的袅袅紫气和一声惊雷，一名人见人爱、花见花开的女婴诞生了。

该名女婴姓江，名雪妮，字羲和，号苦逼小少年。今年十六有余，身高不明，体重保密，相貌甚丑，右眼皮上还有一颗来历不明的痣；属鼠，双子座，涧下水命，主星文曲，八字称五两三。

虽是女儿身，但CPU是由24K纯爷们儿部件构成的。主要表现为喜欢的东西与正常少女不同，审美观偏向中性帅气，会打CS、打Dota，对女生喜欢的小游戏嗤之以鼻，喜欢惊险刺激的事物等。

出生于被毛爷爷称为一代天骄的成吉思汗的故乡——蒙古。但即使出生在这么一个伟大的英雄的故乡，也阻止不了身在曹营心在汉。双亲皆为华侨，不过也同样是在蒙古出生长大的，但从骨到皮绝对是百分百made in China。

家有四口人，父母健在，无长兄长姐，下有一妹，其CPU由18K纯爷们儿部件构成，故在体能方面一直落下风，失去不计其数的零食、玩具及各类物件。

为人诚恳，待人友善，但仅限于陌生人。对于熟人则表现出绝对的不客气，为表示亲切，时常口手并用。且表现出来的真性情以及彪悍的生活作风吓跑了许多以为能成为朋友的人。遇到大事总是胆小怕事，但若是给别人提意见，那就是各种大道理、小主意，好似长江之水滔滔不绝。另外在欺软怕硬方面也颇有心得。

江姓少女的几大爱好为：听八卦、吃美食、吐槽、游戏、画画。

正所谓八卦乃人类除了水、空气、阳光之外的第四大必需物。这也是江姓少女的人生最大乐趣，对于八卦消息乐此不疲。就算是累得快要瘫倒，只要有人放出一丢丢的八卦来进行“勾引”，立马又会恢复活力，精神抖擞，神清气爽。

另外，作为一个光荣的吃货，表示来中国最大的目的就是吃美食。为了好吃的“不择手段”，为了美食，能够上刀山下火海！当然这略显夸张了。不过即使身为吃货，食量也没有多惊人，抱着宁缺毋滥的精神，不求吃得多，但求吃得好。故与妹妹在食物抢夺上结怨很深。吐槽什么的嘛，就是有益身心健康，能加快血液循环，加速新陈代谢，提高身体免疫力的一项活跃大脑皮层，锻炼思维能力，提高临场反应能力的欢乐活动。俗话说得好，吐吐更健康。吐槽使你的生活更加美好，吐槽使你的生活更加多姿多彩。据统计，全球吐槽的人连起来，可绕地球两圈，真可谓是，壮哉！我吐槽大军。

至于画画，这可能是江姓少女最正经的一项爱好了，喜欢画，习惯性地画。画画时的那种感觉，就好像全世界只有你一个人，达到一种可以称之为心无旁骛的状态，即使以后再没有机会画画了，即使再也不能画了，画画那段时间的记忆，那种感觉也深入骨髓，这辈子都无法与之分离。

在2012年5月份已从被人们称为蒙古汉语水平最高的学校——旅蒙华侨蒙中友谊学校毕业并获得高中文凭，现于有着“华侨最高学府”之称的暨南大学华文学院学习华文。

江羲和这个人，就像葛优“蜀黍”说的那样：性格算开朗，人品五五开，不算老实，但天生胆小，杀人不犯法也下不去手，总体而言属于对人群对社会有益无害的一类。无不良嗜好，无犯罪记录，基本上还是一个好好学习天天向上的好少年。

以上，为江羲和的不完全个人介绍，如有雷同，纯属巧合。

（本文曾经发表于《广州华苑》2012年第2期）

美丽之国——蒙古

［蒙古］白·白格勒玛　2005级B班

“天苍苍，野茫茫，风吹草低见牛羊。”这首歌不由得让人想到美丽的大草原——蒙古国。它那绿绿的草原，蓝蓝的天空，白白的云彩，给人无穷的遐想，友好的蒙古民族同这美丽的大自然和谐地融为了一体。

蒙古国的首都乌兰巴托（Ulaanbaatar），原名乌尔格。1924年蒙古人民共和国成立时更名为乌兰巴托，并定为首都，意思是“红色英雄城”。乌兰巴托位于蒙古国的中部，是一座具有浓郁草原风貌的现代城市，也是蒙古国最大的城市。乌兰巴托市始建于1639年，已有300多年的历史，占地2000平方公里，海拔1351米。乌兰巴托70%的人口是年轻人，是世界上人口最年轻的城市之一。由于年轻人多，整个城市充满青春活力。

乌兰巴托市有一个大的中心广场，广场的左边是国会大厦，中部矗立着苏和巴托纪念碑及苏和巴托墓，这是为纪念蒙古人民共和国的缔造者苏和巴托建立的。国家大型的政治活动都在这里举行。位于乌兰巴托以西365公里的哈勒和林，是13世纪蒙古帝国首都的遗址。1220年成吉思汗将蒙古帝国的首都定在哈勒和林。当时它是世界上内陆贸易最发达的国际大都市之一，1368年毁在明朝军队手里。蒙古国第一个喇嘛教及佛教中心是在哈勒和林的遗址上用石头垒成的，但在20世纪30年代遭受严重破坏，经重新修建后，已向游人开放。由于哈勒和林是蒙古国历史上的繁华重镇，它已被联合国教科文组织列为蒙古国唯一的世界文化遗产保护项目。

位于乌兰巴托市的著名的甘丹寺，是蒙古宗教中心，也是蒙古最大的寺庙。到这里参观的游人，可从中了解到喇嘛教与蒙古民族的密切关系。这里的空气新鲜，景色优美，被誉为“东方的瑞士”。博格达山位于乌兰巴托南部的图拉河畔，是以蒙古国著名的历史人物博格达汗的名字命名的圣山，景色诱人，现已成为蒙古的国家公园，也是一个自然保护区。山上有博格达汗冬宫，即蒙古最后一位国王——博格达汗冬季居住的王宫。宫里面有蒙古王公贵族华丽的服饰和生活用品，还有邻国王公贵族赠送的礼品。

乌兰巴托市的中央博物馆，主要收藏反映蒙古生物演化过程的奇珍异宝，如动植物标本、恐龙化石等，这些珍宝构成一部完整的蒙古生物演变史。艺术博物馆则收藏了蒙古历史上流传下来的手工艺品，如绘画、雕刻、陶瓷和地毯等。这里的纯羊毛地毯多次在莱比锡国际博览会上获奖。

蒙古著名的旅游景点还有特日勒吉国家森林公国，位于乌兰巴托以东80公里处，是肯特山脉中的一处自然保护区。这里有巍峨的群山、茂密的森林、潺潺的河水，还有三友洞、乌龟石等独特的自然景观。特日勒吉度假村全年开放，晚上游客可以在度假村的蒙古包里过夜，观赏特日勒吉河岸原始且无污染的迷人景色，让人真正体会到回归大自然的感觉。

“蓝蓝的天上白云飘，白云下面马儿跑。”这首歌又一次让人眼前浮现出蒙古国一望无际的大草原。当您住进古老的蒙古包时，迷人的夜晚带来满天的星星，会使您流连忘返。

（本文曾经发表于《广州华苑》2005年第2期）

教师点评：

这是一篇介绍蒙古国历史、文化、国情的文章，语言优美、准确，数据翔实，资料充分，显示了作者扎实的语言功底。这种说明性文章看起来没有什么特别之处，但对留学生来说，却是一种难度较大的文体，需要使用正式、准确的表达方式。文章以中国古代诗歌引出主题，最后又以民歌结束，前后呼应，在结构上十分完美。不足之处是介绍蒙古国情况的时候，内容安排稍微杂乱了一些，缺少一条明晰的线索，给人感觉好像是想到哪儿就写到哪儿。

（喻　江）

东方奇迹吴哥窟

［柬埔寨］杨宝丽　2005 级 B 班

吴哥古迹是柬埔寨古都和游览胜地，位于洞里萨湖。主要包括吴哥城和吴哥寺，共有各式建筑约 600 座，其中有许多佛寺和宝塔。吴哥古迹和中国的长城、埃及的金字塔、印度尼西亚的婆罗浮屠一起被称为东方四大奇迹。

吴哥窟总布局的喻义是宇宙。中心的主塔是天神居住的 Mount Meru，伴随的五个高塔则代表其连带山峰，塔外代表世界土地，护城河便代表海洋。

吴哥窟建于耶跋摩二世时期，据说出动了全国最好的工匠、彩绘师、建筑师及雕刻家，历时 37 年才完工。整座建筑以大石一块块砌成，没有用石灰、水泥，更没用钉子、梁柱，充分展示出古人的建筑巧思。吴哥窟全部用古连山的沙岩石吻合垒砌而成，平稳牢固，有的石块重达 8 吨。

吴哥窟的建筑可分东南西北四廊，每廊都有城门。从西参道进去，经一段长约 600 米的石板路后，方是正门。站在吴哥窟的外墙往里头看，有一种因为震撼而产生的呆滞感，虽然已经成废墟，但这座建筑还是很壮观，不难想象在全盛的时候它的磅礴气势。

吴哥窟的艺术成就，不仅表现在吴哥窟的建筑本身，还在于吴哥窟的浮雕石刻，它是吴哥艺术的精华。全部的石砌回廊、殿柱、门楼、宝塔都有精美的石刻浮雕，每一层平台的四周都绕以石砌回廊，而以最低一层的“浮雕回廊”为最精美。廊内还有庭院、神座等。

在浮雕艺术上，台基上的圆雕神像沉重而呆板，但浮雕却极为精致且极具真实感。在回廊的内壁及廊柱、石墙、基石、栏杆之上，都有浮雕。内容有战争、皇家出行、制作、农业活动等情景，装饰图案则以动植物为主。

公历四月十三日是我们柬埔寨的新年，我们庆祝三天。在这三天里，全国的公司、学校都放假。在新年时，城市、乡村的寺院和各家各户门口悬挂国旗和宗教国旗、灯笼以及各种纸花，到处张灯结彩。男女老少都换上节日盛装，笃信佛教的信徒们做了各种食物送到寺庙拜佛斋僧，特别热闹。

还有些家庭到旅游胜地去游玩，而去得最多的旅游区便是吴哥窟。但是，如果你要去吴哥窟旅游的话，那要先订旅馆，最少提前一个星期才可以，不然到时候你可能没地方睡了。

由于吴哥窟占地十分广阔，而且没有树木遮掩，怕晒太阳的人士最好随身携带帽子、雨伞以及防晒油，尤其是在正午时分到吴哥窟参观更要注意。

吴哥窟是我们柬埔寨人最大的骄傲！

（本文曾经发表于《广州华苑》2005 年第 2 期）

教师点评：

本文从吴哥窟的地理方位和其在东方的地位入手，分别介绍了吴哥窟的总体布局、建筑历史、建筑结构、艺术表现以及吴哥窟在柬埔寨人民生活中的重要地位。整体结构非常清晰，而且文中还多处运用了列数字的说明方法，充分向我们展示了柬埔寨吴哥窟作为著名古迹留给世界人民的巨大文化价值。

（李玉军）

我的母校南隆中学

［泰国］蔡　可　2013 级 C3 班

我的家在泰国武里南市南隆区。我的母校是南隆中学，一所拥有近 70 年历史的学校。南隆中学有 3000 多名学生，100 多位老师，学校的教学质量一直排在全市前三名。我从初中到高中毕业都在南隆中学学习，至今对校园里的每个地方都还记忆犹新。南隆中学树木葱茏，花草遍地。记得去年有一个网站做了个全泰国美丽学校排名，南隆中学就在其中。

既然这么说了，我就骄傲地给大家介绍一下我的母校的校园建筑和布局吧。

南隆中学校园坐北朝南，呈东西长、南北短的长方形。从校园西南边能看到一个牌匾，写着学校的泰语和英语名字。学校南边有两个门，一个是西南门，也是学校的正门；另一个是东南门，直通学生停车场，骑摩托车和自行车的学生从这里进入。靠近学校南墙的是一个东西向的大操场，再往北才是教学、生活区。

从学校的正面也就是西南门进入，右边是传达室和保安队，学生可以在这里坐着休息或者等家长来接。再往北是一尊大金佛像，安放在一个亭子里，亭子有一层楼那么高，顶部呈暗红色，非常漂亮，行人经过时要先站在佛像前礼拜。佛像的东边就是学校的操场。

操场很大，地面的草却很少。我们每天上学之前都要来这里一起排队唱国歌，还要进行简单的祈祷、拜佛，有时候会有老师或者校长来讲话。

操场以北大体分成东西两个区域，西区宽，东区窄。西区是主教学区，从南往北依次排列着 5 座教学大楼。第一教学大楼位于校园的正中间，面向操场，是一座 3 层高的大楼，是办公室和泰语教学部门。楼前有佛龛、国旗和讲话台，校长就是在这里面向操场讲话的。该教学楼的前方左右对称地坐落着两个凉亭，学生可以在这里做作业或者搞活动。

第一教学楼的北边是第二教学楼，只有两层，是艺术部门。我在这里上画画课、乐器课、舞蹈课。该教学楼的最西边有个小广场，供学生做作业和搞活动。

再往北是个大广场，我们经常在这里举行活动、做作业、吃饭、聊天等。广场的西边是科学馆。再往西就是学校的银行，学生可以来银行存钱、取钱，以此培养自己管理钱的好习惯。

广场以北就是第三教学楼，共有 3 层，主要是社会部门。它的西边是辅导室和医务室。学校最北边是第四教学楼，共3层，主要是数学和计算机部门。楼的最西边有一幢两层的房子，专门给外国老师住，附近还有几间给学校的老师住的房子。

第一教学楼的西边是第五教学楼，共有7层，楼前还有一个篮球场。这座高层建筑很漂亮，四、五层之间的外墙上挂着很大的国王和王后的合影，从远处就能看见。这表现出泰国人对祖国、宗教和国王的崇拜。这座楼的东墙也有南隆中学的校名，特别醒目。

校园的东区也分布着一些建筑。从南往北，先看到的是大礼堂。大礼堂坐东朝西，能容纳五六百人，每次有重要的活动都会在这里举行。礼堂的北边是新盖的食堂，能坐五百多人。这里有13个小的餐店，贩卖着各种各样的饭菜，包括一些小吃。因为学校不准学生去外面吃饭，所以食堂很忙，从早上7点到下午3点都在营业。食堂的北边是新盖的图书馆。图书馆的门也朝西开，里面先是借还书的地方，再往里就是上网区。穿过一个玻璃门就是书库，里面有各种各样的书，还有桌子和椅子，供学生看书、做作业。图书馆的东边、食堂的北边有一座手工教学楼。再往北还有第六教学楼，是外语部。

南隆中学的教室并不和班级对应，上课的时候，学生每一节课都要换教室，因为老师在自己的教室会更方便提供教学用具、教材和读物。我那时每天上课都要走来走去，觉得很烦，不过这样也好，换了环境就会有更多的精神专心上课。

学校外的东边是南隆区的大湖，算是南隆区的中心。湖边是公园，早晨和晚上，天气不冷不热，市民经常来骑自行车或者散步。从湖边就能看到我们学校第五教学楼东侧的校名。也许是因为坐落在大湖旁边，我们的学校看起来非常优雅、非常有魅力。

离开母校已经两年了，每次回国我都要回母校去看看。希望我能早一点毕业，尽快实现自己回报母校和老师的梦想。

（收入本书时作者有修改）

我的家

［印尼］陈英俊　2014 级 C3 班

我的家在印度尼西亚中爪哇省的芝拉扎（Cilacap）市，这是中爪哇南部的一个小城市。南部的城市大部分都有海滩，大部分居民是渔民。我家属于个体户，住在芝拉扎市内。现在我简单地介绍一下我的家和我家周围的环境。

我的家有一个不小的院子，坐北朝南，阳光充足。院子呈长方形，东西长约 25 米，南北宽约 18 米。

我家院子前有一个小花园。走进大门，正面是一座两层的楼房；左边是马厩，右边是车库；小楼的后面是后花园。

我家的楼房是典型的爪哇建筑，土木结构，白墙红瓦。这座楼房有两层，第一层比较大，第二层稍小。房顶中间是尖的，周边逐渐向下延伸，并且有一些变化，很漂亮。

我家的房子在我看来算大的。第一层一进门就是客厅，东边和西边各有两个卧室，北边是厨房和卫生间。进门右手边还有一个小门和车库相通，坐车出入可以走这个小门。

从一楼的中间通过梯子可以到达二楼。二楼的北边和南边都是卧室，中间有个客厅，也是看电视的地方。

我家西边从北到南排列着 3 间马厩，我爸爸在那里养了 3 匹马。东边是一个不大的车库。

我家的后面有一个不太大的花园，我妈妈和姐姐在那儿种了各种各样的花。花园边上还种了一棵人心果树，果实很多，所以我们家不用去市场买人心果。

我家大门外面的小花园一年四季长满各种鲜花，我妈妈经常在花园里跟邻居聊天，或者一起种花。妈妈和邻居在花园里的活动对我来说是非常美丽的画面。

我家的周边环境还不错。往西大概 200 米有一个超市，如果晚上肚子饿，别担心，这个地方有消夜卖。往南 250 米有一个大操场，周末有时会有足球比赛，有时也会有演唱会。

从我家去别的地方也非常方便。如果在市中心有聚会的话，我步行就可以到达，既可以锻炼身体，又有利于环保。

我家所在的城市虽然只是个小城市，但是也很有特点，而且物价比较便宜。从市中心往南350米有一个海滩，叫作海龟湾（Teluk Penyu）。每个星期天上午我都走路去海龟湾玩。星期天去海龟湾的人特别多，常常堵车。我想如果人们都步行去或者骑自行车去，应该不会堵车的，也能减少污染。

以上就是我家的住宅以及我家周围的环境。你们觉得怎么样？欢迎到我家玩，欢迎到芝拉扎市和海龟湾玩，我一定乐意当你们的导游，免费的！虽然不是大城市，也不是很有名，但你们来了一定不会后悔。

（收入本书时作者有修改）

泰国冬阴功汤的制作

［泰国］梁兰彩　2005级A班

泰国菜以色、香、味闻名于世，它的特色是酸和辣。大部分泰国人都喜欢食用有刺激性的调味品，每户人都有各种各样的配料，如蒜头、泰国小辣椒、酸柑、葱、姜、鱼露、虾酱、柠檬叶、青柠檬等调味品。如果我们将这些调味品都用上，就可以煮出一锅酸溜溜、火辣辣的“冬阴功汤”了，它是泰国菜的代表，也是世界三大名汤之一。

冬阴功的名字中，“冬阴”是泰文“酸辣”的意思，“功”呢，是“虾”的泰语发音，所以冬阴功其实是泰语“酸辣虾汤”的中文音译。关于冬阴功汤有一个传说：18世纪，泰国吞武里王朝郑信王当政时期，淼运公主卧床不起，毫无食欲，郑信王便命令御厨做开胃汤给公主。没想到公主喝了汤，病情减轻，食欲大增。郑信王大喜，赐其汤名为冬阴功汤，并将冬阴功汤定为“国汤”。

那么这道泰国冬阴功汤究竟是怎么做的呢？我们一起来看一下。

主料：鲜虾20只左右（也可以放其他海鲜），草菇或蘑菇若干，西红柿3个。

汤料：水6碗，柠檬4个，盐、糖、味精若干，香茅2根，蓝姜1块，葱2根，鱼露、香菜若干，小辣椒10条，柠檬叶2片，泰国冬阴汤酱若干。（柠檬、鱼露和小辣椒最好都用泰国本地的，这样的冬阴功汤味道才正宗。）

做法：

1. 将虾去头、去壳、留尾，将虾背切成双飞状并洗干净，西红柿也洗净切块，草菇洗净、撕开，待用。

2. 锅内加入约6碗水或高汤，以及泰国冬阴汤酱，煮沸，接着改文火煲20分钟；然后捞去渣并放入草菇煮5分钟；最后放入少许盐、糖、味精，香茅（切成小块）、蓝姜、葱、小辣椒和柠檬叶等，再煮5分钟。

3. 将虾肉和西红柿放入锅内，用大火煮约2分钟，等都熟透后才将火关掉。

4. 锅内放入柠檬水和香菜。

5. 依个人口味加入盐、鱼露或柠檬水，喜欢的话还可以加入椰奶。试一下味道，应该是香、酸、辣，还带有一点甜味，然后就可以上桌了。

泰国冬阴功汤以海鲜为主，风味独特，四季皆宜。其又酸又辣的味道不但能够激起人们的食欲，而且对大家的消化系统也有帮助。它那独特的鲜香口味，一定能让你胃口大开，开心不已。

（收入本书时作者有修改）

教师点评：

本文是说明文，清晰而具体地对泰国酸辣虾汤的特色和做法做了详细的介绍。语言朴实无华，通畅流利；结构合理，层次清晰。文中所用的某些形象表达读起来津津有味，甚至让人垂涎欲滴；而全文对酸辣虾汤做法的介绍也有很强的实用性和可操作性。

（刘文辉）

马达加斯加烩菜

［马达加斯加］陈秀青　2005 级 A 班

马达加斯加烩菜是一种素菜，可以当作一道菜，也可以当作一道佐餐菜，很受吃素的人的欢迎。一日三餐，无论什么时候都可以吃这道菜。早餐时，人们常跟面包、三明治等一起食用，午餐和晚餐也可以当作凉拌菜。它还可以跟烧肉或者开胃酒之类的一起佐餐。

这道菜很流行，因为它不仅便宜、容易买材料，更多的是方便。所以，无论在什么场合，我们都可以遇到它，比如野餐、宴会等。

这道菜很容易制作，连初学者也能成功制作。而且制作时间也不需要很长，大概二十分钟就够了。这道菜需要的材料全年都可以买到：200 克洋白菜、200 克扁豆、200 克胡萝卜、一个大洋葱、4 个蒜瓣、一根生姜、4 个红椒、一小勺咖喱，两大勺醋、盐、糖和胡椒。

制作方法很简单：首先，将扁豆、洋白菜、红椒、胡萝卜清洗干净，切丝，并分别用刚沸腾的水焯一下，挤干水分备用。然后，炒锅入油，用洋葱丁、蒜片和姜丝炝锅，再用咖喱和盐调好味。最后，放入蔬菜丝一同炒大概两分钟，出锅时加入盐、白醋、黑胡椒调味即可。

这烹调法是最基本的，照每个人的口味可以有各种各样的变换，例如，加上玉米、菜花、芒果、芥末、芝麻等。

教师点评：

本篇说明文详细地介绍了马达加斯加的烩菜，分别讲述了其特色、材料以及制作方法，语言流畅、表达清晰，结构上也安排合理、层次分明，特别是文中制作方法的介绍，虽然寥寥数语却使人清晰明了，具有很强的实用性和可操作性。

（刘文辉）

议论文

《该怎么办》读后感

［印尼］何阳光　2005 级 A 班

前几天我读了一则故事，题目是“该怎么办”，内容是：一位中学生要做一个诚实的人，可是有许多因素困扰着她。

第一件事，她表哥的一位同学向表哥借词典，本来词典是有的，可是她的表哥竟然说：“我们家也没有啊。”而她则干脆地把词典递给了那位来借词典的大哥哥。她认为她做得很对，可是却换来了表哥的训斥。依我看，表哥这样做是因为他认为没有多余的词典了，如果他把这部词典借给他的朋友，到他自己要用的时候就很麻烦。这种想法没错，只不过他的处理方法不对。如果他对他的朋友开诚布公地说明缘由，不是更好吗？他不必欺骗别人，也不必骂他的表妹。

第二件事，每当她的试卷发下来的时候，妈妈总会帮她检查好几遍，看老师有没有判错。多扣分的时候，妈妈总是让她找老师加上这几分；可该扣分却没扣的时候，妈妈却不让她找老师改过来。为此她也很苦恼。我觉得这件事妈妈做得不好。妈妈的本意是好的，想要孩子的分数超过别人；但是她这样做的方法是很不好的。她应该让孩子拥有诚实的品质，因为这种品质对于孩子，无论是在学习上还是在其他方面，无论是在学校里还是将来进入社会，都有无尽的好处；而当孩子发现错误却不纠正，和默认甚至鼓励孩子考试作弊是一样有害的，不能提倡。

第三件事，她爸爸一下班就对她说：“如果有我的电话就说我不在家。”她答应了。可是很快，就有一位人民大学的经济学家打来电话，说有急事找爸爸。她一听“急事”，就赶忙叫爸爸来接电话，没想到，爸爸放下电话后就是一顿训斥。我的看法是，可能爸爸下班后觉得很累，心情不好，所以不肯接任何人的电话。可是他应该先跟他的孩子解释一下，把理由讲清楚，这样的话他的孩子才能理解。

这篇文章给每个父母亲提出了问题，引人思考。想要孩子具有良好的品质，想要孩子成为一个诚实的人，父母应该树立榜样，否则，就会对孩子造成不良影响。

就这位中学生来说，要做诚实的人实在不容易，还没有进入社会，她就已经经受了家庭的磨炼。这是一个绕不过去的过程。我觉得她不必简单相信家人、亲戚，而应自己来判断是非。这样的话她就能分辨出哪个是好的，哪个是不好的。

（收入本书时有修改）

《小孩不笨》观后感

［印尼］陈维正　2006 级 B 班

最近，我看了一部很感人的电影，电影的名字叫《小孩不笨》，是一部新加坡电影。这部电影给我留下很深刻的印象，因为电影内容反映了当今现实社会的一些父母对孩子们的要求和期望。

电影的主角是三个具有不同背景的好朋友，一个叫阿彬，一个叫阿虎，还有一个叫特里。阿彬的数学很差，却很喜欢绘画，可是他妈妈一直逼他学数学，并且要他每次考试一定要拿到 90 分，要不然就会打他。这给了他很大的压力。还有阿虎，他因为每天都要帮妈妈看店，同时还得照顾弟弟，所以就没有时间复习，这导致他的成绩退步了。最后一个就是特里，他是一个大款的孩子，家里特别有钱，他在家里好像小皇帝似的，要什么有什么，在经济方面他比他的两位朋友都好。但是他有一个很突出的特点就是很听妈妈的话，无论做什么事情都很听妈妈的话，甚至连选择自己的衣服也要他妈妈来决定，自己无权决定自己的事情。总之，除了听妈妈的话，他什么都不会。

就因为成绩不好，在成绩较差的班上课，他们三兄弟就被人们认为是坏孩子、没有前途的孩子，甚至还有个别家长武断地不允许自己的孩子和这三个同学交朋友。

对于电影反映的这些人和事，我有自己的看法。我觉得这三个孩子每个人都有自己的优点。他们都是因为一些特别的原因，才造成现在的状况。作为父母，应该想办法避免类似的事情发生在自己孩子的身上。

首先，作为父母，不应该像阿彬的妈妈一样，明明知道自己的孩子对数学不感兴趣，还一直逼他学。虽然我们知道她的目的是为了孩子的前途，但我觉得最关键的还是看孩子对什么感兴趣，只要他感兴趣的科目，事情是对的、好的，比如绘画、武术等，父母就应该支持他，鼓励他；只要是积极的、健康的，专攻什么都应该支持。何况他们这个年龄段是最需要别人，尤其是父母和老师的称赞和鼓励的，应该慢慢树立孩子的自信心；有了自信心，孩子自然会学好。

其次，家长应该切实关心孩子的成长，不能把过多的家务交给学业很重的孩子，就像阿虎的父母那样。显然，阿虎并不是不优秀，也不是不努力，他之所以会在成绩较差的班里读书，主要责任在于家长。

再次，也不能像特里的父母一样。当孩子到了一定的年龄，父母应该给孩子一个独立的机会，不能老是为他们做主。应该放手让孩子先从自己喜欢的事情开始，比方说让孩子自己布置自己的房间；过年时，让他们自己去挑选喜欢的衣服等。当孩子开始长大了，父母不应该像特里的妈妈一样，老是用自己的权力来干涉孩子的事情；对于孩子生活上的一些事项总是插手，连孩子的私事也要管，这样时间久了孩子就会觉得很烦，就不会把家当成是自己的家了。

最后，太宠爱孩子也是一种错误的教育方法，还是说特里的妈妈，她因为太疼爱特里，于是什么事情都不让他干，连吃饭也要帮他，这样就会使孩子长大后什么都不会。

在这部电影中，给我印象最深刻的情节是：阿彬的妈妈得了血癌，找不到和她骨髓匹配的人，这时，特里愿意把他的骨髓捐给阿彬的妈妈。但特里的父母不让他去献骨髓。这时，特里终于忍不住了，就勇敢地反驳他们说："从小到大，我一直都是乖乖地听你们的话，什么事都由你们来决定，结果呢，现在我才发现我除了听话，什么都不会；现在，连我要救一个人的生命你们也要管。骨髓是我的，你们就让我自己决定吧。"这话令在场所有的人都愣了，看到特里那张天真的面孔突然转换成正经严肃的面容，周围的人都非常惊讶，同时也为他感到骄傲。最后，手术成功了，同时还传来一个喜讯，就是阿彬被美国的绘画少儿学校录取了，学校还给了他奖学金；而他妈妈现在也不像以前那样阻止他绘画了，反而鼓励他到了美国后要努力学习绘画，以后成为优秀的画家。

看完这部电影以后，我希望全世界的父母都能明白电影所蕴含的道理。

（收入本书时有修改）

我读《也许》

［马来西亚］叶彦君　2008 级 A 班

最近我读了闻一多的诗《也许》。这首诗给我的印象很深刻，不只因为它用了特别的方式表达失去爱女的心情，更为重要的是诗里表现的父爱。亚洲的父亲不轻易表达自己对孩子的爱。父亲不像母亲，他要表现自己的权威，要有严肃的形象，这就是父亲的尊严。父亲不能随便表现自己的感受，因为他们认为那会失去父亲的尊严。

闻一多是一位战斗诗人，他不像徐志摩那样多情浪漫。他的诗大多数都是表现他的爱国精神，他的爱国主义情怀；而这首诗——《也许》却表现了他的个人情感。

也　许

——葬歌

闻一多

也许你真是哭得太累，
也许，也许你要睡一睡，
那么叫夜鹰不要咳嗽，
蛙不要号，蝙蝠不要飞。

不许阳光拨你的眼帘，
不许清风刷上你的眉，
无论谁都不能惊醒你，
撑一伞松荫庇护你睡。

也许你听这蚯蚓翻泥，
听这小草的根须吸水，
也许你听这般的音乐
比那咒骂的人声更美。

那么你先把眼皮闭紧，
我就让你睡，我让你睡，
我把黄土轻轻盖着你
我叫纸钱儿缓缓的飞。

这首诗是诗人明明知道爱女此次是永世长眠，但他不愿意接受这个残酷的事实而写的。因此，他宁愿寻找许多假设来逃避爱女夭亡的事实，也不愿承认。与诗人其他的诗相比，这首诗让人感觉不像闻一多所写。因为这首诗感觉不到他那坚强的男儿力量，而只让人无奈。从这首诗中我们看到了闻一多另一面的情感。

这首诗也让我想起了我爸爸，想起了我爸爸的另一面。

我小的时候，爸爸从来不笑，尤其在小孩子面前。他也从来不跟我们聊天。爸爸就好像我们家的陌生人，只有妈妈跟他最熟。他从来不慰问我们，不与我们谈心，只有在我们这些小孩子做错事的时候才发出巨吼声。过后，就是被鞭打的小孩子的哭叫声。有时候我根本不知道自己做错了什么事情，就受了皮肉之苦。我不喜欢我爸爸，我讨厌他。

来中国念书后，只有妈妈偶尔的电话慰问，从来没听过爸爸的声音。这时我才发现爸爸根本不知道如何表现他的感情。他连如何跟儿女通电话慰问都不会，更别说见面了。

这学期无意间看到爸爸邮箱的昵称是“寂寞老人”，我吓了一跳。爸爸有妈妈、有朋友，怎么会寂寞？我发了一封邮件，以开玩笑的方式问他为什么称自己为“寂寞老人”。他后来回复了我，说：“你永远永远都不知道也不了解你爸爸在想什么。我们来自不同的世界，我们的经历也完全不一样。我无法告诉你，我的害怕、我的爱、我的想法。因为我不知道怎样与你分享。也许有一天你结婚了，你有了自己的家，也许你就突然之间明白了。我是在2003年注册这个邮箱的，那一年是我人生最低潮的一年，我发现自己非常寂寞，没人明白自己，所以我称自己是‘寂寞老人’”。

当时看了爸爸的回信，我哭了。我了解了爸爸的无奈。因为他是一位父亲，所以他必须压抑他的个人情感，他没有表现、发泄的权利。

在《也许》里，我不只看到了诗人闻一多失去女儿时的悲伤，也看到了诗人身为一名父亲的表现与他的父爱。我也从里头看到了我爸爸，我看到了我爸爸对我的爱。还看到了这诗所表现的东方父亲的爱，他们的爱是我们肉眼看不见的，要用心去体会，因为他们永远都不会在儿女面前表现出来。他们只会沉默，或用别人难以捉摸的方式来表现。

（本文曾经发表于《广州华苑》2010年第1期，收入本书时有修改）

《当幸福来敲门》观后感

[印尼] 孔佛妮　2008 级 C 班

上星期，我看了美国电影《当幸福来敲门》，内容是：有一个叫克里斯·加德纳的男人追求梦想，想找一份理想的工作，最终找到了幸福。为什么要找理想的工作呢？因为虽然他有工作，即推销一种医疗器材——手提式骨质密度扫描仪，但这不是他理想的工作；他一个月一定要卖出两台机器才能有钱过日子。

终于有一天，他看到一家最大、最有名的股票公司在招聘新的股票经纪人，他就去求职。可没想到，在他求职的过程当中，遇到了许多困难。首先来自家里人的压力——他妻子受不了，觉得跟他在一起不幸福了，因为他没有一份稳定的工作，于是她离开了家，留下他和五岁的儿子。接着，因为没有足够的钱租房子，他和儿子每天都要去排队争抢政府为流浪人士提供的免费房间，而且即使是争抢到了，也只能住一个晚上，第二天仍然不知道要睡在哪儿。有时，如果争抢不到免费房间的话，他和儿子就得在外面找一个看起来相对安全的地方去睡。经过许多困难和挫折，他终于得到了自己理想的工作，当了一名股票经纪人，最后还成功成立了自己的证券经纪公司。

这部电影给我的启示是：若要追求自己的梦想，则无论有多少人看不起你，无论遇到多少挫折，都不能放弃；要不断努力，去实现自己的梦想。我记得电影里有一句很有意义的话，是克里斯·加德纳跟儿子说的，他说："别让别人告诉你你成不了才，即使是我也不行。如果你有梦想的话，就要捍卫它；如果你有理想的话，就要去努力实现，不要放弃。"这句话让我感动。克里斯·加德纳的故事让我看到，追求理想的道路并不是一帆风顺的，但是俗话说得好，"失败是成功之母"，如果想成功，必须不怕失败，不怕挫折，不怕别人的眼光，永不放弃。

这部电影也给了我很大的力量。看完之后，我觉得，我现在遇到的困难远远没有克里斯·加德纳多，却常常会叹息、气馁，而克里斯·加德纳从来都没有叹息过，总是不停地在努力。我比不上他。我要变得跟他一样坚强，奋发进取，而不是轻言放弃。

这部电影还告诉我们每天要感恩，无论发生什么事都要积极进取，不能怨天尤人。

（本文曾经发表于《广州华苑》2010 年第 1 期；收入本书时作者有修改）

《分手信》观后感

［菲律宾］郭心慧　2010级C班

电影里的爱情和现实的爱情有什么区别呢？人们都说，真正的爱情只会在电影里发生。现实中的爱情没有电影里的爱情那么浪漫，那么真诚。电影里的爱会永远持续下去，可是现实中的爱只能持续几年，几个月，几个星期。所以，很多人认为爱情只能让我们在一段时间里感到快乐，到了后来，我们就会感到很痛苦。我觉得人们的想法有道理，可是又有疑问，难道一段短短的恋爱时间不能让人们快乐一辈子吗？依我看，恋爱的时间虽然短，但最重要的是回忆呀！

为了打发时间，我常常看电影。给我印象最深的一部电影叫《分手信》，英文叫*Dear John*。这部电影讲了一个士兵和一个女大学生恋爱的故事。士兵叫约翰，假期里他住在一个离海比较近的地方，所以每天都去那里冲浪。有一天，他认识了一个叫萨瓦娜的女孩。她是一个大学生，也正在放假，她打算请人帮忙建一个房子。后来，约翰跟她一起建这个房子。有时候，约翰教萨瓦娜冲浪。有时候，萨瓦娜也去约翰的家，跟他的爸爸见面。约翰的爸爸是一个钱币收藏家，他的房间里有各种各样的硬币。在他们俩假期的最后一天，他们都约定要给对方写信，这样他们就不会觉得很孤独。因为他们一年都不能见面，所以他们很珍惜和对方在一起的时光。约翰说如果他一年的合同到期，他就会回家跟萨瓦娜结婚。

一年的时间特别长，而九月十一日美国受到恐怖袭击，让约翰又签了两年的合同。他一回家就告诉萨瓦娜这件事，他们就只能继续给对方写信。可是，有一天约翰收到了一封信，萨瓦娜说她要跟她的老朋友结婚了。这件事让约翰很生气，他把萨瓦娜给他的信全部都烧了。

两年后，约翰回家了。他发现萨瓦娜和一个得了癌症的男人结了婚。那个男人知道他快要死了，和萨瓦娜结婚是因为他知道萨瓦娜会照顾他的儿子。他跟约翰说，萨瓦娜还爱着他。但约翰还是和萨瓦娜告别离开了。过了几个月，约翰收到萨瓦娜的一封信，写着“再一次见面”。

在这部电影里，我明白了如果你的爱人离开了你，你应该往前走，把过去的事忘掉。如果你真正爱他，你会愿意放开他。如果他回来了，才说明你们属于对方。我也发现，时间不是最重要的，因为回忆比时间更重要。如果你珍惜和你爱的人在一起的每一分钟，你离开他的时间无论多么长都没事的。在这个世界上，如果存在真正爱我们的那个人，那么我们只能耐心地等待。如果你找到了这个人，一定要好好珍惜他。

（本文曾经发表于《广州华苑》2012 年第 2 期）

读《蜗牛》有感

［印尼］许和平　2014 级 B2 班

最近我读了一个小故事，虽然故事很简单，但是却让我有很深的感悟。

故事大意如下：很久以前，有一只蜗牛，从小它就有一个梦想，希望可以看见彩虹。有一天，它决定要去一座很高很高的山上寻找彩虹。在路上，蜗牛先看到了漂亮的蝴蝶，它有一点点羡慕蝴蝶，从出生就不用背负这个又硬又重的壳。但是它没有停下，而是继续走它的路。蜗牛走得很慢，走着走着，突然被奔跑的兔子踢到一旁。蜗牛没有跟兔子生气，但是它想，如果自己是一只兔子，肯定能更快见到彩虹。蜗牛觉得很痛苦，可还是继续走它的路。

蜗牛走过了许多不同的路，觉得疲惫至极。有一天，当雨下得越来越大的时候，蜗牛突然看到了之前它羡慕的蝴蝶跌跌撞撞地飞着，想找个安全的地方保护自己，但它找不到，雨把它的翅膀打湿了；而蜗牛有壳帮它遮风挡雨。蜗牛觉得自己很幸运，于是蜷进壳里睡起觉来。突然传来了一阵哭声，蜗牛看到之前跑得很快的兔子摔伤了。原来是因为跑得太快了，没看到石头才摔伤的。蜗牛虽然也经常碰到石头，但它总是慢慢地爬，所以并没有被绊倒过。蜗牛继续向着彩虹一步一步地爬着。爬了很久，来到个陌生的地方，可还是没有彩虹的影子，它只好伤心地回到壳里。太阳看到了这只蜗牛的一举一动，就用它金色的阳光唤醒了蜗牛，也唤醒了五颜六色的彩虹。于是，蜗牛终于见到了美丽的彩虹，它心满意足了。

这个故事给了我很多启发。我在想：我们跟蜗牛一样，都有梦想，都有目标；而在我们的一生中，遇到的困难不只是一个或者两个，而是像路上的石头一样多。我们要执着地坚持下去，而不应半途而废；只有坚持，才能实现自己的梦想，到达理想的终点。我们的人生就好像是一个轮子，在不停地旋转着，昨天还是在上面的，明天可能就在下面了。当我们在上面时，不要忘记“人上有人，天外有天”，不要骄傲，也不要自满；当我们在下面的时候，也不要妄自菲薄，自卑畏缩，因为总有一天，一切都会变得更好。

我还学到了一个知识：我们经常会羡慕别人的样子，别人的能力，别人的地位，但是并没有意识到，别人的优点同时也可能就是缺点，我们自己的缺点有时候也会变成优点。我们要相信自己的能力，相信人各有所长，“天生我材必有用”；要看到自己的能力，相信自己是可以的。

困难不是我们的敌人，真正的敌人是我们自己。只要坚持不懈，自信坚强，一定能克服困难，找到我们人生的“彩虹”。

（收入本书时有修改）

不要轻易说“不”

［印尼］玛莉亚 2005级A班

“不”这个字眼，在我们的生活当中是一个很容易说出口的字眼。特别是在我们面对不喜欢的要求、不想做的事的时候，“不”就会脱口而出。

我曾经读过一篇题为“应说‘不’时要说‘不’”的文章，文章的内容是：做人做事要学会拒绝别人，应说“不”时要说“不”，这是为了正当地保护自己，也是做人做事的一条原则。不要不好意思、没有勇气说“不”，要巧妙地把“不”说出来，否则受伤害的将是你自己。在这种情况下，他的观点是对的。

但我觉得，如果从另外一个角度来看，轻易地说“不”也不好。因为我们一听到对方说令自己感到不高兴的事情，便本能地拒绝，根本没有深思熟虑，不去了解对方真正的目的或者理由，可能会坏事。古语有云：“良药苦口，忠言逆耳。”有些事对方确实是为自己着想，旁观者清，对方提出的要求会较为理性；虽然他的话可能会与自己的心性相左，但是说“不”会令自己丧失提升自我的机会。

我来中国之前，父亲让我学习汉语，当时我正在写毕业论文。对我来说，要完成毕业论文已经够烦的了，更何况学习外语呢？父亲不是为难我吗？我恨不得马上说“不”。但是我忍住了。我问父亲让我学习汉语的理由，听了以后觉得他说得很有道理，于是，我就下定决心要学习汉语。上了几次汉语课后，便慢慢地有兴趣了。几个月后，我便有机会享受中国政府全额奖学金来到中国学习汉语、感受中国文化了。如果当时我轻易说“不”了，那么来中国学习汉语的机会就等于零，我将一辈子都无法感受唐诗宋词的美妙了。

我曾经有一个好朋友，我们的关系如同兄妹一般，但他对我时好时坏。有一天，他突然告诉我，他要回国了，问我要不要送他到机场。我当时正在生他的气，便毫不犹豫地回答“不”。后来我发现，自从他离开之后，我心里便有一种失落感。如果当时我不是那么固执，而是到机场去送他，说不定在路上我们还可以缓和关系，并维持良好的关系，因为他就像我的亲哥哥一样。可是现在我连他的电话号码、地址都不知道，追悔莫及。

不要轻易说“不”。无论面对什么事情，我们都应该好好琢磨一下，然后再做决定。凡事三思而后行，才能把握好机会。机不可失，时不再来。

（本文为《羊城晚报》“全民写中国高考作文”应征文章，2008年6月9日。有少许修改）

不要轻易说“不”

［菲律宾］施天成　2007 级 B 班

每个人都有说“不”的权力，但他们应该知道说“不”之后，结果会怎么样。

在生活中，任何人都会遇到风雨。当你遇到困难的时候，你应该怎么办？其他人会想：自己是一个失败者，但这样做是唯一办法。有句话说：“失败是另一种方式的收获。”我们应该知道，面临困难的时候，不要轻易说“不”。因为当你说“不”的时候，也就代表你已经放弃了，放弃了自己的人生。这些困难都是考验自己的。有自信又勇敢的人，他们对困难一定不会说“不”，因为他们知道这些都是考验自己的人生，考验自己到底能不能解决自己的问题的，所以不要轻易说“不”。

有时候，有某些人会求你帮助他们解决问题。你可以不帮他们，但你仔细想一想，你以前求别人帮你时，他们怎么做的？这情况，你不可以随便说“不”，因为无论他们是穷人还是有钱的人，我们还是一家人，要互相帮助，互相关心才对。一般人可能会想，帮助别人会浪费自己赚的钱。但钱可以再赚，而帮助别人的恩德从来赚不来。所以要做任何事情，一定先要好好想一想。

以前，我 15 岁，上中四的时候，我们中四学生都在考虑要去哪一所学校。当时，学校有给奖学金，就是在广州学习。我告诉了我妈妈这件事情，她一听到就很开心，马上问我：“你有没有报名？”

我回答说：“当然没有，我为什么要报，我又不是华人，又对汉语没有兴趣。”

妈妈说：“笨蛋，你好好考虑考虑再说吧。”

妈妈好像生了我的气。我一整天一直想这件事情。一个星期后，妈突然打电话给我，很认真地问我关于奖学金的事情，听到以后我的脑袋一片空白，不知道该怎么说才好。后来爸爸对我动之以情、晓之以理，所以我就决定要报名了。

如果有好的机会要仔细考虑，不要随便说“不”。像昨晚，宗老师突然打电话找我，让我参加这次比赛（作文比赛——编者注）。我一听到他说让我参加，就紧张得全身发抖，我要参加。我心里想：“我不要失去这次机会，因为机会是难得的。”要好好把握机会，不要轻易说“不”。

但有时候，我们必须说“不”。如果有一天，你发现你的朋友吸毒，都上瘾了，然后他们叫你用这些东西。你该怎么办？要知道，一般吸过毒的人后来都后悔得不得了。

在生活中，任何事情，任何问题，虽然它们很严重，虽然他们有可能让人失败，但是千万不要轻易说“不”，因为当你说“不”，生活就没意义了。

（本文为《羊城晚报》“全民写中国高考作文”应征文章，2008 年 6 月 10 日。有少许修改）

从一次性餐具谈起

[马来西亚] 刘芸杞　2009 级 B 班

“你为什么拿了这么多一次性筷子啊?”“你不知道吗? 现在使用一次性筷子有多方便啊? 用完就扔,又不用清洗,价格又不贵,现在有很多餐厅都使用一次性筷子,有些还使用一次性纸盘、勺子等呢!”

从上述对话中我们得知,现在一次性餐具在这个经济发达、科技发达的社会中的使用越来越普遍了,尤其是在饮食业中最为普遍,一来这可以省下聘请洗碗工的钱,二来一次性餐具比一般的餐具使用起来方便多了。这种餐具越受欢迎,厂家就生产得越多,以赚取更多的钱。钱嘛! 总是不会嫌多的。人们只想着赚钱,却没有想到大量生产这种一次性餐具会给地球带来什么影响。

一次性餐具,主要是用树木加工做成的。生产这么多一次性餐具要砍伐多少树木啊? 为了赚钱,人们砍伐了不少树,导致温室效应的发生。地球变暖了,南、北两极的冰山会开始融化,融化的冰水最终流入大海,使海平面升高,若情况再恶化下去的话,地球将被水淹没,变成一颗水球。这种种恶果都是人类亲手造成的。树木被砍伐以后,植被将失去树根的巩固,遇到下雨时会造成水土流失,甚至会导致土崩的发生。在我国经常发生因为土崩而淹没民宅的事件,因为土崩而造成交通阻塞,因为土崩而淹死了不少居民,这些悲剧都是人类造成的。有人说:“天灾,是因为我们的母亲——地球生气了!”地球赐给了我们美好的居住环境和条件。它默默地为我们这些子女付出,然而,地球得到的,不是我们的回报,而是我们的破坏。

除了水土流失,温室效应无可否认也是我们造成的。人类为了制造一次性餐具,大量进行伐木活动,树木是可以提供大量氧气,并吸收二氧化碳。然而,现在树木越来越少了,二氧化碳也相对增加,制造餐具的工厂所排出的废气与空气中的二氧化碳相结合,造成温室效应,加速地球暖化。

地球暖化会让南北两极的冰块融化,融化后的冰水流入大海,使海平面上升,一旦遇到下雨,洪水暴发的机会很大,一旦发生水灾,最终受害的还是人类。

另一方面,由于一次性餐具是即用即弃的餐具,一些没有公德心的人用完一次性餐具后就把它扔在原地。哪怕垃圾桶跟他只有一米远,他都不会把垃圾扔到垃圾桶里。

这就引发了一个值得探讨的问题，也是很多环保人士着重提出的问题——环境污染。现在全球都在关注这个问题，环境污染到底有什么害处呢？堆积如山的垃圾发出难闻的气味。试问有谁喜欢垃圾的气味呢？没有！肯定没有！但是，虽然人们都不喜欢垃圾的气味，他们还是会随处扔垃圾。一次性勺子并非树木所造，而是用塑料做的。相信大家都知道，塑料是不容易腐烂的，许多国家处理垃圾的方式就是焚烧垃圾，但是，塑料一旦被焚烧，它所发出的气体会影响人类的健康。所幸人们已经意识到塑料对人类的危害了，有些国家甚至提倡“无塑料袋日”，鼓励人们使用环保袋，但是，这是治标不治本的方法，一次性餐具还是被人们广泛地使用着。

以前环保社团的海报都是“保护环境，从减少塑料袋开始”，或是“爱护环境，人人有责”。要我说呀，应该是“环保，从拒绝或少用一次性餐具开始”。我们应该减少使用一次性餐具，为了地球，为了人类，保护环境，从减少使用一次性餐具开始。

朋友们，相信你们通过这篇文章都知道了一次性餐具所带来的害处吧？我在此呼吁大家减少使用一次性餐具，爱护地球，也爱护你们自己。

（本文曾经发表于《广州华苑》2011 年第 1 期）

学习的苦与乐

［印尼］陈恩慧　2007 级 B 班

自古以来，有个词叫苦尽甘来。是的，没有苦，就没有甜。苦与甜就像一对孪生兄弟，缺一不可。我们的学习也是如此：只有经受苦中苦，才能得到甜上甜。

提起学习，我们也经常说："学习太苦了！"但是我们是否尝到了苦后之乐呢？

之所以认为学习苦，苦就苦在：学习有时候很枯燥，当我们接受或学习新知识时，面对不懂的知识，看到一筹莫展的难题，体会到的是苦。

学习有时会令我们觉得受不了。每天在课堂上，不但聚精会神地听讲，还要主动回答问题，而且认真细致地做题。回到宿舍，也别想轻松。因为回宿舍还要做大量的功课。平时还有测验、考试，为了应付这些，还得放弃看电视、玩耍、打球的时间，甚至自己的休息时间。晚上睡觉了，躺在床上总算可以松一口气，但是还没睡上八个小时，又被那该死的闹钟惊醒了。

天天如此，月月如此，真是苦不堪言啊！

虽然学习艰苦，但付出不是徒劳的。学习使我们认识了字，学会了计算，还懂得了许多道理。当我们在考试时，得了好成绩或学习上有了进步时，脸上便露出得意的笑容。当家长夸奖时，心中会感到十分惬意；当老师表扬时，又会感到无比的欣慰；当同学们赞叹时，又会感到非常的自豪。这不是苦后之乐吗？

在实际生活中，当我们运用学过的知识解开一道难题时，不亦乐乎！当我们运用所学知识，解决实际问题时，不亦乐乎！试想，将来，当我们运用知识，为祖国做出贡献时，恐怕更是不亦乐乎了！

事实证明，苦与乐是一种辩证关系：没有苦，就无所谓乐；没有乐，也就无所谓苦。苦中有乐，乐中有苦。只有我们有了艰苦的付出，才能享受到成功后的幸福和快乐。所以，我们不要以为在学习中只有苦，也应该记得学习也有乐。

（本文曾经发表于《广州华苑》2009 年第 1 期）

网络的好处和坏处

［印尼］徐运来　2013级C3班

由于生活节奏的加快，现在的人干什么事情都喜欢简单、方便、快捷，而能满足这个条件的就是网络。网络给人们带来了非常多的便利，但是，世上没有十全十美的东西，网络也会带来一些负面影响。

我估计现在很多人都不愿意去图书馆找资料，或者亲自到一个地方去了解当地的风土人情了。为了节省时间、精力，他们索性打开电脑，连接Wifi，上网搜索。在网络上你想搜索什么就能搜到什么。

很明显，网络有很多好处。

首先，网络有很多功能，能满足不同人的不同需要。对学生而言，网络不仅可以帮助他们查到有用的信息，甚至可以查到一些难题的解题方案；网络还可以让学生开阔视野，了解世界各地的情况，从而提高学习效率。网络对商人也非常重要。为什么？因为作为一名商人，首要的任务是把自己的商品推销给更多的消费者，然后才有更多的钱可赚。现在的网络可以直接买卖商品，这使得很多人，包括农民，走上了致富的道路。网络对老人也有用处。老人一般待在家里不是看孙子就是休养娱乐，网络可以满足他们许多需求。比如上网看新闻，通过网络搜索国内、国际有用的信息，尤其是健康养生方面的信息，非常方便。

其次，网络也是一种娱乐工具。网络里有不计其数的电视剧、电影、漫画、图片、小说等，简直无穷无尽，爱看什么就看什么。网络里还能找你喜欢听的歌，从古典到流行，应有尽有。

最后，网络还是一种交友工具，可以联络旧朋友，结交新朋友。一些社交网络工具，例如E-mail、QQ、微信、MSN、推特等，功能强大。通过社交网络可以加入各种志趣相投的群，通过聊天交流经验，分享信息。虽然是网友，不像当面聊天那样真实，但是交流的气氛也是挺融洽的。

但是，网络也有其坏处。

首先，现在的一些网络游戏特别暴力，会给孩子带来不好的影响。若孩子对这些网络游戏着了迷，最不敢想象的就是他模仿游戏里面一些不好的做法。比如说，不愿意跟别人接触，别人一跟他开玩笑，他就动手打人，甚至杀人。这样的孩子实在不会分辨什么是现实，什么是虚拟，原因就是他们与游戏接触久了，影响了他们辨别事物的能力。

其次，网络黑客的做法令人烦恼。在网上，凡是黑客要的东西他们都有本事弄到手，无论是私人的网络，还是政府的网站，一到黑客的手里什么都能被破坏。

最后，网络上还有一些变态广告、色情影视、色情图片等，这也是很大的问题。

此外，由于网络的虚拟性，许多骗子也纷纷出马，在网络上行骗，不少人中招被骗。

综上所述，网络的好处特别多，坏处也不少。我们应该引导青少年和广大用户，加深对网络利弊的认识，恰当利用，使网络给我们的学习、生活带来更多益处。

（收入本书时有修改）

应该找怎样的男朋友

［老挝］李晓梅　2006 级 B 班

“应该找怎样的男朋友?”如果去问十个人这个问题会有十个不同的答案，各有各的想法和道理。

要是来问我呢，我的回答是：我要找比我大的，心地善良的，爱护家庭的，有责任心，以及有文化和能力的男士做男朋友。

我比较欣赏比我大的人，是因为如果我找比我小或者和我同龄的男朋友的话，我觉得我们的想法和看待事物的角度会差不多，假如吵起架来，公说公有理，婆说婆有理，就会很难处理，和他在一起的时间也会很短。而如果我找比我大的人，当我们吵架时，我认为他会听我的想法，会体会我的心情。毕竟他比我大，应该都经历过了，成熟了，看问题会比较周到。有可能他还会教我什么是好、什么是坏，以及如何思考问题，同时能够让我看待事物的视野比以前更开阔，让我变得更成熟。

心地善良的人，我想每个人都会喜欢吧！和这样的人相处，要是我有什么做得不好，犯了错误，他会耐心地与我沟通，或者原谅我，那不是很好吗?跟心地善良的人在一起我会觉得比较舒服自在，会逐渐学会正面去看待事情。

爱护家庭，这点也很重要。他有自己的家庭、父母，但也要爱我的家庭并尊敬我的父母，反过来说，我也会爱他的家庭和尊敬他的父母，这是每个人都应该有的美德，也是我们能白头到老的主要因素之一。

一个人不管多好，要是没有责任心的话是不行的。他要掌管家庭大事，不能没有责任心；在工作上也要有责任心，不然就不会进步；做什么事情都得有责任心。

除了上面提到的，现代社会多数人都有文化和一定的生存能力。有了这些他才能有更多的机会发展自己的能力，进而实现自己的价值。

至于有没有钱，这其实不是大问题。当然啦，要是有钱那就更好，但我们也不能要求对方十全十美！要是他有能力，钱我们可以慢慢赚；只要有能力，钱是永远用不完的；而如果他光是有钱（父母的钱财）却没有能力，那钱迟早是会用完的。

以上所提的就是我对理想中的另一半的期望。至于实际上是否存在这样的人，我是否能遇到这样的人，还要打个问号。退而求其次，我想我理想中的那个人，我未来的夫君，只要他比我大，能让我有安全感、幸福感，就行了。至于其他条件，都是次要的，因为世上没有十全十美的人，就算有也不多，不一定能遇到。

（收入本书时有修改）

做一个自立的女孩

［缅甸］温桂香　2005级B班

“做男孩好，还是做女孩好?”常常听到这样的问题。如果公平而客观地说，应该承认，男孩在体力上，要胜过女孩一筹。那么对于我们女孩，问题是在既定的事实面前，我们总不能回娘胎中“再来一次”，重造一个“男性的我”吧？那样未免可笑。

比较明智的选择还是面对现实，学会做一个真正的好女孩。

“女人，你的名字是弱者。”女孩子常常被人们和“眼泪”等字眼联系在一起，仿佛女孩永远只能扮演被帮助、被保护的弱小者，这不免含有世俗的偏见。但更不妙的是一些女孩不仅承认这种观点，而且乐意扮演这样的角色。虽然林黛玉式的女孩现在已很少见了，但是那种凡事张口要人帮助的女孩确实有几个，并且她们以为这样做才有“女孩味”。其实长此以往，只会使别人感到累赘和讨厌。这种女孩常常使我联想起植物中一种叫作“菟丝子”的寄生草，它只有缠绕在别的植物身上才能存活。

男孩的臂膀确实比我们女孩更为坚强有力，可我们也有自己的手，为什么不试着依靠自己的力量去做好每一件事呢？著名女诗人舒婷的《致橡树》是这样比喻男性和女性的相互关系的：

你有你的铜枝铁干，
像刀，像剑，也像戟。
我有我的红硕花朵，
像沉重的叹息，
又像英勇的火炬。

我们分担寒潮，风雷，霹雳，
我们分享雾霭，流岚，虹霓。
仿佛永远分离，
却又终身相依。

被称为“华尔街奇女”的缪里尔·希伯特刚加入金融公司时，虽然她干着和男人们同样的工作，得到的却是少得多的报酬。她没有抱怨，而采取了加班加点的工作方法，直到她拥有了自己的金融公司，用实际行动来纠正人们的偏见。

从她们身上，我们看到的是一种独立、自信、自强不息的奋斗精神。而这也正是我们——女孩子们所应该拥有的。

记得有一次和同学们去爬山。山很高，我背着一个沉重的大包，爬得很辛苦。这时一旁的一个男同学对我说："我来帮你背吧。"我犹豫了一下，然后对他说："不，谢谢你。"

所有的女孩都应该学会说这个字——"不"！

（本文曾经发表于《广州华苑》2006 年第 1 期）

亲情、友情和爱情

［柬埔寨］谢巧美　2005 级 B 班

情为所物？情就是所谓的男女之情吗？不，情不仅仅指“爱情”，还包括“亲情”“友情”等。爱情、亲情、友情这三者是同等重要，同等恒久的吗？不，在我看来，“爱情”根本就没有“亲情”与“友情”那样牢固与永久！

许多年轻人在谈恋爱时，总是甜言蜜语地说会爱对方一辈子，说不管对方以后变成怎样，自己都不会变心，还是会一直默默地守护着对方；不管对方离开自己多长时间，也绝对会痴心地等待对方回来，还愿意包容对方犯的一切错误。这些山盟海誓真的会实现吗？并非如此。有的人刚说完爱你一生一世永不变，但转个身就去抱另一个人，这又算是什么呢？难道爱能分给几人吗？一生一世也可以同时跟不同的人共享吗？说什么守护，一直会守护，但要是真的发生了问题，还不是拔腿就跑，哪还来得及照顾你呢？

不过也不能一棍子打死全部，也许世上还有一些剩下的稀世珍宝的真心人呢！

亲情我们了解吗？以我为例：以往的我并不知什么是亲情，也从不珍惜它；跟亲人在一起的时候总是不耐烦，甚至曾对亲人怀恨在心。现在的我对此困惑不解，不解当时的我为何这么傻，傻到连世上最珍贵的东西我也抛弃。所以现在的我有时真的无法原谅自己所犯的一切。尤其看到亲人为我所做的一切时，心里总是七上八下，好像是小偷偷走了好心人东西似的，总怕被警察逮捕到，一下子眼睛像喷水池般喷出了泪水。

亲人会抛下我们不管吗？绝对不可能。相反，亲人们会感动，感动自己所爱的人能够了解自己的苦心，感动他们所爱的人已经长大、成熟。亲人不会在我们落到谷底的时候成为跑走的人，不会冷眼旁观；相反，他们会在适当的时间向我们伸出温暖的手来解救我们。我想世上不求利益而来救你的人也只有自己最亲的亲人了，他们会默默地站在我们这边，支持我们、鼓励我们、相信我们，直到我们脱离险境为止！不管我们做错了多少次，他们永远都不会责怪我们，永远给我们重新开始的机会，因为他们依然相信我们永远是无心之失，相信我们总有一天会学得怎么去改善这一切的不足。所以虽然爱情贵，但永比不过亲情真！

友情呢？曾听说过“在家靠父母，出门靠朋友”吧？事实正是如此，正所谓“远水救不了近火”，而且交朋友也不只是为了救火而已。生在这世上，绝对不能没有朋友。当你孤独时，有一个人愿意与你过着难熬的每一分每一秒，你会觉得人生还是美好的。真正的朋友是会在你难过时，默默地坐在你的身旁，倾听你的心声，在你开心时或许比你还开心。有的友情可能很短暂，有的也可能很长久，不过这些都是你曾经拥有的一份真情。

当然，朋友好找，但要找到一个真心朋友却跟海底捞针一样难，所以请珍惜你身边的每一位好友！相信他们会带给你五彩缤纷的每一天！

谁说找到爱情比上天堂还幸福？幸福就在我们的眼前，看我们怎么去把它紧紧地抓住而已，爱情是一瞬间的，是不完全的；但亲情与友情却比爱情更久远、更为完美无瑕。

出身贫寒是羞耻的吗

[泰国] 马晓铃 2006 级 B 班

人生有很多事是无法选择的，比如说性别、国籍、出身等，这些都是天生的，甚至有人认为这些都是天意。其中最没法选择的就是每个人的出身。

古时候性别也是一件无法选择、无法改变的事，不过，现在科学发达了，已经有人尝试用科学方法改变了自己的性别。

国籍也无法选择，一般来说你生在哪个国家就拥有哪个国家的国籍，不可以选择，除非你长大了通过移民等手段才可以改变。

那出身呢？出身是否可以选择？或者部分地、有条件地选择？答案是否定的。出身是这世界上唯一无法选择、无法改变的事。因为它是一个人一出生就拥有的特质。出生之前你不可以选择来到什么样的家庭，出生后也没办法改变，只能等长大了再来换一下出身、换掉你不想要的家庭。总之，有的人出身于富贵人家，有的人出身于贫寒人家，这是每个人都不可改变的命运。

问题是有的出身贫寒的人深深为自己的出身而苦恼，并认为出身贫寒是羞耻的。这就得认真讨论一番了。

其实，出身问题并不是人生成功的关键。出身于富贵家庭的人有他们的优势，出身于贫寒家庭的人也有自己的优势。出身贫寒，并不是什么羞耻的事，最重要的是要会想：既然你无法选择自己的出身，那你就应该坦然面对，而不必去抱怨，也不必羡慕别人的出身。

而且，在我看来，出生于贫寒家庭也许是一种幸运，是老天给了你一个很好的机遇。为什么这么说呢？因为出身于贫寒的家庭，你就比别人多了一个锻炼自己的机会，从小你就要经历比富贵人家的孩子更多的苦难，要学会忍耐、学会坚强、学会百折不挠。这样一来，你长大了或许就比别人更坚强，因为很多事只有大胆、肯吃苦才能成功；很多事只有坚强、能吃苦才可以达到目的。而那些富贵人家的孩子呢，如果他不明白要靠自己的双手去做的道理，或许他们长大后就没有穷孩子那么有经验，那么能干了。这就是为什么很多出身贫寒甚至十分贫寒的人能够成功的重要原因。

古人说苦尽甘来，是有道理的。出身贫寒并不羞耻，关键要看我们能不能正确认识出身，能不能在贫寒中提升自己，会不会变贫寒为进步的动力。